LA VIE PRIVÉE

D'AUTREFOIS

ARTS ET MÉTIERS

MODES, MŒURS, USAGES DES PARISIENS

DU XIIe AU XVIIIe SIÈCLE

D'APRÈS DES DOCUMENTS ORIGINAUX OU INÉDITS

PAR

ALFRED FRANKLIN

LA VIE DE PARIS SOUS LOUIS XV

Devant les tribunaux

PARIS

LIBRAIRIE PLON

E. PLON, NOURRIT ET Cie, IMPRIMEURS-ÉDITEURS

RUE GARANCIÈRE, 10

1899

LA VIE PRIVÉE

D'AUTREFOIS

DEUXIÈME SÉRIE

PREMIÈRE SÉRIE

COMPLÈTE EN 23 VOLUMES.

Les soins de toilette. Le savoir-vivre............ 1 vol.
L'annonce et la réclame. Les cris de Paris....... 1 vol.
La cuisine.. 1 vol.
La mesure du temps : Clepsydres, horloges, montres, pendules, calendrier................. 1 vol.
Comment on devenait patron : Histoire des corporations ouvrières.............................. 1 vol.
Ouvrage couronné par l'Institut (Académie des sciences morales et politiques).
Les repas. La civilité de la table................ 1 vol.
Variétés gastronomiques : La salle à manger et le couvert. L'heure des repas. Jeûnes et abstinences. Louis XIV à table. Les cure-dents...... 1 vol.
Écoles et collèges : L'instruction primaire, l'instruction secondaire et la corporation des écrivains.. 1 vol.
Ouvrage couronné par l'Institut (Académie française).
Le café, le thé et le chocolat.................. 1 vol.
Les médecins.. 1 vol.
Les chirurgiens..................................... 1 vol.
Variétés chirurgicales : La saignée. La chirurgie à l'Hôtel-Dieu. Sages-femmes et accoucheurs. Les dents et les dentistes. La pierre et les hernies. Châtreurs, renoueurs, oculistes, pédicures. Établissements hospitaliers à la fin du dix-huitième siècle.............................. 1 vol.
Les apothicaires et les médicaments............ 1 vol.
L'hygiène : État des rues. Égouts. Voiries. Fosses d'aisances. Épidémies. Cimetières............. 1 vol.
Les cinq volumes qui précèdent ont été couronnés par l'Académie de médecine.
Les magasins de nouveautés : Introduction. Le vêtement... 1 vol.
Les magasins de nouveautés : La ganterie et la parfumerie. La mercerie. La draperie.......... 1 vol.
Les magasins de nouveautés : Teinturerie et deuil. Chapellerie et modes. La bonneterie........... 1 vol.
Les magasins de nouveautés : La lingerie. Le blanchissage. La cordonnerie. Les fourrures. Cannes et parapluies........................... 1 vol.
L'enfant : La naissance, le baptême............. 1 vol.
L'enfant : Le berceau et la layette. La nourrice. Les premières années. La vie de famille. Les jouets et les jeux.................................. 1 vol.
Les animaux. Du XIIIe au XVe siècle............. 1 vol.
Les animaux. Du XVe au XIXe siècle.............. 1 vol.
Variétés parisiennes.......................... sous presse.

PARIS. TYP. E. PLON, NOURRIT ET Cie, 8, RUE GARANCIÈRE. — 4108.

TABLE DES MATIÈRES

Préface 1

INTRODUCTION

L'ORGANISATION JUDICIAIRE AU MILIEU DU DIX-HUITIÈME SIÈCLE.

Les justices de Paris au début du règne de Louis XIV. — Les seigneurs hauts justiciers. — Leur nombre réduit à dix-sept à la fin du XVIIe siècle. — Ce qu'il faut entendre par droit de justice. — Les cas royaux. — Compétence et ressort des justices seigneuriales. — Elles sont supprimées en 1674. — Vénalité des charges de judicature. — Prix des charges de conseiller au Parlement, de maître des requêtes, de conseiller au Châtelet, de maître des comptes, etc. — Services qu'a rendus la vénalité des charges. — Le postulant devait être agréé par le chef de corps. — Les charges de robe anoblissaient. — La charge de premier président au Parlement et celle de chancelier ne pouvaient s'acheter. — Pourquoi le chancelier ne portait jamais aucun deuil 5

I. — JURIDICTIONS DU CHATELET.

I. — Parc civil 16
II. — Présidial 17
III. — Chambre civile 17
IV. — Chambre de police 17

V. — Chambre criminelle................ 18
VI. — Chambre criminelle de robe courte.. 18
VII. — Chambre des auditeurs.............. 19
VIII. — Chambre du procureur du roi...... 19
IX. — Prévôté générale et maréchaussée de la généralité de Paris.............. 19

II. — Juridictions municipales.

Bureau de l'hôtel de ville.................. 20

III. — Juridictions ecclésiastiques.

I. — Officialité........................ 23
II. — Chambre ecclésiastique.............. 23
III. — Tribunal du chantre de Notre-Dame. 24
IV. — Chambre apostolique.............. 25
V. — Bailliages.......................... 25

1. Barre du Chapitre de Notre-Dame............ 29
2. Bailliage de la duché-pairie de l'archevêché..... 29
3. Bailliage de Saint-Germain des Prés........... 30
4. Bailliage de Saint-Jean de Latran 30
5. Bailliage de Saint-Marcel.................... 31
6. Bailliage de Saint-Martin des Champs......... 31
7. Bailliage de Sainte-Geneviève 31
8. Bailliage du Temple.......................... 31

IV. — Juridictions financières.

I. — Chambre des comptes.............. 32
II. — Cour des aides...................... 35
III. — Cour des monnaies.................. 35
IV. — Chambre du domaine.............. 36
V. — Tribunal de l'élection de Paris...... 36
VI. — Prévôté générale des monnaies...... 37
VII. — Grenier à sel...................... 37
VIII. — Haut et souverain empire de Galilée.. 38

V. — Juridictions militaires.

I. — Connétablie et maréchaussée de France 39
II. — Tribunal des maréchaux de France.. 39
III. — Bailliage de l'artillerie............ 41

VI. — Juridictions commerciales.

I. — Amirauté de France............... 42
II. — Juges consuls.................... 42
III. — Chambre de la maçonnerie......... 43
IV. — Chambre de la marée.............. 44

VII. — Juridictions diverses.

I. — Grande maîtrise des eaux et forêts... 44
II. — Maîtrise des eaux et forêts.......... 45
III. — Bailliage et capitainerie royale de la varenne du Louvre.............. 46
IV. — Bailliage et capitainerie royale de la varenne des Tuileries............ 47
V. — Bailliage du Palais................ 47
VI. — Tribunal de l'Université............ 47
VII. — La basoche...................... 48
VIII. — Prévôté de l'hôtel............... 49
IX. — Requêtes de l'hôtel............... 49
X. — Conseil des finances.............. 50
XI. — Conseil des parties............... 50
XII. — Conseil d'en haut............... 50
XIII. — Grand Conseil................. 50

VIII. — Le parlement.

I. — Grand'chambre.................. 51
II. — Chambre des enquêtes............ 53
III. — Chambre criminelle.............. 53
IV. — Chambre des requêtes............ 53
V. — Chambre des vacations........... 53

DEVANT LES TRIBUNAUX

Les suites d'une mésalliance.................. 55
Les fredaines d'un ambassadeur............. 73
Paternité supposée......................... 99
L'allumage des lanternes................... 127
Propriétaire et locataire.................. 137
L'âne de Vanves............................ 149
Une mauvaise plaisanterie.................. 171
Un nouveau chant du lutrin................. 194
Griefs d'un aveugle des Quinze-Vingts contre sa femme......................... 211
Architecte et danseuse..................... 232
Commensaux du roi.......................... 250
Les pâtés de jambon........................ 272
Saisie d'appointements au Théâtre-Français... 277
Les scrupules de Ramponeaux............... 300
Prêt d'une montre.......................... 335
Mariage contesté........................... 343
Les coiffeurs pour femmes.................. 358

LA VIE PRIVÉE D'AUTREFOIS

LA VIE DE PARIS SOUS LOUIS XV.

DEVANT LES TRIBUNAUX

PRÉFACE

Les factums qui composent ce petit volume sont extraits d'un recueil publié en 1749 et intitulé *Causes amusantes et connues* [1]. A vrai dire, pas toujours amusantes et en général très peu connues, mais bien autrement intéressantes pour la peinture de la vie privée que les dramatiques affaires qui remplissent les cent trente-sept volumes des *Causes célèbres*.

Elle est prise ici sur le fait. A bien des égards sans doute, l'analogie semble grande entre les mœurs de ce temps et les nôtres. On trouverait

[1] Berlin (Paris), 2 vol. in-12. Une seconde édition parut en 1769-70.

peut-être encore de jeunes ambassadeurs compromettant leur dignité et leur fortune avec des actrices qui les trompent ; des danseuses s'abstenant de payer les magnificences qu'elles ont commandées, ou sollicitant l'annulation d'un mariage qui les gêne ; même des donzelles partageant leurs faveurs entre le maître et l'intendant ; même des acteurs défendant leurs appointements contre les saisies de créanciers impatients, etc., etc. Ce que l'on rencontrerait moins facilement, c'est une grande dame sacrifiant jusqu'à son honneur de femme pour briser les liens qui l'attachent à un époux adoré, mais de condition un peu inférieure à la sienne ; un cabaretier fameux refusant de remplir ses engagements, invoquant d'imaginaires scrupules de conscience que les juges déclarent légitimes ; un notaire refusant d'allumer les lanternes de son quartier ; des pâtissiers condamnés pour avoir fait tort à la communauté des charcutiers, en se permettant de confectionner des pâtés au jambon ; des charbonniers emprisonnés pour avoir vilainement raillé l'honorable corporation des savetiers ; deux trompettes de la garde, se disant commensaux du roi, et réclamant à ce titre de ridicules prérogatives, etc., etc. On conviendra que tout ceci.

est moins banal et autorisait la réimpression de ces curieux mémoires judiciaires.

Pour rendre à chacun ce qui lui est dû, je mentionnerai ici que le recueil auquel je les ai empruntés a été formé et publié, sans une seule note d'ailleurs, par un sieur Robert Estienne, qui prétendait descendre des célèbres imprimeurs de ce nom. Lui-même était libraire à Paris, où il mourut en 1794.

INTRODUCTION

L'ORGANISATION JUDICIAIRE

AU MILIEU DU DIX-HUITIÈME SIÈCLE

Les justices de Paris au début du règne de Louis XIV. — Les seigneurs hauts justiciers. — Leur nombre réduit à dix-sept à la fin du dix-septième siècle. — Ce qu'il faut entendre par droit de justice. Les cas royaux. — Compétence et ressort des justices seigneuriales. — Elles sont supprimées en 1674. — Vénalité des charges de judicature. — Prix des charges de conseiller au Parlement, de maître des requêtes, de conseiller au Châtelet, de maître des comptes, etc. — La vénalité des charges a rendu de grands services à l'État. — Le postulant devait être agréé par le chef de corps. — Les charges de robe anoblissaient. — La charge de premier président au Parlement et celle de chancelier ne pouvaient s'acheter. — Pourquoi le chancelier ne portait jamais aucun deuil.

I. Juridictions du Châtelet. — II. Juridiction municipale. — III. Juridictions ecclésiastiques. — IV. Juridictions financières. — V. Juridictions militaires. — VI. Juridictions commerciales. — VII. Juridictions diverses. — VIII. Le Parlement.

Il est impossible de concevoir une organisation plus compliquée que celle de la justice sous l'ancien régime. Des juridictions aussi nombreuses que variées, dont la compétence était souvent incertaine, composaient une administration hétérogène, féconde en tiraillements, et où s'élevaient sans cesse des rivalités d'influence et des conflits d'attributions.

Il ne faut pas oublier qu'au début du règne de Louis XIV, plus de la moitié de Paris appartenait encore à des seigneurs qui avaient droit de justice sur leur territoire. La justice du roi s'étendait donc sur un espace moindre que celui où dominait l'autorité des seigneurs hauts justiciers, ecclésiastiques et autres.

Ceux-ci étaient au nombre d'une trentaine environ. La liste suivante, dressée par Sauval[1] vers 1650[2], nous indique vingt-quatre seigneurs exerçant les droits de justice sur tout le faubourg Saint-Germain, sur partie des faubourgs Saint-Victor et Saint-Marceau et sur plus de sept cents rues dans l'intérieur de la ville. Paris alors n'en comptait pas autant[3], mais la même rue presque toujours et la même maison parfois relevaient de différentes seigneuries.

Étaient alors seigneurs hauts justiciers[4] :

[1] *Antiquités de Paris*, t. II, p. 425.

[2] Une liste presque identique avait été donnée par Dubreul dès 1612 et réimprimée en 1639 dans son *Théâtre des antiquitez de Paris*, p. 802.

[3] L'excellent plan de Gomboust, dressé vers 1647, n'en nomme guère que 590.

[4] La distinction entre la haute, la moyenne et la basse

L'archevêque de Paris, dans. . . 164 rues.
L'abbé de Saint-Germain des Prés, dans. . . . . 30 rues et tout le faubourg Saint-Germain.
L'abbé de Saint-Victor. . . . . . 25 rues et le faubourg Saint-Victor.
L'abbé de Sainte-Geneviève. . . . 54 rues et le faubourg Saint-Marceau.
L'abbé de Tiron. . . . . 31 rues.
L'abbé de Saint-Magloire. . . . . 70 rues.
L'abbesse de Saint-Antoine des Champs. . . . . 50 rues.
L'abbesse de Montmartre. . . . . ? rues.
Le grand prieur du Temple. . . . ? rues.
Le prieur de Saint-Martin des Champs. . . . . 54 rues.
Le prieur de Saint-Lazare. . . . 18 rues.
Le prieur de Notre-Dame des Champs. . . . . 4 rues.

justice n'a jamais été bien établie. « La confusion est grande, écrit Loyseau, en la qualité et pouvoir de chaque justice, pour distinguer si elle est haute, moyenne ou basse. » On peut dire, d'une manière générale, que le moyen justicier connaissait de toutes les causes civiles et des délits. Quant aux basses justices, « c'est chose quasi impossible, dit encore Loyseau, de concilier les coustumes qui parlent de leur pouvoir. »

Le prieur de Saint-Denis de la Chartre. . . . . ? rues.

Le commandeur de Saint-Jean de Latran. . . . . 9 rues.

Le Chapitre de Saint-Merri. . . . 33 rues.

Le Chapitre de Saint-Germain l'Auxerrois. . . . . 18 rues.

Le Chapitre de Saint-Maur des Fossés. . . . . 11 rues.

Le Chapitre de Notre-Dame. . . . 38 rues.

Le Chapitre de Saint-Benoît. . . . 15 rues.

Le Chapitre de Sainte-Opportune. 16 rues.

Le Chapitre de Saint-Honoré. . . 5 rues.

L'hôtel de ville. . . . . 50 rues.

Le bailli du Palais. . . . . 8 rues.

Le grand chambrier de France. . 8 rues.

Vingt-cinq ans plus tard, ces seigneurs étaient réduits à dix-sept, par suite de la suppression des justices de :

L'abbesse de Saint-Antoine.

Le prieur de Notre-Dame des Champs.

Le Chapitre de Saint-Germain l'Auxerrois.

Le Chapitre de Saint-Maur des Fossés.

Le Chapitre de Sainte-Opportune.

Le Chapitre de Saint-Honoré.

Le grand chambrier.

Notons que la liste donnée par Sauval est incomplète. On n'y trouve ni la juridiction des juges-consuls, ni celle du grand panetier de

France qui subsista jusqu'en 1711 [1], ni certains bailliages, celui de l'Arsenal et celui de l'Université, par exemple.

Le droit de justice des seigneurs hauts justiciers était absolu. Il emportait la plénitude de la juridiction civile et criminelle, limitée seulement par les *cas royaux*. On nommait ainsi les faits qui contenaient une offense au souverain ou une atteinte à ses prérogatives, les crimes de lèse-majesté ou de fausse monnaie entre autres. Les seigneurs hauts justiciers connaissaient de tous les crimes et délits non flagrants imputés à leurs sujets dans quelque lieu qu'ils eussent été commis, et en outre de tous les crimes et délits flagrants commis sur leur territoire, même par les sujets du roi ou d'un autre seigneur. Dans les rues limitrophes entre deux seigneuries, le droit de justice appartenait pour moitié à chacun des seigneurs riverains, en sorte que l'accusé était justiciable de l'un ou de l'autre, selon qu'il avait commis son méfait d'un côté ou de l'autre de la rue. Si l'on ne pouvait savoir exactement de quel côté l'action s'était passée, la connaissance du cas se divisait entre les deux riverains, qui le jugeaient en commun. Lorsque l'un des côtés appartenait au roi et l'autre à un seigneur,

[1] En ce qui touche les droits de justice accordés sur les corporations ouvrières à certains officiers royaux, voy. *Les chirurgiens*, p. 217 et suiv.

celui-ci perdait son droit de justice en vertu du principe que nul ne venait en partage avec le roi.

Toutes ces justices demeurèrent à peu près intactes jusqu'en 1674, année où un édit de Louis XIV les agrégea au tribunal du Châtelet. Comme on le verra plus loin [1], des édits postérieurs restituèrent leurs privilèges à huit seigneurs ecclésiastiques, qui conservèrent jusqu'en 1789 les droits de haute, basse et moyenne justice, tant civile que criminelle, sur leur territoire.

Je vais passer en revue les différentes juridictions siégeant à Paris vers le milieu du règne de Louis XV, et indiquer très sommairement pour chacun de ces tribunaux sa composition, son ressort et sa compétence.

Je rappelle que toutes les charges de judicature étaient vénales. Le prix de plusieurs d'entre elles avait beaucoup baissé depuis le commencement du siècle. A cette époque, les charges de conseiller au Parlement coûtaient au moins 100,000 livres; elles étaient tombées à 42,000 vers 1760. Les charges de maître des requêtes, qui ne rapportaient rien, se vendaient encore 80,000 livres, parce qu'elles étaient à la mode, permettaient d'approcher les ministres, pouvaient mener au Conseil d'État. Les places de conseiller au Châtelet, qui s'étaient vendues jus-

[1] Voy. p. 26.

qu'à 30,000 livres, n'en valaient plus guère que 12,000.

A la chambre des comptes et à la cour des aides les prix s'étaient mieux soutenus. On ne pouvait encore devenir maître des comptes à moins de 150,000 livres, ou auditeur des comptes à moins de 70 à 80,000 livres. Une charge de président à la cour des aides valait environ 80,000 livres et rapportait 3,500 livres par an, une charge de conseiller valait 45,000 livres et rapportait 14 à 1,500 livres.

La vénalité des charges judiciaires, qui paraîtrait aujourd'hui une insanité, fut, sous l'ancien régime, une institution dont on ne saurait contester les bienfaits. Elle permit aux familles plébéiennes enrichies par le commerce de s'élever jusqu'aux fonctions publiques, où elles donnèrent l'exemple du travail, de la probité et du patriotisme. Le tiers-état put ainsi s'égaler même à la noblesse, car la plupart des charges de judicature anoblissaient après un certain temps d'exercice.

Dès le seizième siècle, les conditions de moralité et de capacité imposées aux acquéreurs de fonctions judiciaires avaient fait disparaître les plus graves inconvénients de la vénalité. On exigeait, d'ailleurs, dans toutes les juridictions, que le postulant fût agréé par le premier président.

Les seules charges de robe qui ne s'achetassent point étaient celle de premier président du Parlement et celle de chancelier. Il faut noter que ce dernier avait le privilège de ne porter jamais aucun deuil. Chef suprême de la justice, elle s'incarnait en lui, et il devait dès lors paraître inaccessible aux faiblesses humaines.

I. — Juridiction du Chatelet.

La juridiction ordinaire de la vicomté et prévôté [1] de Paris avait son siège au Grand-Châtelet [2], lourd monument élevé à l'extrémité du Pont-au-Change. Pendant longtemps, la justice y fut rendue, au nom du roi, par le prévôt de Paris, un juge d'épée qui, écrit Dumoulin, avait un rang égal à celui des plus hauts dignitaires du Parlement. Il était installé dans ses fonctions par un président à mortier, à qui il devait, après la cérémonie, faire présent d'un cheval. Il portait le costume des ducs et pairs, habit court, manteau et collet, plumes au chapeau, et tenait à la main un bâton de commandement. C'est dans cette tenue qu'il se rendait à la grand'-chambre du Parlement le jour où l'on y ouvrait

[1] Dès le dixième siècle, les comtes de Paris, devenus ducs, abbés, rois, grands personnages enfin, abandonnèrent à des vicomtes les soucis de l'administration ; ceux-ci déléguèrent ensuite à des prévôts le soin de rendre la justice.

[2] Restauré en 1684, démoli en 1802, son emplacement est aujourd'hui représenté par la place du Châtelet.

LE GRAND-CHATELET.

le rôle de Paris [1]; après l'appel de la première cause, il se couvrait, ce qui n'était permis qu'aux princes du sang, aux ducs et pairs et aux envoyés du roi.

Au dix-huitième siècle, il y avait longtemps que le prévôt de Paris ne rendait plus la justice en personne et que les audiences étaient tenues par ses lieutenants. Ceux-ci ne manquaient pas d'assesseurs, car le personnel du Châtelet avait fini par comprendre 1574 fonctionnaires ou agents, savoir :

1 prévôt.
1 lieutenant civil.
1 lieutenant général de police.
1 lieutenant criminel.
2 lieutenants particuliers.
1 lieutenant de robe courte.
1 juge auditeur.
48 conseillers.
4 avocats du Roi.
1 procureur du Roi.
8 substituts.
49 commissaires de police.
20 inspecteurs de police.
2 certificateurs des criées.
45 greffiers.
1 garde des décrets.
1 scelleur des sentences.
20 huissiers audienciers.
2 receveurs des amendes.
1 contrôleur des dépenses.
1 trésorier-payeur.
1 juré crieur.
138 notaires.
235 procureurs.
119 huissiers-priseurs.
648 huissiers à cheval.
212 huissiers à verge.
2 médecins.
4 chirurgiens.
4 sages-femmes.

[1] Au commencement du carême.

Le lieutenant civil, le lieutenant général de police, le lieutenant criminel, les lieutenants particuliers, les avocats et le procureur du Roi portaient la robe rouge, les conseillers n'avaient droit qu'à la robe noire.

La juridiction du Châtelet comprenait :

Le parc civil.

Le présidial.

La chambre civile.

La chambre de police.

La chambre criminelle.

La chambre criminelle dite de robe courte.

La chambre des auditeurs.

La chambre du procureur du roi.

La prévôté de l'Ile.

Presque tous les appels allaient au Parlement.

Les vacations commençaient « le premier lundi avant la Notre-Dame de septembre [1], » et finissaient le lundi « avant la Saint-Simon et Saint-Jude [2]. » Durant ce temps, il se tenait encore chaque semaine deux audiences au parc civil et une audience aux chambres civile et criminelle.

I. Parc [3] *civil.* — Exécution des contrats,

[1] La Nativité, qui se célèbre le 8.

[2] Le 28 octobre.

[3] D'après le *Dictionnaire de Trévoux* (t. VI, p. 523), *parc* serait ici un abrégé du mot parquet. Le mot ne figure pas, avec ce sens, dans Littré.

testaments, promesses, appositions de scellés, confections d'inventaires, tutelles, curatelles, émancipations, séparations, interdictions, toutes affaires de famille à l'exception de celles des princes du sang, différends survenus entre commissaires, notaires, procureurs à l'occasion de leurs charges, etc., etc.

Président, le lieutenant civil [1].

Audiences, tous les jours, sauf le lundi, de huit heures à midi.

II. Présidial. — Il connaissait de toutes les causes personnelles et réelles dont la somme en litige ne dépassait pas 1,200 livres. Sous Louis XVI, sa compétence fut élevée jusqu'à 2,000 livres.

Président, un des lieutenants particuliers.

Audiences, tous les jours, sauf le lundi, de huit heures à midi.

III. Chambre civile. — Jugeait les *référés*, les affaires sommaires au-dessous de 1,000 livres : payements de loyers, honoraires de médecins, de chirurgiens, de professeurs, gages de domestiques, salaires d'ouvriers, etc., etc.

Président, le lieutenant civil.

Audiences, le mercredi et le samedi, de midi à deux heures.

IV. Chambre de police. — Sa compétence

[1] En 1760, M. d'Argouges.

s'étendait sur tout ce qui concernait la voirie, la sûreté et les approvisionnements par terre [1] : éclairage, spectacles, nourrices, lieux de débauche, jeux défendus, corporations ouvrières, imprimerie, librairie, etc., etc.

Président, le lieutenant général de police [2].

Audiences, le mardi et le samedi pour les affaires de simple police, qui se jugeaient dans les bureaux du lieutenant général, rue Neuve-Saint-Augustin, à l'hôtel de Grammont. Le vendredi pour les autres causes.

V. Chambre criminelle. — Vagabonds, port-d'armes, séditions, sacrilèges, toutes affaires criminelles, sauf celles qui concernaient les ecclésiastiques et celles dont la connaissance appartenait soit au lieutenant de robe-courte, soit au prévôt de l'Ile.

Président, le lieutenant criminel [3].

Audiences, mardi et vendredi, de midi à deux heures.

VI. Chambre criminelle de robe courte. — Sa compétence, mal définie, différait peu de celle qui était attribuée à la chambre précédente.

[1] Les approvisionnements par eau relevaient de la juridiction municipale. En ce qui dépendait de ce service, les arrêts du prévôt de Paris étaient exécutoires dans la France entière.

[2] En 1760, M. de Sartine. Il resta en fonctions jusqu'en 1774.

[3] M. Lenoir, qui devint lieutenant général de police en 1774.

Incendies, viols, enlèvements, crimes divers commis par des gens sans aveu, par des domestiques contre leurs maîtres, par des récidivistes, etc.

Président, le lieutenant criminel de robe courte. On nommait magistrats de robe courte ceux qui, plus militaires que civils, jugeaient l'épée au côté. Ce lieutenant criminel portait cependant la robe, mais plus courte que celle des magistrats ordinaires. Il commandait une compagnie d'archers.

VII. Chambre des auditeurs. — Connaissait sommairement des affaires personnelles jusqu'à 50 livres.

Président, le juge auditeur. C'était en réalité une sorte de juge de paix.

Audiences tous les jours.

Les appels allaient au présidial.

VIII. Chambre du procureur du roi. — Connaissait de certaines affaires concernant les corporations d'arts et métiers. Les jugements en cette matière étaient qualifiés d'*avis* et transmis au lieutenant général de police, qui pouvait les infirmer.

IX. Prévôté générale et maréchaussée de la généralité de Paris, souvent désignée dans les mémoires du dix-huitième siècle sous le nom de *prévôté de l'Ile* [*de France.*] — Juridiction différente de la *connétablie et maréchaussée de France*. Elle connaissait des crimes et délits commis, dans la généralité de Paris, par les gens de guerre en temps de paix : désertions, assemblées illicites, viols, assassinats, etc.

Elle comprenait un prévôt général, cinq lieutenants, un assesseur, un procureur du roi, etc. Le prévôt général prêtait serment à la grand'-chambre du Parlement, puis était installé au Châtelet dont il dépendait pour la police de Paris.

Cette juridiction siégeait à Melun, et sept prévôtés semblables existaient dans les provinces.

Les sentences étaient rendues en dernier ressort.

II. Juridiction municipale.

Bureau de l'hôtel de ville. — Il connaissait des différends entre commerçants pour tous faits relatifs aux marchandises arrivées par eau [1]; des délits imputables aux marchands, à leurs commis et à leurs facteurs; des querelles entre bateliers sur les ports; des affaires contentieuses relatives au payement des rentes de l'hôtel de ville, etc. Il ne possédait aucun droit de police dans Paris.

Ce tribunal était présidé par le prévôt des

[1] Les marchandises amenées par terre étaient soumises à la juridiction du lieutenant général de police.

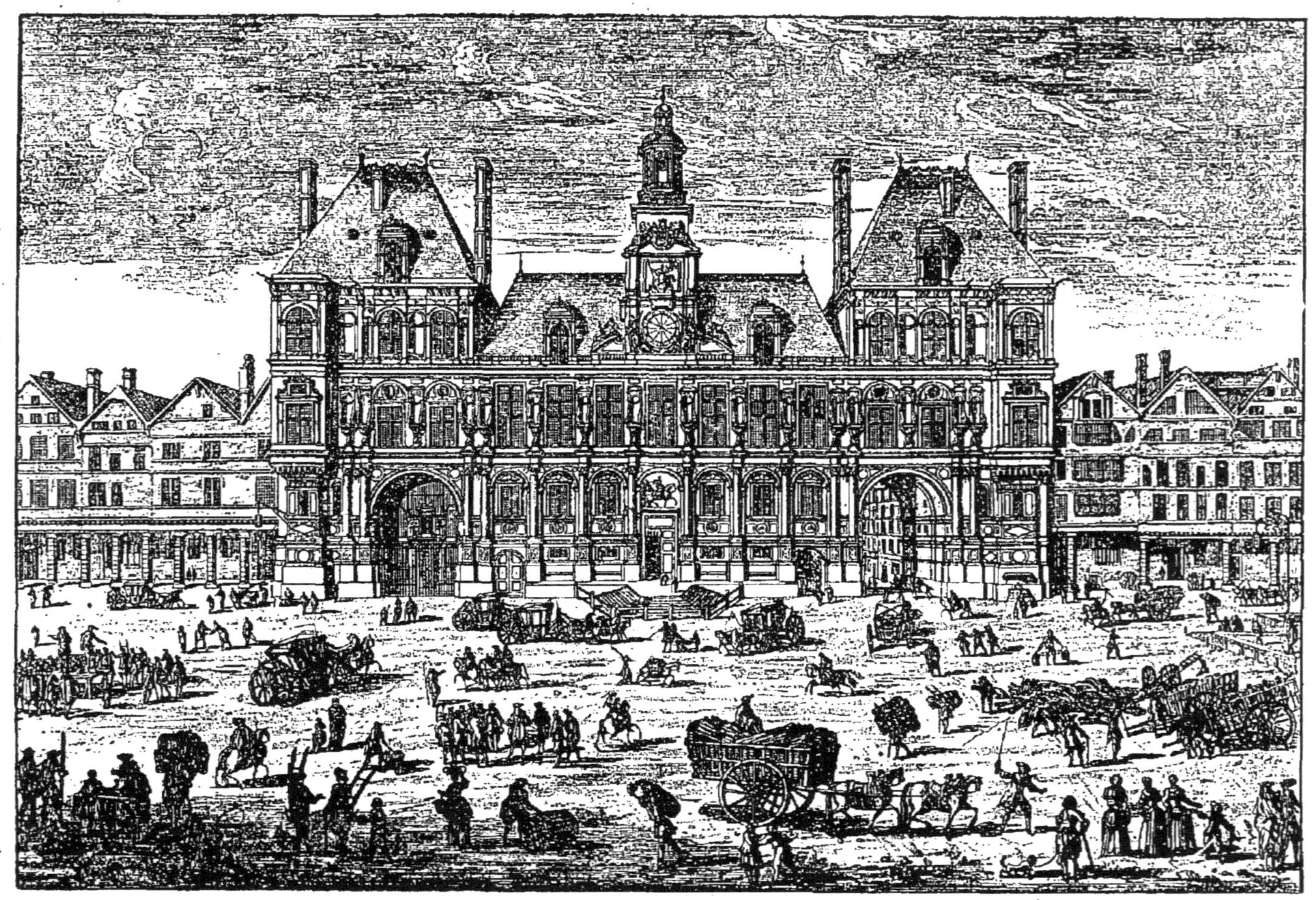

L'Hôtel de Ville.

marchands [1], assisté des quatre échevins, d'un procureur du roi, d'un substitut, d'un greffier, etc., en tout de vingt-huit personnes [2].

Les audiences se tenaient à l'hôtel de ville, de onze heures à une heure.

Les appels allaient au Parlement.

III. — Juridictions ecclésiastiques.

I. Officialité. — Sa compétence, fort étendue, comprenait tout ce qui était relatif aux sacrements, aux vœux, aux questions d'hérésie et de simonie, aux droits et honoraires des ecclésiastiques, etc., etc. Le tribunal ne prononçait, d'ailleurs, que des peines canoniques; pour les peines corporelles, il devait en référer au juge séculier.

Son ressort embrassait tout l'archevêché de Paris.

Il était présidé par un official, assisté d'un promoteur, etc., en tout treize personnes.

Les audiences avaient lieu le mercredi et le samedi matin.

Les appels allaient au Parlement.

II. Chambre ecclésiastique, dite aussi *chambre du décime.* — On appelait *décimes* toutes les

[1] Camus de Pontcarré en 1760.

[2] Les divers fonctionnaires dépendant de l'hôtel de ville étaient au nombre de 950.

impositions levées sur le clergé : don gratuit, subventions, taxes, etc. La chambre ecclésiastique jugeait les contestations qui s'élevaient à ce sujet.

La présence de sept membres était nécessaire pour qu'un de ses arrêts fût valable.

Ce tribunal était divisé en deux chambres :

La *chambre particulière*, présidée par l'archevêque [1], constituait un tribunal de première instance. Elle se réunissait à l'archevêché, et sa compétence ne s'étendait pas hors du diocèse. Les appels allaient à la chambre souveraine.

La *chambre souveraine*. Elle était composée de trois conseillers clercs du Parlement et de dix-huit commissaires, députés par les dix-huit diocèses [2] sur lesquels s'exerçait sa juridiction. Les audiences se tenaient au Palais. L'on y jugeait en appel les causes transmises par les diocèses ressortissants.

III. Tribunal du chantre de Notre-Dame. — Le chantre de Notre-Dame, chef de toutes les *petites écoles* de Paris, exerçait une juridiction contentieuse sur les maîtres et les maîtresses, qui d'ailleurs étaient nommés par lui [3].

[1] Christophe de Beaumont en 1760.

[2] Paris, Sens, Orléans, Chartres, Meaux, Auxerre, Blois, Troyes, Reims, Laon, Châlons, Beauvais, Noyon, Soissons, Amiens, Boulogne, Senlis et Nevers.

[3] Voy. *Écoles et collèges*, p. 48 et suiv.

Cette petite cour se composait de cinq personnes, y compris un greffier et un clerc.

Les audiences avaient lieu le jeudi à trois heures, et presque toujours dans la maison du chantre, maison située dans le cloître.

Les appels allaient au Parlement.

IV. Chambre apostolique. — Tribunal chargé d'examiner les *monitoires* dont les juges laïques requéraient la publication. Il était présidé par l'abbé de Sainte-Geneviève, assisté du chancelier de l'abbaye et d'un secrétaire.

Les séances se tenaient dans une salle du couvent.

Les appels allaient au pape.

Je rappelle qu'on nommait *monitoire* une ordonnance ecclésiastique en vertu de laquelle les personnes instruites d'un crime devaient révéler à leur curé tout ce qu'elles en savaient. Le monitoire était lu en chaire, puis affiché. Après trois *monitions*, quiconque n'avait pas dévoilé les faits venus à sa connaissance était excommunié. Lors du procès de Fouquet, par exemple, des monitoires publiés dans les églises de Paris rappelèrent aux fidèles qu'ils ne devaient rien dissimuler de ce qui pourrait éclairer les juges du procès.

V. Bailliages. — J'ai dit plus haut [1] que les

[1] Voy. ci-dessus, p. 10.

justices seigneuriales existant à Paris avaient été supprimées, puis réunies en 1674 au tribunal du Châtelet. Toutefois, des édits postérieurs restituèrent les droits de haute, moyenne et basse justice, dans les limites de leurs « enclos, cours et cloîtres, » aux seigneurs qui disposaient d'un territoire ainsi bien défini. Ils conservèrent ces droits intacts jusqu'en 1789. Ce furent :

Le Chapitre de Notre-Dame.

L'archevêque de Paris.

L'abbé de Saint-Germain des Prés.

Le commandeur de Saint-Jean de Latran.

Le Chapitre de Saint-Marcel.

Le prieur de Saint-Martin des Champs.

L'abbé de Sainte-Geneviève.

Le grand prieur du Temple.

Les tribunaux appartenant à ces seigneurs justiciers étaient, en général, composé d'un bailli, un lieutenant, un procureur fiscal, un greffier et un huissier.

Les appels allaient au Parlement.

Une échelle de justice ou pilori, marque de la haute justice, s'élevait dans une des rues dépendantes du bailliage. Une seule, celle du Temple, subsistait encore à la fin du dix-huitième siècle, peut-être parce que, brûlée par malveillance en 1649, elle avait été alors réédifiée [1].

[1] Sur l'histoire des justices ecclésiastiques entre le treizième et le dix-septième siècle, voy. l'excellent ouvrage de M. le

L'ÉGLISE NOTRE-DAME.

1. *Barre du Chapitre de Notre-Dame.*

Juridiction distincte de celle de l'archevêque. Elle connaissait de toutes les causes civiles, criminelles et de police nées dans l'intérieur de l'église, le parvis, le cloître et le terrain [1].

Les audiences se tenaient le mercredi et le samedi à trois heures dans le cloître. C'est là aussi que se trouvaient les prisons. Quant à l'échelle de justice, qui s'élevait jadis près du port Saint-Landry, elle avait disparu depuis longtemps.

2. *Bailliage de la duché-pairie de l'archevêché* [2].

Tribunal composé de douze personnes, y compris un médecin et un chirurgien. On y connaissait en appel des sentences rendues par les justices exercées dans les domaines et fiefs dépendant de l'archevêché.

Les audiences se tenaient le lundi dans la salle de l'officialité. Mais, jusqu'en 1674, le siège de la juridiction épiscopale fut le *For-*

Tanon, *Histoire des justices des anciennes églises et communautés monastiques de Paris,* 1883, in-8°.

[1] On nommait le *terrain* l'extrémité orientale de la Cité. Il est aujourd'hui représenté en partie par le square de l'archevêché.

[2] En 1674, Louis XIV avait érigé la seigneurie de Saint-Cloud en duché-pairie, au profit de François de Harlay, archevêque de Paris, et des archevêques ses successeurs.

l'évêque (*forum episcopi*), prison située entre la rue Saint-Germain l'Auxerrois et le quai de la Mégisserie. On y enferma ensuite les prisonniers pour dettes et les comédiens insoumis.

L'échelle représentative du droit de haute justice s'élevait sur la place du Parvis [1].

3. *Bailliage de Saint-Germain des Prés.*

Tribunal composé de six personnes, dont un notaire.

Le pilori était installé au milieu d'un petit carrefour que représente aujourd'hui la rue Gozlin, et des fourches patibulaires à trois piliers se dressaient dans la rue de Grenelle. La geôle, située rue Sainte-Marguerite, devint en 1789 la prison militaire dite *de l'abbaye*, puis fut démolie en 1854.

4. *Bailliage de Saint-Jean de Latran.*

Les hospitaliers de Jérusalem, qui relevaient de l'ordre de Malte, avaient pris saint Jean pour patron, et l'enclos dit de Saint-Jean de Latran était le siège de leur commanderie. Il s'étendait entre la place Cambrai, la rue Saint-Jean de Beauvais, la rue des Noyers et la rue Saint-Jacques actuelles.

[1]. Jacques Dubreul écrivait au début du dix-huitième siècle : « On la voyait encore, n'a pas long temps, à l'entrée de l'église Notre-Dame. » *Antiquitez de Paris*, édit. de 1639, p. 38.

5. *Bailliage de Saint-Marcel.*

Le Chapitre de Saint-Marcel était seigneur d'une partie du faubourg de ce nom, qui se continuait assez loin hors de Paris, du côté d'Ivry.

La salle d'audience et la prison étaient dans le cloître.

6. *Bailliage de Saint-Martin des Champs.*

Sa juridiction s'étendait entre la rue Saint-Martin et la rue du Temple. L'échelle se dressait rue au Maire, où se trouvait aussi la prison qui, vers le milieu du dix-huitième siècle, fut transférée à l'angle de la rue du Vert-Bois.

7. *Bailliage de Sainte-Geneviève.*

Il comptait parmi ses six fonctionnaires un huissier, un commissaire-priseur et un architecte expert.

L'échelle de justice se dressait devant l'église.

8. *Bailliage du Temple.*

Son échelle de justice s'élevait dans la rue des Vieilles-Haudriettes [1]. C'est la dernière qui soit restée debout à Paris; encore, dès 1779, était-elle déjà en bien mauvais état.

[1] Dite aussi rue de l'Échelle-du-Temple.

IV. — JURIDICTIONS FINANCIÈRES.

I. Chambre des comptes. — Elle vérifiait les comptes de tous les fonctionnaires chargés du maniement des deniers publics, et les jugeait en dernier ressort. Toutefois, en matière criminelle, elle ne pouvait instruire que jusqu'à la *question* inclusivement : avant d'aller plus loin, elle devait s'adjoindre un président et six conseillers empruntés au Parlement. La Chambre des comptes enregistrait les édits concernant le domaine royal, les finances et les fonctionnaires aux gages du roi.

Elle se composait d'environ trois cents personnes : un premier président [1], douze présidents, soixante-dix-huit conseillers-maîtres, trente-huit conseillers-correcteurs, cent quatre-vingt-deux auditeurs, trente procureurs, etc., etc.

Dans les cérémonies publiques, elle marchait à côté du Parlement et prenait place en face de lui. Les présidents, même le premier, portaient la robe de velours noir; les maîtres des comptes et le procureur général étaient vêtus de satin noir, les correcteurs et les greffiers de damas noir, les auditeurs de taffetas noir.

La Chambre des comptes tenait quatre audiences par semaine dans un bâtiment situé

[1] M. de Nicolaï.

La Chambre des Comptes.

près de la Sainte-Chapelle et qui fut détruit en 1737 par un incendie. Reconstruit presque aussitôt, il fut plus tard attribué à la préfecture de police.

II. Cour des aides. — Elle jugeait en dernier ressort les questions relatives aux aides, tailles, gabelle, etc. ; à la validité des titres de noblesse conférant exemption d'impôts ; aux immunités financières des commensaux du roi [1], etc., etc.

Cette cour, divisée en trois chambres, tenait ses audiences les mardi, mercredi et vendredi. Elle se composait d'environ cent dix membres : un premier président [2], neuf présidents, quarante-huit conseillers, un garde-sacs, un receveur des épices, un trésorier-payeur, etc.

La cour des aides prenait rang après le Parlement et la chambre des comptes. La robe de cérémonie était de velours noir pour les présidents, de satin écarlate pour les conseillers, gens du roi, etc.

III. Cour des monnaies — Sa compétence s'étendait sur tout ce qui concernait la fabrication et la police des monnaies, le commerce des métaux précieux, les malversations commises par les ouvriers en or et en argent, orfèvres,

[1] Leurs prérogatives honorifiques relevaient de la prévôté de l'hôtel.

[2] Guillaume de Lamoignon de Malesherbes.

joailliers, batteurs d'or. Elle jugeait en dernier ressort les procès relatifs aux monnaies.

La Cour, composée de cent quatre membres, tenait deux audiences par semaine à l'hôtel des monnaies. Dans les cérémonies publiques, elle prenait rang après la cour des aides.

IV. Chambre du domaine. — Elle jugeait les questions contentieuses relatives au domaine de la Couronne, aux droits d'aubaine, aux justices féodales, droits seigneuriaux, etc. Elle comprenait soixante-deux membres et tenait ses audiences au Palais deux fois par semaine. Sa compétence ne dépassait pas la généralité de Paris [1].

Les appels allaient au Parlement.

V. Tribunal de l'élection de Paris. — Sa compétence embrassait les différends concernant la répartition de divers impôts ; les contraventions relatives à la vente du papier timbré ; les rébel-

[1] Pour le service des finances, la France avait été divisée en vingt-six généralités et six intendances. Chacune de ces circonscriptions financières était régie par un intendant. La généralité de Paris se trouvait limitée par les généralités d'Amiens, Rouen, Alençon, Orléans, Bourges, Dijon, Châlons et Soissons.

Les généralités étaient subdivisées en élections. Celle de Paris comprenait vingt-deux élections. Ce nom venait de ce qu'à l'origine les commissaires chargés d'assister les magistrats dans la répartition des impôts étaient élus soit par le peuple, soit par les États généraux. Charles V les transforma en fonctionnaires royaux.

lions commises contre les collecteurs des tailles, les commis des aides, etc.

Ce tribunal, composé de trente-six membres, tenait ses audiences au Palais quatre jours par semaine. Sa juridiction ne franchissait pas les limites de l'élection de Paris.

Les appels allaient à la cour des aides.

VI. Prévôté générale des monnaies. — Le prévôt général des monnaies jugeait en première instance une partie des délits commis par les justiciables de la cour des monnaies. Il avait, en outre, pour mission de faire exécuter les arrêts de cette cour. Celle-ci prononçait seule dans les affaires de fausse monnaie, la prévôté générale se bornait à une instruction sommaire.

Cette juridiction se composait de : un prévôt général, six lieutenants, un assesseur, un procureur du roi, un greffier, deux huissiers, dix exempts, soixante-douze gardes à cheval, etc.

Les audiences se tenaient au Palais, le mercredi et le samedi.

VII. Grenier à sel. — Il jugeait les contraventions, relatives à l'impôt du sel dans Paris et la banlieue.

Le tribunal, composé de treize membres, tenait trois audiences par semaine en été et quatre en hiver. Il se réunissait au grenier à sel, vaste bâtiment situé rue des Orfèvres et qui avait appartenu à l'abbaye de Joyenval.

Il prononçait en dernier ressort jusqu'à un quart de minot[1]. Les appels allaient à la cour des aides.

Le sel était livré aux débitants les jours d'audience. L'impôt de la gabelle[2] paraissait d'autant plus dur que chaque chef de famille devait renouveler tous les trois mois une provision de sel dont la quantité lui était imposée. La moyenne par année était d'un minot environ pour quatorze personnes.

VIII. Haut et souverain empire de Galilée. — Association formée par les clercs des procureurs à la chambre des comptes, pour juger en dernier ressort les contestations qui s'élevaient entre eux. Ils élisaient un empereur dont le pouvoir ressemblait à celui qu'exerçait le roi de la basoche sur les clercs des procureurs au Parlement. Ce tribunal était placé sous la haute autorité du doyen des conseillers-maîtres et du procureur général de la chambre des comptes. Les audiences se tenaient dans la rue de Galilée[3], petite voie qui longeait les bâtiments de la cour des comptes.

[1] Le minot représentait environ cinquante-un litres.
[2] D'où notre mot gabelou.
[3] Devenue rue de Nazareth et aujourd'hui supprimée.

V. — Juridictions militaires.

I. Connétablie et maréchaussée de France. — Cette juridiction connaissait des crimes et délits commis par les gens de guerre. Il jugeait les contestations qui s'élevaient entre eux pour le partage du butin ou des rançons ; les malversations imputables aux fournisseurs, aux trésoriers et à leurs commis, etc., etc. Le grand prévôt de la connétablie, accompagné de lieutenants et d'archers, suivaient les armées pour juger les soldats coupables d'infractions aux lois militaires.

Le tribunal se composait d'un lieutenant général, un lieutenant particulier, un procureur du roi, etc. Ce dernier était nommé par les maréchaux. Eux-mêmes parfois assistaient aux audiences ; ils y venaient en costume de duc et pair, avec le petit manteau et le chapeau à plumes.

Depuis la destruction de la table de marbre[1], les audiences se tenaient au Palais, dans la galerie des prisonniers.

Les appels allaient au Parlement.

II. Tribunal des maréchaux de France. — Il connaissait sans appel des contestations relatives au point d'honneur qui s'élevaient entre gentils-

[1] Voy. Eaux et forêts, p. 44.

hommes ou autres personnes faisant profession des armes. Il se réunissait chez le plus ancien des maréchaux de France.

Dans une des affaires qui suivent [1], le tribunal des maréchaux intervint pour empêcher des voies de fait entre le comte de Bussy et son gendre. Dès le début de l'affaire, le lieutenant des maréchaux écrivit au comte :

« C'est par vos amis, Monsieur, que je viens d'apprendre que vous avez des démêlés avec M. de la Rivière. Je vous ordonne donc de n'en venir à aucune voie de fait, directement ou indirectement, sur peine des ordonnances du Roi, et en mon particulier, je vous en prie. J'en dis autant à M. votre fils par cette lettre, qui lui servira de défense, dont je vous charge et dont vous répondrez comme étant auprès de lui.

Au reste, soyez persuadé, Monsieur, que je regarde vos intérêts comme je le dois, et que je suis plus que personne du monde

Votre serviteur très humble et très obéissant. »

Le comte de Bussy répondit :

« Je n'ai point de démêlés avec aucuns gentilshommes, Monsieur. Ainsi, vous n'avez rien aujourd'hui à voir sur mes actions par l'autorité de votre charge. Quand un paysan m'offense, je lui donne des coups de bâton, et cela regarde la

[1] Voy. *Les suites d'une mésalliance*, p. 55.

justice des Parlements. Si j'avois une querelle, Dieu et le Roi ne m'empêcheroient pas de me faire justice moi-même. Vous m'ordonnez, dites-vous, de n'en venir à aucune voie de fait, et moi je vous ordonne d'apprendre à parler quand vous écrirez à un homme comme moi.

Voilà tout ce que j'ai à vous dire. Lorsque vous me ferez un compliment comme un ami qui sait parler et vivre, je vous en remercierai, Monsieur, et je vous dirai que je suis votre serviteur très humble et obéissant. »

Mais on ne parlait pas ainsi du roi, et l'on n'écrivait pas sur ce ton au lieutenant des maréchaux de France. Le comte de Bussy dut adresser au souverain une très plate lettre d'excuses, et de plus il perdit son procès.

III. Bailliage de l'artillerie ou de l'Arsenal. — Il prononçait sur toutes les questions concernant la fabrication des poudres, la fonte des canons, les différends entre les commis et ouvriers d'artillerie, etc. A cet égard, sa juridiction s'étendait sur toute la France, et les appels allaient au Parlement.

Mais le bailli de l'Arsenal prétendait aussi connaître de tous les crimes et délits commis dans l'enclos de l'Arsenal et le mail voisin, compétence que lui disputaient les juges du Châtelet[1].

[1] Voy. ci-dessus.

Le tribunal se composait d'une bailli d'épée, d'un lieutenant général, d'un garde-scel, etc., en tout dix personnes.

Les audiences se tenaient le lundi à l'Arsenal, dans la cour de la fonderie.

VI. — Juridictions commerciales.

I. Amirauté de France. — Tribunal du grand amiral de France[1]. Il connaissait en premier ressort de tout ce qui concernait le commerce maritime : sociétés commerciales, compagnies de navigation, assurances, échouements, naufrages, etc. En appel, il jugeait les sentences rendues par les amirautés particulières siégeant dans certains ports.

Même ressort que le Parlement de Paris.

Le personnel se composait de vingt-deux membres, tous nommés par le roi sur la présentation du grand amiral. Les audiences avaient lieu au Palais les lundi, mercredi et vendredi.

Les appels allaient au Parlement.

II. Juges consuls. — Cette juridiction représente assez exactement notre tribunal de commerce actuel. Elle était composée de cinq membres, dont le premier prenait le titre de *juge;* les quatre autres avaient celui de *consuls*. Tous cinq

[1] En 1760, le duc de Penthièvre.

étaient élus pour une année par les plus importantes corporations ouvrières, et choisis dans leurs rangs. C'étaient : les drapiers, les épiciers, les merciers, les pelletiers, les orfèvres, les bonnetiers, les libraires et les marchands de vin.

Ce tribunal prononçait en dernier ressort jusqu'à la somme de cinq cents livres. Au delà, l'appel allait au Parlement.

Les audiences se tenaient les lundi, mercredi et vendredi dans un bâtiment situé derrière l'église Saint-Merri [1]. Le tribunal de commerce ayant remplacé les juges-consuls, y resta installé jusqu'en 1826, année où il fut transféré à la Bourse. Le nouveau monument élevé pour lui en face du Palais a été terminé en 1866.

III. Chambre de la maçonnerie, dite aussi *Chambre des bâtiments.* — Elle connaissait des contestations entre les entrepreneurs de maçonnerie et les ouvriers carriers, plâtriers, chaufourniers, etc. Elle avait, en outre, autorité sur toutes les corporations du bâtiment : elle procédait à la réception des maîtres, confirmait les nominations de syndics, revisait les statuts, vérifiait les comptes, etc.

Elle se composait de huit personnes, dont trois architectes dits maîtres généraux des bâtiments

[1] Dans la rue du Cloître, devenue en 1844 rue des Juges-Consuls.

du roi. Elles étaient installées par un des magistrats de la grand'chambre du Parlement.

Les audiences se tenaient au Palais, les lundi et vendredi matin.

Les appels allaient au Parlement.

IV. Chambre de la marée. — Elle connaissait de toutes les affaires, tant civiles que criminelles, concernant le commerce du poisson de mer, frais, sec ou salé, et du poisson d'eau douce dans Paris et la banlieue [1]. Sa juridiction s'étendait même sur la France entière pour ce qui touchait le transport du poisson dans la capitale.

Le tribunal était composé de membres du Parlement : un président à mortier, deux conseillers, trois greffiers. Seul, le procureur général de la marée n'appartenait pas à la cour suprême.

Les audiences se tenaient au Palais dans la grand'chambre.

Les appels allaient au Parlement.

VII. — Juridictions diverses.

I. Grande maîtrise des eaux et forêts. — Elle connaissait en première instance de tous les procès et différends concernant les eaux, forêts, îles et bois du domaine royal. En appel, elle revisait

[1] Sur ce commerce, voy. *La cuisine*, p. 26 et suiv.

les sentences rendues par la maîtrise particulière des eaux et forêts.

Elle se composait d'un grand maître, un lieutenant général, un lieutenant particulier, sept conseillers, un procureur général, un arpenteur, etc., en tout vingt personnes.

Les appels allaient au Parlement.

Jusqu'à l'incendie de 1618, qui détruisit la grand'salle du Palais, la grande maîtrise des eaux et forêts se réunissait sur l'immense table de marbre qui occupait le fond de la salle. Trois juridictions[1] avaient tenu là leurs audiences et étaient désignées par le nom de *table de marbre*, nom qu'elles conservèrent jusqu'à la Révolution.

Il y avait en France dix-huit grandes maîtrises, y compris celle de Paris.

II. Maîtrise des eaux et forêts. — Elle connaissait en première instance, tant au civil qu'au criminel, de tout ce qui concernait la police et la conservation des forêts, rivières, routes et chemins; martelages, ventes de bois; droits de pacage, de pêcherie appartenant aux biens de mainmorte. Les communautés étaient tenues de conserver intacts leurs plus beaux arbres, que le roi réservait pour sa marine.

Le tribunal comprenait un maître particulier, un lieutenant, un procureur du roi, un garde-

[1] Voy. Connétablie et Amirauté.

marteau, trois arpenteurs, etc., en tout quatorze personnes.

Les audiences se tenaient au Palais, les lundi et vendredi.

Les appels allaient à la grande maîtrise.

Il y avait en France quarante-cinq maîtrises particulières des eaux et forêts, y compris celle de Paris.

III. Bailliage et capitainerie royale de la varenne du Louvre. — On nommait *varennes* les territoires réservés pour la chasse royale. La varenne du Louvre s'étendait dans un rayon de six lieues en tous sens autour du château, mais la capitainerie n'en exerçait pas moins son action sur tous les bois, forêts, terres, garennes, plaines et buissons du royaume. Elle avait surtout pour mission d'y réprimer le braconnage.

Huit exempts, huit gardes à cheval, douze gardes à pied, un receveur des amendes, un renardier, etc., étaient aux ordres du tribunal présidé par un bailli et capitaine [1] et qui comprenait en tout quarante et une personnes.

Les audiences se tenaient tous les quinze jours, le jeudi, au château du Louvre, dans une pièce dite salle des gardes, qui précédait l'antichambre du roi, et où se réunissait aussi l'académie des sciences.

[1] En 1760, c'était le duc de la Vallière.

Les appels allaient au Parlement.

IV. Bailliage et capitainerie royale de la varenne des Tuileries. — Même compétence, même étendue de juridiction, même tribunal d'appel que la capitainerie du Louvre, avec laquelle elle semble avoir fait double emploi [1].

Les audiences se tenaient tous les quinze jours, le lundi, au palais des Tuileries, dans la salle dite l'antichambre du roi.

V. Bailliage du Palais. — Cette juridiction avait droit absolu de justice, en matières civile, criminelle et de police dans l'enceinte du Palais, cours, salles, galeries, etc.

Elle se composait d'un bailli d'épée, un lieutenant général, un procureur du roi, etc., en tout huit personnes.

Les audiences se tenaient les mardi, jeudi et samedi dans la grand'salle.

Les appels allaient au Parlement.

VI. Tribunal de l'Université. — Il jugeait toutes les questions relatives aux fondations scolaires, aux études, aux bourses, à la discipline, et toutes les contestations qui s'élevaient sur son territoire, entre les corps dits suppôts de l'Uni-

[1] En 1760, le bailli et capitaine de la varenne des Tuileries était le prince de Soubise.

versité : écrivains, imprimeurs, libraires, papetiers, relieurs, etc. [1]

Ce tribunal était présidé par le recteur, assisté des doyens des Facultés de théologie, de droit, de médecine, et des quatre procureurs de la Faculté des arts.

Les audiences se tenaient au collège Louis-le-Grand, devenu en 1763 chef-lieu de l'Université.

Les appels allaient à la grand'chambre du Parlement.

VII. La basoche. — Juridiction instituée par les clercs de procureurs pour juger les différends qui s'élevaient entre eux. On y connaissait aussi des causes où un clerc était défendeur contre un artisan ou un marchand. Au civil, sa compétence était fort étendue; en matière criminelle, elle se réduisait aux rixes et mutineries.

Cette cour se composait d'un chancelier, élu chaque année, un maître des requêtes, un grand audiencier, un procureur général, un avocat général, etc., vingt-quatre personnes, toutes choisies parmi les clercs de procureurs. Le chancelier portait la robe et le bonnet, les autres membres l'habit noir avec rabat.

Les audiences se tenaient au Palais, dans la grand'chambre, les mercredi et samedi de midi à une heure.

[1] Sur tout ceci, voy. *Écoles et collèges.*

Les jugements portaient le nom d'arrêts et étaient sans appel.

VIII. Prévôté de l'hôtel. — Le grand prévôt de l'hôtel avait juridiction sur toute la maison du roi, en quelque lieu que celle-ci se transportât. Il connaissait de tous les crimes et délits commis à la suite de la Cour, prononçait sur les prérogatives honorifiques accordées aux commensaux du roi [1], réglait les contestations survenues entre les marchands privilégiés [2], taxait au besoin les vivres nécessaires pour la Cour, etc., etc.

Ce tribunal comprenait un grand prévôt [3], un lieutenant général civil, un lieutenant général d'épée, un procureur du roi, etc., environ soixante personnes, et une compagnie de quatre-vingt-dix gardes à cheval.

La juridiction s'étendait sur tous les lieux où allait résider la Cour et sur dix lieues à la ronde.

Les appels allaient au Grand-Conseil.

IX. Requêtes de l'hôtel. — Ce tribunal, composé de maîtres des requêtes, connaissait des causes concernant les fonctionnaires de la maison

[1] Voy. ci-dessous, p. 250, le procès intenté à la ville de Pontoise par deux commensaux de la maison du roi.

[2] Sur les marchands privilégiés, dits aussi marchands suivant la Cour, voy. *Comment on devenait patron*, p. 244 et suiv.

[3] En 1760, le marquis de Sourches.

du roi, ceux des requêtes du Parlement, ceux du Grand-Conseil, etc.

Sa juridiction embrassait toute l'étendue de la France.

Les audiences avaient lieu quatre jours par semaine.

Les appels allaient au Parlement. Mais le tribunal prononçait en dernier ressort dans les affaires qui lui étaient renvoyées par le Conseil d'État.

X. *Conseil des finances.* — Une des sections du Conseil d'État. Il jugeait les réclamations des particuliers et des officiers royaux contre les collecteurs des tailles, les fermiers des aides, etc.

Il se réunissait le jeudi de chaque semaine.

XI. *Conseil des parties.* — Une des sections du Conseil d'État. Plusieurs de ses attributions appartiennent aujourd'hui à la cour de Cassation. Il connaissait des évocations et règlements de juges, des conflits entre juridictions, etc., etc.

Il se réunissait le samedi de chaque semaine.

XII. *Conseil d'en haut.* — Ce conseil, souvent mentionné dans les mémoires du dix-septième siècle, était composé de princes et de ministres, et présidé par le roi. Je ne le fais figurer ici que parce qu'il jugeait certains appels du conseil d'État.

XIII. *Grand-Conseil.* — Il possédait des attributions très étendues et très diverses. Il jugeait les procès concernant les indults, les évêchés et les bénéfices ecclésiastiques à la nomination du roi [1]; les conflits entre parlements et présidiaux du même ressort; les arrêts contraires rendus par les parlements; les appels de la prévôté de l'hôtel, etc., etc.

Le personnel se composait d'un premier président, remplaçant le chancelier [2], de huit présidents, cinquante-quatre conseillers, etc., en tout cent soixante-treize fonctionnaires.

Les membres du Grand-Conseil portaient la robe noire, en velours pour les présidents, en satin pour les conseillers.

Le tribunal se réunit pendant longtemps à l'hôtel d'Aligre, situé rue Saint-Honoré et rue Bailleul. Il le quitta sous Louis XV, pour aller s'installer au Louvre, dans la partie qui longe le jardin de l'Infante.

VIII. — Le Parlement.

Cour souveraine, qui jugeait en dernier ressort. Elle enregistrait les lois, édits, ordonnances, etc.

Le Parlement était divisé en 7 chambres.

I. *La grand'chambre* comprenait :

[1] Les bénéfices conférés en régale relevaient de la grand'-chambre du parlement.

[2] En 1760, le chancelier était Guillaume de Lamoignon, et le premier président Guillaume Castanier d'Auriac.

Un premier président [1], chef du Parlement tout entier.

Neuf présidents à mortier [2].

Six conseillers d'honneur.

Vingt-cinq conseillers laïques.

Douze conseillers clercs.

Trois avocats généraux.

Un procureur général.

Etc., etc., etc.

Les présidents portaient le manteau écarlate fourré d'hermine et le mortier de velours noir, orné de deux galons d'or pour le premier président, d'un seul galon pour les autres. Les conseillers, les avocats généraux et le procureur général revêtaient la robe écarlate avec le chaperon fourré d'hermine.

Outre les magistrats, avaient droit de séance et voix délibérative à la grand'chambre :

Les princes du sang, à partir de quinze ans.

Les ducs et pairs, à partir de vingt-cinq ans.

[1] En 1760, Matthieu-François Molé.

[2] Le Peletier de Rozambo.
C.-A. de Maupeou.
G. de Lamoignon de Montrevault.
Michel-Jacques Turgot.
Étienne-François d'Aligre.
L.-F. Lefèvre d'Ormesson de Noyseau.
Gaspar Bochard de Saron.
Chr.-Fr. de Lamoignon.
Anne-Louis Pinon.

Les conseillers d'État.
Le gouverneur de Paris.
Le chancelier.
Le garde des sceaux.
L'archevêque de Paris.
L'abbé de Cluny [1].

II. Trois chambres des enquêtes, composées chacune de deux présidents et de trente-cinq conseillers.

III. Une chambre criminelle ou Tournelle. — Ainsi nommée, suivant les uns, parce qu'elle siégeait dans une des tours de la conciergerie ; suivant d'autres, parce que des conseillers appartenant aux autres chambres venaient successivement y siéger, « afin, écrit Claude-Joseph de Ferrière, que l'habitude de condamner et de faire mourir des hommes n'altère la douceur naturelle des juges et ne les rende inhumains [2]. »

IV. Deux chambres des requêtes. — Sa composition a souvent varié.

V. Une chambre des vacations. — Elle siégeait du neuf septembre au vingt-sept octobre. Les vacances du Parlement ne finissaient que le douze novembre, mais entre le vingt-sept octobre

[1] En 1760, Dominique de La Rochefoucauld, archevêque de Rouen.

[2] *Dictionnaire de droit et de pratique*, édit. de 1771, t. II, p. 324.

et le douze novembre, il ne se faisait au Palais aucun acte judiciaire.

En 1760, le nombre des personnes composant le Parlement, y compris les huissiers, greffiers, avocats [1], procureurs [2], etc. s'élevait à 1494.

[1] Au nombre de 550 environ.

[2] Au nombre de 400.

DEVANT LES TRIBUNAUX

LES SUITES D'UNE MÉSALLIANCE.

Mémoire de M. de la Rivière, en réponse aux libelles diffamatoires de M. de Bussy[1].

Le sieur de Bussy, ne sachant par où soutenir la poursuite odieuse qu'il a eu l'aveuglement d'intenter contre moi, a pris jusqu'ici ses raisons dans des injures; et sans songer que ses injures n'étoient point des raisons, il a mis la confiance de son droit en dix-huit libelles diffamatoires, où il n'y a ni esprit, ni vérité. Comme il est connu pour auteur satirique de profession, je l'ai laissé

[1] Roger, comte de Bussy-Rabutin, le célèbre auteur de l'*Histoire amoureuse des Gaules*. « Il n'y manque rien, dit Amelot de la Houssaye, que celle des amours de sa fille. » (*Mémoires historiques*, t. II, p. 129.) Bussy-Rabutin était cousin de Mme de Sévigné.

travailler de son métier. Je me suis reposé de ma réputation sur la sienne, et l'envie de plaire à mes juges par une conduite aussi touchante que ma cause est juste m'a fait garder un silence dont, malgré les égards de gendre à beau-père, je n'étois que trop dispensé. Cependant, comme quelqu'un pourroit enfin insulter à ma patience, et attribuer à foiblesse l'effet d'une modération convenable à la qualité de mon procès, j'ai cru qu'il étoit à propos de me mettre en vue aux gens qui ne me connoissent point, et que sans donner à mon récit d'autre parure que celle de la vérité, je devois dire au public un mot de moi et de mon affaire.

Par bonheur pour le sieur de Bussy, mon beau-père, je suis né gentilhomme [1], et je commence par donner un démenti imprimé à qui-

[1] C'est là tout le nœud du procès. A l'instigation de son père, la fille, aussi vertueuse que tendre, du comte de Rabutin préféra se deshonorer publiquement que d'avouer son mariage avec un homme qu'elle adorait, mais dont la noblesse paraissait contestable. Suivant Amelot de la Houssaye, la Rivière était petit-fils d'un laquais du chancelier de Sillery. Toutefois, dans les pièces produites au procès, il est établi qu'un de ses ancêtres fut, en 1612, secrétaire de la chambre du roi et écuyer; un autre, gentilhomme de la chambre et chevalier de Saint-Michel; un autre, son père, chevalier, seigneur de Coucy, contrôleur général de la maison de la reine. (Voy. *Lettres choisies de M. de la Rivière, gendre de M. le comte de Bussi-Rabutin, avec un abrégé de sa vie et la relation du procès qu'il eut avec son épouse et son beau-père.* Paris, 1751, 2 vol. in-12.)

conque diroit le contraire. Il y a eu des charges dans ma Maison, et les gens de mon nom s'étant alliés à des demoiselles [1], j'ai cru que j'en pouvois épouser une qui avoit moins de bien que je n'en avois. J'ai soutenu dans la suite les soins de mon éducation. J'ai acquis de l'estime dans ma profession et des agrémens dans le monde. J'ai des amis et je ne dois point mes ennemis à mes défauts.

Je sortis de l'académie [2] à seize ans; j'allai à la guerre l'année d'après. J'ai eu l'honneur de servir auprès du Roi dans toutes ses glorieuses campagnes. J'ai été aide de camp dans les armées et capitaine de chevau-légers. J'ai toujours eu beaucoup d'envie de m'élever, et si j'avois pu me faire une fortune selon mon courage, je n'aurois point de procès avec le sieur de Bussy.

La dernière paix étant faite, je me retirai en Bourgogne. Je demeurois avec madame Christine-Charlotte Pot de Rochechouart, ma sœur utérine. J'étois voisin et fort connu du sieur de Bussy.

[1] Le mot *mademoiselle* désignait encore les filles et les femmes nobles. Le mot *madame* était une sorte de titre d'honneur accordé aux filles et femmes appartenant à la haute noblesse. Mais déjà, la règle avait cessé d'être strictement observée, et bien des bourgeoises se qualifiaient de mademoiselle et même de madame.

[2] C'est à l'académie que s'achevait l'éducation d'un gentilhomme. On y enseignait l'équitation, la danse et l'escrime, on y faisait des courses de bagues et de têtes avec la lance et l'épée.

Je ne songeai point à le voir. Il s'offensa de ma négligence; il m'en fit des reproches; il me pressa d'aller chez lui, et j'y fus pour le malheur de ma vie.

Il avoit auprès de lui dame Louise de Rabutin, sa fille d'un premier lit, veuve depuis longtems de messire Guilbert de Langeac, sieur de Coligny. Le sieur de Bussy exerçoit sur sa fille un empire absolument tyrannique. Sa famille lui avoit conseillé plusieurs fois de se servir de sa condition pour secouer un joug qui la minoit de toutes manières. Elle mouroit d'envie de se tirer de servitude, et elle me regarda comme un homme qui pouvoit aider à ses desseins.

Elle me donna d'abord beaucoup de marques d'une amitié de distinction. Peu de jours après, plus pressée, je crois, par ses malheurs que par mon mérite, elle m'avoua les vues et l'estime qu'elle avoit pour moi; et elle me dit que quand je ne l'épouserois que pour la tirer des mains de son père, elle m'en auroit une éternelle obligation[1]. Mme de Coligny n'a de défaut que d'avoir eu un père, et je répondis bientôt à tous

[1] La pièce suivante fut produite au procès :

« Je, Louise-Françoise de Rabutin, promets et jure devant Dieu à Henry-François de la Rivière de l'épouser quand il lui plaira.

En foi de quoi, j'ai signé ceci du plus beau et du plus pur de mon sang.

Fait ce dix-huitième octobre 1679. »

les sentimens dont elle m'honoroit. Au bout d'un an, je la demandai en mariage au sieur de Bussy : il me l'accorda à des conditions. Je les exécutai, et il me manqua de parole. Sa fille, outrée contre lui, résolut de le quitter. Elle n'avoit point de maison, elle acheta la terre de Lanty [1], et elle y alla demeurer.

Quelques mois après, le sieur de Bussy fut obligé d'aller à Dijon. Il gardoit sa fille à vue depuis douze ans. Elle me manda qu'il ne falloit pas laisser échapper une occasion qu'elle cherchoit depuis si longtems; qu'elle me conjuroit de partir pour Lanty aussitôt que j'aurois reçu sa lettre. Dès que j'y fus arrivé, elle me dit que son père nous ayant trompés, il falloit le réduire par la nécessité, et que notre contrat de mariage étant signé il y avoit plus de six semaines [2], elle vouloit absolument m'épouser. Notre mariage fut célébré [3], en présence de tous les domestiques de ma Maison et de deux amies de ma femme.

Quelques jours après, je la quittai, pour lui donner le tems de se déclarer à son père : elle lui avoua son état. Il ne se souvint plus de l'aveu qu'il m'avoit donné, et mon absence lui laissant

[1] Le 12 octobre 1680.

[2] Il avait été signé le 3 mai 1681, au château de Bussy, près Sainte-Reine (Côte-d'Or.)

[3] Le 19 juin 1681, entre onze heures et minuit. Mme de Coligny avait alors trente-huit ans.

la liberté d'entreprendre tout ce que lui inspiroient ses mouvemens condamnables, il emmena sa fille dans un couvent [1], et la força, le poignard sur la gorge, d'entrer dans un procès qui n'eut et qui n'aura jamais d'exemple. Elle me manda, en m'envoyant un certificat de mariage, qu'elle étoit aux mains d'un barbare qui la gardoit entre le fer et le poison ; qu'elle avoit tous les jours trente fois la mort à craindre ; que son seul regret étoit de ne l'avoir pas encore trouvée ; qu'elle me demandoit pardon de sa conduite, et qu'elle ne la gardoit que par une nécessité indispensable.

Supposé que la fille du sieur de Bussy eût été un bon parti, je n'avois rien fait en l'épousant que le sieur de Bussy n'eût fait en ma place : ainsi ce n'étoit point moi qui méritois ses ressentimens. Cependant, sans songer aux raisons qu'il avoit de ne point outrer le caractère de père, il garda une conduite qui fit horreur à tout son pays. Il commença à faire des manifestes contre moi, il eut même l'audace d'en envoyer au Roi. Sa Majesté eut la bonté de vouloir bien que je lui donnasse ma réponse, les titres de mon mariage et une connoissance particulière du fonds de mon procès. Cela n'a point empêché le sieur de Bussy de continuer son imprudente entreprise. Il n'a écouté ni les amis, ni la raison,

[1] Au couvent des Ursulines de Montbard.

ni ma patience; il n'a suivi qu'une fureur suspecte des plus mauvais principes, et n'a songé depuis deux ans qu'à m'accabler des injures qu'il avoit destinées à cent personnes. L'honneur de son alliance me coûte plus de la moitié de mon bien. Il a reçu de moi tous les respects que je lui devois et tous les secours que je ne lui devois point. Cependant rien ne l'a touché. Il fait des preuves de ma naissance, que je lui aurois données plus justes s'il avoit été assez curieux pour me les demander; il m'ôte jusqu'à la moitié de mon nom; il veut encore m'ôter la vie.

Si quelque chose m'a consolé dans une oppression si longue et si injuste, c'est que j'avois affaire à un homme connu pour n'avoir jamais épargné ses amis, ni la vérité même en disant du bien de lui. Né dangereux la plume à la main, d'ailleurs le meilleur homme du monde[1], on n'est pas surpris de lui voir attaquer un sacrement, car ce n'est pas la première fois qu'il n'a pas ménagé des matières respectables. Mais on ne peut comprendre le procédé d'un père qui ne travaille que pour deshonorer son propre sang, en voulant détruire un mariage qui n'a d'autre défaut que de n'avoir pas été arrêté par sa vanité, où rien ne paroît d'extraordinaire qu'en ce qu'on l'attaque et qu'on le défend. Personne ne croit que j'aie épousé la

[1] « Au demeurant, le meilleur fils du monde. »

fille de M. de Bussy pour avoir des protections à la Cour, des amis dans le monde, ni du crédit en paradis [1]. On sait que c'est un homme qui étant né avec six mille livres de rente, s'est trouvé quatre fois plus riche que son grand-père. Il n'y a point de proportion entre l'accroissement de sa fortune et l'accroissement de son orgueil; et c'est sur cela que le public cherche, s'étonne et s'épouvante des fondemens de l'éclat que fait le sieur de Bussy.

Il ne s'en tient pas à vouloir traiter de chimère un mariage de notoriété publique et fait entre personnes indépendantes, il veut encore supprimer la naissance d'un enfant qui en est issu, et c'est en l'honneur de cette entreprise qu'il a fait depuis peu un livre qui ne deshonore que son auteur. Je ne réponds point en détail aux faussetés dont il est rempli : ce seroit faire honneur à l'imposteur et donner du poids à ses impostures. Je dirai seulement qu'ayant su la

[1] Allusion à ces vers de Boileau :

> Moi ! j'irois épouser une femme coquette !
> J'irois, par ma constance aux affronts endurci,
> Me mettre au rang des saints qu'a célébrés Bussi !

Bussy avait fait un petit livre richement relié en forme d'Heures. Au lieu des images que l'on a l'habitude de mettre dans les ouvrages de piété, il y avait placé les portraits de nombreux personnages de la Cour dont les femmes étaient connues pour le désordre de leur conduite. Au bas de chaque portrait, on lisait un petit discours en forme d'oraison appropriée au sujet.

grossesse de ma femme par les lettres qu'elle m'a écrites depuis même qu'on l'a forcée de plaider contre moi, je résolus de veiller à la sûreté de son fruit et de ne la pas laisser à la merci d'un homme qui est capable de tout.

J'appris donc, à force d'argent et de soins, que ma femme étoit partie de Lanty, qu'elle avoit couché au faubourg Saint-Antoine [1], que de-là on l'avoit amenée et cachée à Paris pour y faire ses couches. Sur cela, je donnai au sieur de Bussy un petit train d'espions à mes dépens. J'étois tous les jours informé des maisons où il entroit, et je découvris enfin celle où il avoit mis sa fille [2]. M. le Lieutenant civil Le Camus y envoya un commissaire à ma requête. Le père et la fille furent interrogés. La fille dit qu'elle s'appelloit Gabrielle Dumas, qu'elle étoit femme de Jacques Dupuy, gentilhomme de Bretagne; le père se nomma le sieur Dumas; et comme c'est l'homme du monde le plus foible sur la louange, en lui disant qu'on connoissoit partout le grand Bussy Rabutin, il avoua que c'étoit son nom. Les interrogés refusèrent de signer leur nom, et l'on mit à la porte de leur chambre un exempt et quatre archers.

Messieurs le Lieutenant civil Le Camus et le Procuréur du Roi s'étant transportés le lende-

[1] Dans un cabaret à l'enseigne de *La croix de Lorraine*.

[2] Dans une maison meublée dite l'hôtel de Brissac, rue des Deux-Écus.

main matin sur les lieux, ne trouvèrent plus que les coffres où étoient les hardes, la vaisselle et le portrait de ma femme. Ils surent que les prisonniers s'étoient déguisés et sauvés à la pointe du jour. Je remis mes troupes en campagne, on suivit les fugitifs, et on démêla leur marche et leur conduite.

Le jour de leur fuite, ils se retirèrent dans un moulin à un quart de lieue de Paris [1] : ils n'en sortirent qu'à la nuit. Ils allèrent chercher une retraite dans le faubourg Saint-Germain ; et après beaucoup de peines on les reçut dans un cabaret de la rue du Four [2]. Le sieur de Bussy alla le lendemain au soir chercher Boucher l'accoucheur. Ma femme accoucha dix heures après. On eut l'inhumanité de la faire transporter dans une autre maison [3] : elle y fut onze jours, et on la mena de là dans le couvent des filles de Sainte-Marie [4], rue Saint-Antoine, où elle parut arriver de la campagne, fatiguée du voyage.

Le lendemain de ses couches, le sieur de Bussy porta lui-même mon enfant chez une nourrice, dans la rue Champ-fleuri [5]. Le Lieute-

[1] A Vaugirard.

[2] A l'enseigne de *L'épée royale.*

[3] L'hôtel de Saint-Aignan, dans la rue de la Planche.

[4] L'église de ce couvent a été accordée au culte protestant.

[5] Elle allait de la place Marengo (rue de Rivoli) à la rue Saint-Honoré. Devenue rue de la Bibliothèque en 1806, elle a été supprimée en 1854.

nant civil et le Procureur du Roi s'y transportèrent, et la petite créature fut secourue six heures après avoir été abandonnée. Cette affaire fut portée et plaidée au Parlement. La Cour, informée de la vérité, eut la bonté de donner un tuteur à mon fils. Ses juges sont devenus ses protecteurs. Tout le monde lui remplace la pitié que son grand-père lui refuse, et Dieu, qui a pris jusqu'ici un soin visible de cet enfant, soutiendra l'honneur de son état en faveur de son innocence.

J'ai d'autres preuves particulières et sans réplique que je ne mets point ici. Elles augmenteront à l'audience la confusion du sieur de Bussy, et toutes les faussetés dont il sera convaincu le rendront coupable de celles dont il m'accuse. Cependant, quelque suite qu'il doive craindre d'une conduite qui sera bientôt pénétrée, il court à la honte avec confiance ; il s'assure du bon succès de son affaire comme si elle étoit infaillible et honorable. Il dit que le Parlement pensera plus d'une fois avant de faire perdre le procès à un homme comme lui, et il chante (comme il l'a toujours fait) son triomphe avant la victoire. Quelle victoire, bon Dieu ! pour un père qu'un gain de cause qui déclaréroit sa fille une infâme, son enfant illégitime, et cela par arrêt du Parlement inséré au greffe pour le tems présent et pour la postérité.

Il y a deux ans que le sieur de Bussy me défigure par tout le monde; et quoique ma patience m'ait coûté plus que tout le reste de mes malheurs, je l'aurois poussée encore plus loin sans l'intérêt de ma réputation. Je sais ce que je dois au père de ma femme et au grand-père de mon fils, mais je n'en sais pas moins ce que je me dois à moi-même : nos premiers devoirs nous regardent, et je dois plus à mon honneur qu'à mon beau-père.

J'espère qu'il paroîtra bientôt devant des juges amis de la vérité, qui la démêlent quand on la cache, qui la défendent dès qu'ils la trouvent, qui soutiennent l'innocent contre le coupable, et qui rendent justice à tout le monde avec une probité incorruptible.

H.-F. DE LA RIVIÈRE.

[Mme de Sévigné, cousine de Bussy, prit naturellement fait et cause pour Mme de la Rivière. Lisez la jolie lettre qu'elle écrivait au comte de Guitaut le 23 janvier 1682 :

Pour moi, pauvre petite femme, si j'avois fait une sottise, je n'y saurois d'autre invention que de la boire, comme on faisoit du temps de nos pères. Il faut que je vous dise les raisons de cette pauvre Coligny pour n'en pas user de même. Elle convient d'une folie, d'une passion que rien ne peut excuser que l'amour même. Elle a écrit sur ce ton-là toutes les *Portugaises*[1] du monde. Mais qu'apprendra-t-on par là? Sinon qu'elle a aimé un homme, avec cette différence des autres, qu'elle en avoit fait ou en vouloit faire son mari. Si tous les maris avoient bien visité les cassettes de leurs femmes, ils trouveroient sans doute qu'elles auroient fait de pareilles faveurs sans tant de cérémonies. Mais cette pauvre Rabutine étoit scrupuleuse et simple, car elle avoit cru que M. de la Rivière étoit un gentilhomme. Il avoit l'approbation de son père, il a de l'esprit : elle s'est engagée sur ce pied-là. Tout d'un coup, elle trouve qu'il l'a trompée, qu'il est d'une naissance très basse. Que fait-elle? Elle se repent. Elle est touchée des plaintes et des reproches de son père; elle ouvre les yeux : ce n'est plus la même personne; voilà le rideau tiré. Elle apprend en même temps qu'il y a des nullités dans son prétendu mariage; elle ne peut demeurer comme elle est, il faut qu'elle se remarie. Elle prend le parti de se démarier plutôt que de passer le reste de sa vie avec un homme qu'elle hait autant qu'elle l'avoit aimé.

Elle sait que nous avons consulté des docteurs

[1] Allusion aux célèbres *Lettres portugaises* de Marianna Alcaforada.

qui croient le mariage absolument nul. Lui, que fait-il de son côté? Il entre en fureur de sa légèreté, il oublie que c'est lui qui l'a trompée le premier. Il dit des choses atroces contre elle, il tâche de l'intimider, il la menace qu'on dira à l'audience qu'elle a empoisonné son mari, qu'elle a supposé son enfant : voilà les petites peccadilles dont il l'accuse. Elle entre en fureur de son côté, elle oublie toute pudeur, elle veut se séparer pour jamais d'un si insolent calomniateur : voilà où ils en sont.

Les avocats éclateront de tous les deux partis : nous baisserons nos coiffes et nous tâcherons de nous délivrer d'une si odieuse chaîne. Eh bien! nous avons aimé un homme! cela est bien mal, et nous avons été si sotte que de l'épouser! Selon le monde, c'est ce qui est encore plus mal. Nous écrivons des lettres brûlantes, c'est que nous avons le cœur brûlant aussi. Que peuvent-elles dire de plus que ce que nous avouons, qui est de l'avoir épousé? C'est tout dire, c'est la grande et admirable sottise dont nous voulons nous tirer, puisque, par bonheur, en voulant faire le mariage du monde le plus sûr, nous avons fait le mariage du monde le plus insoutenable. C'est ainsi que la Providence nous a laissée tomber, et nous présente ensuite les moyens de nous relever.

Or, que veut donc faire ce Larivière? Voudroit-il d'une furie, d'une bacchante, quand même il pourroit la ravoir? Ne vaudroit-il pas bien mieux assoupir et accommoder cette affaire? Je ne veux point le voir; mais s'il vient ici, nous avons des amis qui pourront parler à lui, et c'est ainsi que l'on rapproche quelquefois les choses du monde qui paroissent les plus éloignées.

L'avocat général Talon envisagea la question sous un autre aspect, et se montra beaucoup moins indulgent que Mme de Sévigné. Il conclut nettement en faveur du mari.

Son réquisitoire se termine ainsi :

Il semble fâcheux dans le public de confirmer un mariage qui n'est pas tout à fait solennel, mais il est encore plus dangereux d'autoriser la perfidie et la mauvaise foi, et de dissoudre un mariage contracté entre deux majeurs.

La famille du sieur de Bussy est très illustre, sa noblesse très ancienne. Le sieur de la Rivière n'a pas les mémes avantages, mais la dame de Coligny a pu, pendant deux ans, s'informer de la condition de celui qu'elle vouloit épouser. Le sieur de la Rivière est en possession de la noblesse : les recherches contraires ne sont pas concluantes.

L'aveuglement du sieur de Bussy et de la marquise de Coligny est déplorable, de vouloir qu'elle passe plutôt pour la concubine que pour la femme du sieur de la Rivière. Et cependant, après toutes les preuves qu'on rapporte de la grossesse et de l'accouchement de l'appelante, et qui résultent tant de ses lettres que de la déposition des témoins, rien ne peut sauver sa réputation et mettre son honneur à couvert, que le mariage.

Ainsi, le sieur de Bussy, prévenu de haine et de colère, travaille par toutes sortes de voies contre les véritables intérêts de sa fille ; et elle, sans consulter les mouvemens de la raison et de sa conscience, suit avec trop de déférence et de soumission les sentimens que son père lui inspire.

Quand le cas où se trouve le sieur de la Rivière ne serait pas favorable ni sa conduite régulière, tout cela ne pourroit nuire à l'enfant, dont la naissance est bien justifiée et qui trouve dans le registre de la paroisse de Lanty un titre authentique qui le rend légitime et qui assure son état.

C'est faire plaisir à la dame de Coligny et réparer son honneur autant qu'il le peut être que de confirmer son mariage; et ayant rendu tant de soumissions à son père, nous espérons qu'elle écoutera la voix de sa conscience et qu'elle se réunira sans répugnance à son mari.

Un arrêt, conforme à ces conclusions, fut rendu le 13 juin 1604. Il déclarait valable le mariage et légitime l'enfant qui en était issu[1]. Il enjoignait à la marquise de Coligny « de reconnoître M. de la Rivière pour son mari et de retourner incessamment avec lui. »

La marquise refusa d'obéir, et continua à vivre auprès de son père. Elle mourut en 1716, âgée de 74 ans.

M. de la Rivière finit par se retirer au couvent de l'Oratoire, où il mourut le 24 avril 1738, à l'âge de 94 ans, après avoir passé vingt-cinq années au sein de cette communauté.

Dans un volume imprimé en 1743 sous ce titre : *Recueil de pièces fugitives de différens auteurs*, on a publié plusieurs lettres de Mme de la Rivière à son mari. Je reproduis ici la première, charmant début d'un roman qui devait être si court :

J'ai si mal ménagé la première foiblesse de ma vie que je craindrois votre mépris si je n'espérois que ma conduite passée et celle que je tiendrai à l'avenir vous laisseront de l'estime pour moi. J'aurois mieux réglé mes sentimens si je n'avois écouté mon cœur avant la raison : car enfin, toute abandonnée que je suis à vous aimer, j'ai de cruels remords sur ce que je sais de vous. Vous avez aimé toute votre vie. Vos passions, vos amou-

[1] Il mourut à l'âge de six ans.

rettes me font trembler également. Il me semble que celles-ci usent le goût et que les autres affoiblissent la tendresse. Si vous avez aimé longtems, j'en suis jalouse; et si vous avez été léger, je crains que vous ne le soyez pour moi. D'ailleurs, quand je me regarde, je trouve en mon chemin un père que j'aime tendrement, que je ne puis quitter, qu'il est dangereux et facile de fâcher. Je ne puis vous parler ni vous entendre, et je meurs d'envie de faire tous les deux. Il ne faut qu'un regard mal placé pour détruire la réputation que j'ai, Dieu merci, méritée.

Voilà tout ce que je pense. Pour ce que je sens je vous l'ai assez montré, et je ne m'en dédirai jamais. Trop heureuse si, en vous donnant mon cœur qui n'a jamais aimé que vous, je puis arrêter le vôtre pour le reste de ma vie !]

LES FREDAINES D'UN AMBASSADEUR.

*Mémoire pour M. le chevalier de M**** [1], *ambassadeur de Malte, contre la demoiselle Prevost, danseuse à l'Opéra.*

Sans examiner s'il est triste ou plaisant pour un ambassadeur d'avoir un procès de la nature de celui-ci, il paroît indispensable d'en exposer les causes. On verra d'un côté toutes les foiblesses d'un galant homme, d'un homme de bonne foi; de l'autre, tout le manège d'une fille de théâtre, toutes les subtilités d'une danseuse de l'Opéra.

La demoiselle Prevost demande à M. l'ambassadeur de Malte le paiement d'une rente de six mille livres, qu'il s'est obligé de lui faire tant qu'il vivra. Elle représente le billet, et par ce billet il paroît que cette rente à vie sera le paiement d'une somme considérable que la demoiselle Prevost a prêtée à M. l'ambassadeur.

Il suffit de conter un peu historiquement quel

[1] Cette initiale doit désigner Jean-Jacques de Mesmes qui, né en 1675, fut reçu chevalier de Malte l'année suivante. Il était grand-croix de l'ordre et ambassadeur à Paris en 1715. Il mourut en février 1741.

a été le commencement de la liaison qui s'est formée entre M. l'ambassadeur et cette fille, et les causes de leur rupture ; on verra ensuite si la demoiselle Prevost est fondée dans sa demande.

M. le chevalier de M*** vit un jour à l'Opéra la petite Fanchonnette danser avec succès. Il lui trouva des attitudes, de la gentillesse et des grâces : il n'en faut pas davantage pour échauffer la tête d'un jeune homme à qui l'argent coûte moins que des soins. Fanchonnette, jeune encore, aimoit déjà les hommes qui pensoient ainsi. Le chevalier la vit et lui plut : mais elle étoit chez père et mère, et le ménage de cette famille indisposa d'abord le nouvel amant. Il les trouva logés dans une chambre haute et obscure, n'ayant d'autres ameublemens qu'une bergame[1] et quatre chaises de tapisserie, le tout cependant propre et neuf. L'objet des vœux du chevalier, qui ne s'étoit point attendu à cette visite, fut surpris dans son état ordinaire. Ce ne fut point là une Néréïde de la cour de Neptune, chargée des richesses des mers, une Flore amante de Zéphyre, ornée des plus belles fleurs du printems : c'étoit

[1] Nom donné à une tapisserie grossière dans laquelle entraient de la bourre de soie, de la laine, du coton, du chanvre, du poil de chèvre, etc.

« A Paris, il y a peu d'artisans ou gens de basse condition qui ne se fassent un point d'honneur en s'établissant d'avoir dans leur chambre une tapisserie de bergame. » Savary, *Dictionnaire du commerce*, t. I, p. 925.

Fanchonnette, vêtue de callemandre[1] rayée, coiffée en bonnet de nuit sale, et autour un ruban couleur de rose plus sale encore; son visage étoit démasqué, son col, sa poitrine maigres étoient découverts : on y distinguoit librement tout le travail des muscles.

Fanchonnette, en cet état, étoit au coin d'une petite cheminée occupée à ranimer la cendre d'un cotteret et à suspendre l'extinction d'un bout de chandelle.

Le chevalier fut surpris et interdit : ce spectacle lui serra le cœur. La première visite fut bientôt faite. Après quelques mauvais propos de la part du père, de la mère et de l'enfant, il se sauva confus de sa démarche, et se promit bien de ne s'exposer jamais à de pareilles aventures.

Il ne connoissoit pas encore le pouvoir des talens et de l'enchantement du théâtre. Il retourna quelques jours après à l'Opéra; il y vit Fanchonnette métamorphosée en bergère amoureuse, dans un pas de deux qu'elle dansoit avec le sieur Ballon[2]. C'étoient des grâces timides, des regards pleins de lasciveté, des positions, des

1. On écrivait plus souvent *calmande*. C'était une étoffe de laine, lustrée d'un côté, unie, rayée ou à fleurs. Dans ces dernières, il entrait de la soie et du poil de chèvre. On en faisait surtout des robes de chambre et des jupons.

2. Ou Balon, danseur très célèbre. C'est lui qui réglait les magnifiques ballets donnés à Sceaux par la duchesse du Maine.

attitudes nouvelles toujours plus intéressantes. L'applaudissement qu'on lui donna émut encore le cœur du chevalier. Il fut exact à plusieurs représentations de suite; le plaisir qu'il y prit l'y attacha si bien qu'il n'eut plus d'autres affaires. Fanchonnette sut lui donner tant d'illusions, les imprimer si profondément dans sa tête qu'il s'accoutuma à ne voir en elle que ce qu'elle représentoit: il l'aimoit nymphe, il l'adoroit bergère, il épuisoit sur elle tout son goût pour le changement.

Il se sut bientôt mauvais gré d'une première fausse démarche; il se reprocha ensuite le dégoût que lui avoit donné sa première visite. Il demanda enfin à revoir Fanchonnette, et cette grâce lui fut refusée.

L'amant qu'elle avoit alors n'avoit pas trouvé bon que le chevalier de M*** eût été s'asseoir sur ses chaises. Il en craignit les suites, acheva dans l'intervalle de meubler la chambre, s'en rendit le maître et se fit obéir.

Cette porte fermée fut un coup cruel. Le chevalier en fut agité, tourmenté; il chercha des expédiens. Son amour s'augmentoit au milieu de cette situation. Il fit si bien qu'il obtint un rendez-vous, sur le soir, dans l'allée noire du Palais-Royal.

Les transports du chevalier ne se croiroient pas, les récits n'en seroient pas vraisemblables.

La conclusion fut, et le chevalier s'y soumit, qu'il aimeroit en second, qu'il seroit averti des momens commodes, et qu'il pourroit même prendre les heures indues où le premier ne se trouveroit pas. Quant aux frais, on convint qu'il se chargeroit seulement du détail de la vie et des mémoires du rôtisseur et du cabaretier.

L'arrangement pris, nos amans jouissent dès le soir. Fanchonnette s'enivre ainsi que madame sa mère; ils se mettent en gaieté. L'homme épris lui trouva les yeux tendres, les dents belles, la peau douce. Il passa le reste de la nuit dans les délices d'une bonne fortune, et cette nuit fut suivie de plusieurs où l'ardeur étoit égale.

Fanchonnette alors souhaitoit impatiemment chaque jour d'Opéra. Elle sentoit bien le besoin qu'elle avoit d'entretenir les illusions qui charmoient son nouvel amant; elle savoit le danger que court une fille de théâtre lorsque ces prestiges s'évanouissent et qu'on est réduit à la voir comme une femme du monde. Plus d'une, dans ce cas, s'est vue délaissée pour avoir cessé de jouer pendant quelques mois; il en est d'autres, pour qui même on craindroit l'effet d'une quinzaine de Pâques[1].

Fanchonnette dansoit incessamment, le cheva-

[1] Par ordre, tous les théâtres restaient fermés à Pâques pendant quinze jours, depuis le dimanche des Rameaux jusqu'à celui de Quasimodo.

lier l'aimoit tous les jours davantage : il s'écoula de cette sorte un tems assez long. Le sort enfin disposa du rival, du père et de la mère, et le chevalier prit possession libre et entière de son amante.

Vers ce tems, le chevalier reçut de gros biens de l'Église, des dignités : il fut fait bailli de Malte, il fut nommé ambassadeur[1]. Fanchonnette, sa concubine, en eut le cœur élevé ; elle mit au jour le nom de son père, elle se fit appeler la demoiselle Prevost. Il lui fallut alors cave et cuisine, appartement complet, des meubles de toutes couleurs, des habits de toute saison et bonne chère surtout. A peine eut-elle l'embarras de désirer toutes ces choses : son buffet fut garni de vaisselle, ses armoires de linge, sa garde-robe d'habits. M. l'ambassadeur glissoit tous les jours dans ses tiroirs des bijoux de toutes sortes[2], et prenoit

[1] Dans l'ordre de Malte, le titre de bailli désignait une dignité inférieure à celle de grand prieur et supérieure à celle de commandeur.

Tous les ambassadeurs à Paris avaient le titre de baillis. J'ai retrouvé le nom des successeurs de J.-J. de Mesmes. Ce furent :

Le bailli de Froulay, 1742-1766.
— de Fleury, 1767-1774.
— de Saint-Simon, 1775-1777.
— de Breteuil, 1778-1786.
— de Suffren, 1786-1789.

[2] Il n'est peut-être pas hors de propos de rappeler ici que les chevaliers de Malte faisaient vœu de pauvreté et de chasteté.

même plaisir à embarrasser l'esprit de cette fille qui n'en savoit point encore l'usage.

Cette maison devint bientôt honorable. Les deux amans se plaisoient à y rassembler leurs amis particuliers, et à recevoir d'eux tout l'applaudissement qu'ils croyoient dû à un si tendre engagement. Les uns et les autres y étoient bien reçus et se confondoient dans la maison : gens titrés, gens d'épée et de robe y venoient voir M. l'ambassadeur. On voyoit, à côté des couturières, des coiffeuses, anciennes amies ou parentes de la demoiselle Prevost, qui lui parloient avec respect. Filles de chœur de l'Opéra, qui n'avoient pas fait le même chemin, s'y rendoient et faisoient leur cour : on la nommoit la Reine, on lui surprenoit un baiser sur la main, on cherchoit ses regards, on multiplioit les petits soins auprès d'elle, on ne s'entretenoit que de ses grâces et de ses talens. C'est ainsi que M. l'ambassadeur jouissoit de ses bienfaits, et passoit sa vie avec elle dans un loisir tranquille et délicieux; il bénissoit son destin, il adoroit une fidèle maîtresse qui ne lui parloit que de reconnoissance et d'amour.

Une affaire l'obligea d'aller à la Cour pour quelques jours; la demoiselle Prevost s'y opposa, alarmée de son absence, et il n'obtint son congé qu'en lui promettant d'écrire au moins une fois, et surtout de lui apprendre l'heure de son arrivée. C'est précisément ce que M. l'ambassadeur ne fit point. Il est si doux de donner de ces plaisirs de surprise aux gens que l'on aime et qui souhaitent nous voir! L'incertitude, il est vrai, fait plus souffrir que l'attente, mais elle prépare aussi une sensibilité plus vive pour le moment où l'on se revoit.

Ce fut dans cette pensée que M. l'ambassadeur revint à Paris, en pleine nuit, et qu'il entra sans se faire annoncer dans la chambre de son amante. Il la surprit, et dans son lit; mais ce qu'il y eut de singulier, c'est qu'il y surprit aussi un acteur de l'Opéra. Voilà trois personnes interdites et stupéfaites. M. l'ambassadeur fut longtems sans croire ce qu'il voyoit; ses sens lui revinrent à la fin, il s'alluma et devint furieux. «Monsieur, dit-elle d'un ton modeste et pourtant assuré, je n'ai que deux mots à vous dire, et qui suffiront pour me justifier. Je suis accablée de vos bienfaits, ma reconnoissance est inexprimable; mais plus j'en reçois de vous, et plus j'ai de reproches à me faire. On m'a ouvert les yeux sur la vie que nous menons; elle est coupable envers le ciel, elle scandalise les gens de bien. J'ai résolu de changer de conduite, et d'embrasser l'état de mariage pour parvenir à une fin : c'est un mari que vous voyez dans mon lit, jamais autre n'y entrera que lui. Je sacrifie, parce que j'y suis contrainte, tout ce que je vous dois, sentimens d'amour, d'amitié et de respect, au repos de ma

Monsieur, dit-elle d'un ton modeste et pourtant assuré je n'ai que deux mots à vous dire et qui suffiront pour me justifier.

D'après l'édition de 1749.

conscience : je vous demande en grâce de ne la jamais troubler. »

« Qu'entends-je, ingrate! vous me quittez : vous êtes mariée, vous avez pris ce parti sans me consulter! Que n'aurois-je point fait pour vous en détourner? Que ne ferois-je point encore pour rompre un si fatal engagement? Est-ce là cette réception que je devois attendre, que je venois chercher? Méritois-je de vous trouver à mon retour maîtresse infidèle ou femme sous la loi d'un mari? Puis-je vivre sans vous, cruelle, puis-je m'en séparer? »

Les plaintes et les reproches de M. l'ambassadeur durèrent longtems. Ils donnèrent à son rival tout le loisir de s'évader par la ruelle du lit et la liberté d'aller ailleurs contracter et consommer de nouveau un mariage pareil : mais il n'eut rien de plus pressé, pour cette fois, que de se retirer chez lui par le plus court chemin. Il passa le reste de la nuit à rire de cette aventure, et à considérer avec quelle adresse et quelle effronterie la demoiselle Prevost s'étoit tirée de ce pas-là.

Ce ne fut pas tout. A force de larmes, de soupirs, de caresses et de promesses, M. l'ambassadeur détermina son amante à rompre ce mariage qu'il croyoit fait. Il n'y entra qu'une petite condition, savoir : que M. l'ambassadeur rembourseroit à l'acteur de l'Opéra les frais qu'il avoit faits par avance pour cet établissement. C'étoit en effet, de sa part, une tenture de serge bleue, quelques chaises garnies de même, un lit assorti où la demoiselle Prevost couche encore. Elle estima le tout au plus cher. Les espèces furent d'abord comptées et serrées : d'où il arriva que l'acteur en fut pour son présent, l'ambassadeur pour le prix, et que la demoiselle Prevost s'accommoda fort bien du tout.

Les jours suivans ne se passèrent pas sans quelques reproches, et c'étoit M. l'ambassadeur qui les recevoit. « Vous abusez, disoit-elle, de ma foiblesse; je voudrois ne me séparer jamais de vous, mais je passe ma vie à en former le dessein et à m'en repentir. Mille songes cruels viennent m'agiter tour à tour : j'ai grande foi aux songes; ma mère qui étoit Espagnole et avoit beaucoup d'esprit m'a appris que les songes souvent nous étoient envoyés pour nous servir d'avertissement et nous apprendre les choses futures; j'y suis fort attentive. J'ai cru voir ma mère elle-même, cette nuit, les yeux enflammés de colère, me reprocher tout l'amour que j'ai pour vous : Fille indigne, m'a-t-elle dit, sont-ce là les leçons que je vous ai données? Pouvez-vous être amoureuse d'un homme qui ne peut être votre époux, d'un homme d'ailleurs répandu dans le monde et sur lequel vous ne pouvez compter? S'il vous abandonne, que deviendrez-vous? Avez-vous des biens, de la fortune, pour subsister dans l'état où vous êtes, avec la résolution que vous prenez de n'aimer jamais que lui? »

« C'en est trop, reprit M. l'ambassadeur, vos inquiétudes me déchirent. Ma chère amie, soyez à moi sans remords, reposez-vous de votre amour sur le mien ; je le sens augmenter tous les jours, mon cœur y suffit à peine. Si j'avois les trésors des rois, je vous les offrirois, et ne croirois vous rien offrir. Tout ce que je possède est bien moins à moi qu'à vous; un temps viendra, je l'espère, que j'assurerai votre état, et je m'en vais commencer par une rente annuelle de six mille livres, que je vous payerai mois par mois exactement. C'est seulement pour prendre un air d'ordre avec vous, et sans que cela tienne lieu de bienfaits; je veux encore me réserver le plaisir d'en faire, et de vous en combler si je puis. Mais, ma chère maîtresse, rassurez-moi, bannissez ces vains scrupules qui ne vont point à une fille de votre état et de votre âge. Promettez-moi de m'être toujours fidèle, je vous le demande à genoux, les larmes aux yeux : je meurs de douleur, si vous me refusez. » La demoiselle Prevost ne put s'en défendre, elle accorda tout et il ne fut plus question du passé.

Cependant le bruit de ce prétendu mariage se répandoit confusément dans Paris. Les uns croyoient la chose faite, d'autres la disoient prête à se faire; ceux-ci trouvoient M. l'ambassadeur fort à plaindre, ceux-là l'en estimoient bien heureux. Mais cette nouvelle s'évanouit, l'amant victorieux parut au balcon de l'Opéra, il y conta son succès, il en reçut des complimens, et plusieurs furent se faire écrire à sa porte.

Nos deux amans bien réunis firent succéder leurs beaux jours à ces orages. La maison de la demoiselle Prevost se remonta; les amis y retournèrent; M. l'ambassadeur y reprit bientôt le goût de ses premières douceurs. Il s'y familiarisa et s'y accoutuma si bien, que par un effet très-naturel on le vit peu à peu se gêner moins. Il s'aperçut que des affaires sérieuses l'appeloient ailleurs. Souvent la jouissance de sa maîtresse ne fut plus son affaire unique, elle entra seulement dans l'arrangement, et ses visites perdirent enfin l'air d'importunité qu'elles avoient eu jusqu'à ce tems là.

Ce fut alors que la demoiselle Prevost fit un libre usage de tous ses talens, qu'elle acquit des connoissances nouvelles, de nouveaux amis qui d'abord changeoient de nom. Elle se mit sur le pied de ne point paroître aux promenades; elle s'aperçut que l'éclat du grand jour découvroit en elle mille petites laideurs, que le blanc, le rouge et les mouches ne réparoient pas assez. Elle se tenoit chez elle dans une tendre obscurité, et n'y étoit jamais sans compagnie. Là se faisoit un ombre [1], un cadrille [2] qui se finissoit en six tours. Ce qu'il y avoit de plus singulier étoit la présence d'esprit de cette demoiselle, attentive à la fois à tenir son jeu et à occuper trois amans, ayant ses deux pieds sous la table, posés sur ceux de ses voisins, et ses regards tournés languissamment vers le troisième ; en sorte que tous jouissoient d'une préférence qu'ils regardoient presque comme unique, et que chacun des trois rioit des deux autres et les tenoit pour dupes. Ce qui ne l'empêchoit point de prendre du tabac [3] de quelqu'un près d'elle qui la conseilloit, d'appuyer ses doigts sur sa tabatière, de demander à un autre à voir sa manchette de point [4], prétexte pour lui serrer la main : tous petits riens que la contrainte fait imaginer, que le sang-froid ne conçoit point, et dont les vrais amans connoissent seuls tout le prix.

[1] Ou mieux *hombre*. Jeu de cartes, originaire d'Espagne et qui paraît dater du quatorzième siècle. Il se jouait ordinairement à trois personnes.

[2] Le quadrille était un dérivé de l'hombre, mais il se jouait presque toujours à quatre personnes ; d'où son nom.

[3] Je lis dans un ouvrage contemporain : « Le tabac en poudre a tant de noms bizarres et l'on en invente si souvent de nouveaux qu'il seroit assez inutile et peut-être tout à fait impossible de les rapporter tous. On dira cependant qu'il s'en fait de trois sortes : le premier est grainé, le second en poudre, et le troisième est le son ou le gros qui reste après que le second a été tamisé. » Savary, t. III, p. 260.

[4] De dentelle.

Elle avoit de ces amans-là, de ces hommes de bon goût, amateurs de talens, mais avides d'illusions, et dont l'imagination tendre faisoit trop de progrès d'après les impressions que vous donne une danseuse d'Opéra dans les molles attitudes d'une sarabande [1] ou dans les positions lascives d'un tambourin [2]. Elle étoit toujours la même pour ceux-là : tout étoit théâtre pour eux. Jouante au cadrille, ils se la représentoient dansante, Nayade timide, amoureuse, flottante sur le cristal des eaux, y cherchant le dieu qu'elle aime, ou Dryade insensible et légère, environnée de faunes, voltigeant sur la pointe des herbes au son de la flûte de Pan. Et chacun se disoit : cette nymphe est mon amante, elle charme tous les cœurs et ne veut que le mien.

M. l'ambassadeur, qui ne cherchoit qu'à penser de même, trouva le cercle un peu nombreux et suspect. Il s'en plaignit à sa maîtresse, qui pour se justifier ne cessa point : c'est un moyen qui réussit quelquefois. Cependant, il prit garde à des présens anonymes, à des tabatières, à des diamans qui ne venoient point de lui ; il parla d'un ton de courroux, et donna l'exclusion de la maison aux amans les plus généreux.

Un de ceux-là entreprit de s'en venger ; ce qu'il fit. Il enleva la demoiselle, de son gré, et

[1] Sorte de menuet, grave, lent et sérieux.

[2] Danse gaie, à eux temps très vifs

l'emmena hors de Paris; en sorte que M. l'ambassadeur, un matin, ne trouva qu'une servante qui lui conta le fait.

On peut juger de l'état d'un amant passionné qui voit qu'on l'outrage. Nouveau Roland, dans la maison de sa maîtresse tout ressentit sa fureur : les tapisseries, les glaces, les tableaux, son portrait même, tout y fut renversé. Peu de jours se passèrent ainsi.

Le silence des bois ennuya bientôt Médor et Angélique[1] : il fallut revenir en cette ville où les nymphes font usage de l'argent. Le malheur étoit qu'ils n'en avoient ni l'un ni l'autre. Angélique alors fut pénétrée de repentir d'avoir abandonné Roland bienfaiteur, qui pouvoit l'être encore, et son parti fut d'abord pris : ce fut d'imposer à Médor les mêmes conditions qu'avoit acceptées le chevalier de Fanchonnette. Ils convinrent de ne se plus voir qu'en très-grand secret. La demoiselle Prevost n'eut pas de peine à faire le reste : on entend son raccommodement. Elle reçut d'abord les reproches les plus vifs, mais ils firent bientôt place à d'autres sentimens. Tout fut apaisé, sous la promesse authentique de ne voir jamais le Médor.

Deux mois s'écoulèrent, non sans y prendre

[1] Allusion à *Angélique et Médor*, comédie attribuée à Dancourt et qui fut jouée en 1685. C'est une parodie de *Roland*, célèbre opéra écrit par Quinault et mis en musique par Lulli.

garde, depuis le tems de l'absence jusqu'à celui du parfait raccommodement, et la demoiselle eut tout le tems de faire sa paix et de ramener à elle un amant qui ne demandoit qu'à l'aimer. Elle lui donna des preuves d'un retour sincère. Soins, soupirs, caresses, tout y fut employé; elle fut jusqu'au point de courir les risques d'une grossesse pour lui donner le gage d'un amour qui ne devoit jamais finir. En effet, la demoiselle Prevost accoucha au bout de sept mois d'une fille, qui fut présentée à M. l'ambassadeur, et qu'il reçut en ses bras avec des transports de joie qui ne s'expriment point. Aussi bon père que tendre amant, il entra dans tous les détails du berceau de cette enfant. Il vit croître la fille et se développer à ses yeux. Il la regardoit, il la considéroit, il y voyoit sa mère. Elle, de son côté, soutenoit que l'enfant ne ressembloit qu'à lui. C'étoit des deux parts des agaceries continuelles de sentiment sur ce sujet, de petites contradictions qui finissoient par des baisers : jamais ces amans ne furent plus unis. Il se trouva une maison de campagne à vendre à Pantin : elle fut achetée et destinée à la petite Auguste, qui déjà commençoit à parler et à distinguer avec finesse M. l'ambassadeur des autres hommes.

La famille augmentée demandoit une plus grande maison; la demoiselle Prevost en prit une, à son gré, sur le jardin du Palais-Royal. Ce fut alors qu'on étala les meubles de toutes saisons, les tableaux, les bronzes, les urnes du Japon : tous les jours il y paroissoit de nouveaux meubles, jamais il ne s'en trouvoit assez. Les anciens amis, qui commençoient à reparoître, ne laissoient pas de soulager M. l'ambassadeur sans qu'il le sût, soit par une tenture de toile de Perse, par le tableau de la Bacchante, par des pots à fleurs de la Chine, des pendules, des clavecins ou autres choses semblables. Tout y trouvoit place, jusqu'aux médailles et aux colifichets; et les pots de cerises à l'eau-de-vie n'y étoient point mal reçus. Il est vrai que la demoiselle savoit sur cela distinguer son monde et distribuer secrètement les récompenses méritées. Il y avoit à cet effet une petite porte qui donnoit sur le jardin, et dont on faisoit l'usage convenable pendant l'absence du maître. Cette petite porte n'appartenoit qu'aux privilégiés, et ne leur étoit pas permise à toute heure. Le zèle quelquefois y en entraînoit qui avoient tout le tems de s'y morfondre et d'y essuyer la pluie, le froid ou le chaud. Mais à quoi ne s'expose-t-on pas pour parvenir à ce qu'on aime? La peine qu'on souffre en ce cas occupe bien moins que le prix qu'on en attend. Quand une fois le terme est venu, qu'on arrive au tête-à-tête, qu'on voit une maîtresse affligée et qu'il faut consoler de tout ce qu'on a souffert; qu'on la voit tendre, vive, ardente à demander cent fois si on l'aime bien, en vouloir des preuves et en donner, quel est l'amant qui ne s'enflamme? La fureur d'amour le prend. Il triomphe d'un rival dont la maîtresse n'est infidèle que pour lui, toute sa conversation n'est qu'un transport continuel.

C'est ainsi que se comportoient les amans de la demoiselle, et que chacun d'eux possédoit son cœur en entier.

Un de ceux-là, le plus généreux et peut-être le plus digne, languissoit depuis plusieurs années dans une contrainte continuelle. Les jours lui étoient interdits; les nuits, à la longue, lui devenoient incommodes, fatigantes, insoutenables. Il représenta son état : ses bons procédés parlèrent pour lui. Il obtint la permission d'entrer de jour et de courir les risques d'une rencontre avec M. l'ambassadeur, en prenant pourtant toutes les précautions qu'inspire la prudence. La demoiselle s'en chargea, et ce fut avec succès pendant un tems.

On conviendra qu'alors M. l'ambassadeur, tout puissant qu'il est, se ressentoit de la conjoncture des tems. Les dettes qu'il avoit contractées, en partie pour élever sa maîtresse au point où nous la voyons, des tas de meubles, de bijoux, de vaisselle emmagasinés dans sa maison avoient consommé d'avance son plus clair revenu. Il lui falloit nécessairement prendre haleine. La pension de 6000 livres ne rendoit pas les 500 livres par mois aussi régulièrement que la demoiselle Prevost les demandoit : quinze jours, trois semaines, un mois de retardement l'inquiétoient. M. l'ambassadeur s'en aperçut. L'excès de sa bonté lui fit faire de nouveaux efforts ; elle eut lieu d'en être contente. Il fit plus : ce fut un billet portant promesse de lui payer cette pension tant qu'il vivroit. Le motif apparent fut un argent prêté, parce qu'il en falloit nécessairement un, et que dans ce moment il ne pouvoit y en avoir d'autre.

La demoiselle, nantie de cette sûreté que lui avoit acquise le nouveau serment d'une fidélité inviolable et d'un attachement éternel, se persuada bientôt que son amant premier n'étoit plus en droit de contraindre le second, ni les autres, ni celui par conséquent qu'elle avoit déjà introduit de jour chez elle. En effet, il y revint, et plus souvent et plus indiscrètement. A force de courir un danger, on n'y pense plus, on en perd l'apparence.

Un jour qu'ils se croyoient dans la plus grande sécurité et qu'ils en goûtoient les douceurs, M. l'ambassadeur entra brusquement (c'étoit son allure,) et reconnut là le Médor dont il a été parlé et qu'elle avoit juré de ne revoir jamais. « Comment, s'écria-t-il, c'est vous qui me trahissez encore? vous pour qui j'ai tout sacrifié, que j'ai accablée de bien! vous que j'aime depuis tant d'années, malgré ma famille révoltée et mes amis indignés! vous à qui cent fois par jour je consacrois le reste de ma vie! vous enfin qui m'avez tant juré de m'être fidèle à jamais! Maîtresse indigne, vous m'aviez donc trompé? »

« Monsieur, dit-elle, je consens à vous désabuser. J'ai cru vous servir mieux en vous cachant de tristes vérités; mais puisque vous devinez tout, sachez encore que l'amant que vous voyez là n'a pas cessé de m'aimer depuis huit ans. J'étois convenue avec lui de vous épargner la peine de le voir; j'y ai fait tout mon possible. Le malheur vous guide ici quand je ne vous y attends pas; vous me surprenez : ce n'est pas ma faute. Du surplus, que votre emportement n'aille pas plus loin : il seroit inutile. Demeurez ici, et revenez-y si cela vous plaît, j'y consens; vous y serez le bien venu, mais vous y verrez cet amant de plus. Il faut vous y résoudre, ou bien prendre un autre parti; parce qu'enfin ceci est ma maison, j'y suis maîtresse, tout y est à moi : fille d'opéra, je ne dépends de personne[1]. »

« Mademoiselle, répondit l'ambassadeur Je reprends mes sens, je vois vos infidélités et vos

[1] En effet, toute fille inscrite sur les registres de l'Opéra était regardée comme émancipée; elle se trouvait absolument indépendante de sa famille dès que son pied avait touché les planches du théâtre. L'Opéra devenait ainsi pour elle un asile aussi inviolable que l'était jadis le temple de Vesta, mais la comparaison doit s'arrêter là.

outrages d'un œil sec, je jure tranquillement que je ne vous verrai plus. Mais puisque je prends ce parti, rendez-moi ma fille. Je la demande, je la veux, c'est tout l'objet de mon amour. Mon honneur et ma conscience veulent que j'en prenne soin et que, pour sauver sa perte, je la retire de vos mains. »

« C'est sur quoi, repartit la demoiselle, je ne puis vous satisfaire. »

« Vous me rendrez mon enfant, dit-il. »

« Votre enfant, Monsieur, reprit-elle, n'est point à vous. S'il vous souvient que j'accouchai de sept mois pour vous, apprenez que j'accouchai de neuf mois pour un autre, et cet autre est l'amant que j'ai là; il en est le père, et ma fille est à lui. »

« Mademoiselle, tout est dit. Tant d'honneurs me confondent. Adieu. »

M. l'ambassadeur se retira. Voilà quelle fut la fin de cette intrigue d'amour, intrigue tissue de perfidie et de souplesse. On n'a pas jugé à propos de les conter ici, il faudroit des volumes; et d'ailleurs il suffit de donner une idée de la conduite de cette demoiselle, par deux ou trois faits que contient ce mémoire et qu'elle a elle-même avoués. On conviendra que les talens de la demoiselle Prevost qui la font briller au théâtre ne sont pas ceux qui la distinguent le plus de ses camarades, et qu'elle est parmi elles plus respectable et plus illustre encore par le grand art qu'elle a de commercer en amour : aussi est-elle leur modèle et leur point de vue. Toutes sont attentives à ses démarches et s'en font informer. C'est d'elle qu'elles ont appris la nécessité d'une maison à deux portes, l'économie des tête à tête, l'évaluation de chaque faveur. C'est d'après elle qu'elles savent ce que peut produire un premier de mai [1], une fête ou deux de patron, le grand jour de l'an ; de quelle ruse il faut user pour tenir toujours les amans à demi-satisfaits ; de quel moyen il faut se servir pour faire payer à trois ou quatre le présent d'un cinquième, et qui ne coûte rien ; et enfin la grande maxime des obligations, des contrats, preuves d'amour que des amans bien épris dans leurs ivresses refusent rarement, quoiqu'ils puissent envisager le désespoir d'une famille, la certitude d'un dérangement et le cruel effet qui s'ensuit. Bien d'honnêtes gens, bien des personnes respectables d'ailleurs, sont dans le cas d'y penser ; ils devroient y faire réflexion sur l'exemple de M. l'ambassadeur, qui n'en a pas fait. La demoiselle Prevost l'a dérangé, toujours trompé : que le successeur se tâte et qu'il ouvre les yeux, il se trouvera plus trompé encore.

La société est, en vérité, blessée de voir les

[1] Anniversaire très fêté. On plantait, ce jour-là, en différents endroits des arbres qui prenaient le nom de *mais*.

plus dignes des hommes placer si mal leur affection, consacrer leurs plus beaux jours à des filles de théâtre, nées dans la boue, élevées dans les halles, dont le libertinage, la pompe et l'insolence semblent insulter à toute vertu; qui en recevroient le châtiment, si elles n'étoient à l'abri sous le privilège honteux de leur état.

On a suivi la demoiselle Prevost depuis son aurore jusqu'à ce jour. On a vu exactement dans quel état M. l'ambassadeur l'a prise; on peut voir en quel état elle le quitte. On jugera jusqu'où se sont portées pour elle ses bontés, quels biens elle en a reçus, tout enfin ce qu'il a pu faire en vue de se l'attacher et dans le malheureux dessein qu'il avoit pris de ne s'en séparer jamais.

Cette fille lui est infidèle, le trahit, le chasse : ces procédés n'anéantissent-ils pas le billet qu'elle représente? Ne manque-t-elle pas la première aux conditions qui le lui avoient obtenu? Ne seroit-il pas juste, au contraire, d'enlever les meubles, la vaisselle, les bijoux de la maison qu'elle habite? de dépouiller cette demoiselle des habits d'étoffe d'or qu'elle porte, de ses boucles à girandoles de diamans? de la renvoyer à la chambre de bergame dont l'ambassadeur l'avoit tirée, et de la faire rentrer dans l'état de Fanchonnette dont elle n'auroit jamais dû sortir?

[Le chevalier fut condamné à verser à la demoiselle Prevost une somme de quinze cents livres, et à lui payer, tant qu'il vivrait, le revenu de trente mille livres placées par lui sur l'hôtel de ville. Cette sentence paraît singulièrement sévère.]

PATERNITÉ SUPPOSÉE.

Mémoire pour messire Jean-Louis de Lestendart, marquis de Bully[1]*, contre Edme-Élisabeth de Lécluse, dite de Méreuil, ci-devant actrice de l'Opéra.*

La demoiselle de Lécluse vient de m'intenter un procès contre lequel il m'étoit assurément impossible de me précautionner. Elle fait paroître sur la scène un enfant de dix-huit ans, dont elle prétend être la mère. Qu'elle le soit ou non, c'est ce que je ne sais point; au reste, je rends trop de justice à son mérite pour la chicaner sur cette qualité. Mais ce qui me surprend, et ce que je ne lui passerai pas avec la même indulgence, c'est qu'elle veut absolument que je m'avoue le père de cet enfant, dont j'entends aujourd'hui parler pour la première fois.

Pour me prouver que je lui dois à titre de justice cet aveu qu'elle exige de moi, la demoiselle de Lécluse allègue des faits, cite des loix.

[1] Jean-Louis de Lestendart, marquis de Bully, est mort le 7 mars 1740, sans postérité. La seigneurie de Bully avait été érigée en marquisat, au mois d'octobre 1677, pour son grand-père Jean de Lestendart, maréchal de camp.

Quant aux loix, j'avoue que je ne les entends guère; j'ai seulement appris de quelques maris mécontens qu'il y en avoit d'assez puissantes pour rendre pères beaucoup d'honnêtes gens qui n'avoient pas même pensé à le devenir. Cela m'a d'abord effrayé, mais on m'a rassuré en me faisant connoître que je n'étois point dans ce cas malheureux. Ainsi, me voilà dispensé de répondre à l'érudition répandue dans les écrits de la demoiselle de Lécluse.

A l'égard des faits, cela est de mon ressort : je vais exposer naïvement ce que j'en sais. Mes juges décideront.

La demoiselle de Lécluse est née à Paris sur la paroisse Saint-Merri le premier avril 1696. Je ne m'amuserai point à lui contester la prétendue noblesse de son origine. Ce que j'en ai appris, c'est qu'elle est fille d'un père qui décoroit effectivement son extrême pauvreté du titre d'écuyer.

Je ne suis point assez instruit de toute la vie de la demoiselle de Lécluse, pour savoir ce qu'elle est devenue depuis sa naissance jusqu'à l'adolescence. Elle ne paroît pas en être trop instruite elle-même, puisqu'elle ignore, ou du moins qu'elle feint d'ignorer, que Paris est le lieu de sa naissance et qu'elle y demeuroit avec son père et sa mère.

En effet, si l'on veut s'en tenir à son roman, ce fut son père, qui en 1718 l'amena pour la première fois à Paris, âgée alors de seize ans, dans le dessein de la mettre au couvent. Elle ajoute qu'en cette même année, elle se trouva en liaison avec la demoiselle de Tagny, ma nièce, qui lui procura ma connoissance. C'est ainsi que la demoiselle de Lécluse commence le récit de ses aventures, mais je me crois obligé de l'avertir que sa mémoire est en défaut sur cette première époque. J'y découvre un petit anachronisme qu'il est important de faire remarquer.

Elle prétend être arrivée à Paris en 1718 à l'âge de seize ans, mais elle en impose sur chaque circonstance.

En premier lieu, son extrait baptistaire prouve qu'elle est née en 1696 : ainsi en 1718 elle avoit vingt-deux ans.

En second lieu, comment persuadera-t-elle qu'elle n'est arrivée à Paris qu'en 1718, lorqu'on voit qu'elle y est née, qu'elle y a toujours demeuré, que dès 1717 elle étoit fille des chœurs à l'Opéra, sous le nom de demoiselle de Méreuil, et que cette même année elle joua dans l'opéra de Tancrède [1] ?

Enfin, comment a-t-elle imaginé qu'elle ait lié connoissance avec moi par le moyen de la demoiselle de Tagny, qu'elle n'a jamais vue? Je suis d'assez bonne foi pour avouer ingénument de

[1] *Tancrède*, opéra de Danchet, musique de André Campra, joué pour la première fois en 1702.

quelle manière se fit cette connoissance, et j'ai peine à croire que la demoiselle de Lécluse ose me démentir sur cet article.

Elle partageoit avec son père, sa mère et son frère un troisième étage rue Aubri-Boucher[1], et elle avoit pour amie une nommée Pellegrin, qui postuloit alors pour entrer à l'Opéra. Ces deux filles avoient reçu de la nature des attraits et des talens qui sembloient les destiner aux grandes aventures. Mais sans ignorer le prix de ces avantages, elles avoient acquis assez de connoissance du monde pour savoir que le mérite sans appui perce difficilement; c'est ce qui les avoit déterminées à se mettre sous la protection d'un patron qui, pour une part dans le produit, s'étoit chargé du soin de faire valoir leurs charmes.

Cet honnête homme se trouva un jour à l'Opéra près de moi. Je ne le connoissois point, mais chacun sait qu'aux spectacles il suffit à deux personnes de se trouver dans une même loge pour que l'une des deux ait le droit de s'entretenir avec l'autre. Notre conversation roula particulièrement sur les intrigues modernes des actrices. La matière étoit ample et réjouissante. Enfin, après avoir parcouru les fastes galans de l'Opéra, il me fit remarquer du côté du Roi[2]

[1] Rue Aubry-le-Boucher.

[2] On désignait jadis les deux côtés de la scène par la place qu'occupaient dans la salle les loges du roi et de la reine. La

la demoiselle de Lécluse, qui portoit alors le nom de Méreuil, et il me demanda comment je la trouvois. Je fixai les yeux sur elle et je répondis qu'elle me paroissoit assez jolie; mais comme je m'en expliquois froidement, il sentit bien que la conversation que nous venions d'avoir m'avoit peu disposé en faveur de la jeune personne. Ne vous y trompez pas, me dit-il, celle-ci est bien différente des autres. C'est une fille de condition, qui est sage et très sage : je la connois, et je pourrois répondre d'elle. Il n'y a que la nécessité qui l'ait obligée de prendre un parti indigne de sa naissance et de ses sentimens. Il continua sur le même ton, avec un air de sincérité qui commença à m'intéresser et qui me fit souhaiter de connoître ce phénix de l'Opéra. Je lui témoignai donc, de la meilleure foi du monde, l'envie qu'il me faisoit naître, et j'ajoutai que je serois charmé de trouver l'occasion de servir utilement une fille si aimable et si estimable. A ces mots, l'adroit proxénète me voyant arrivé au point où il me souhaitoit, m'assura, avec toutes les démonstrations d'une noble sensibilité, qu'à la première occasion il instruiroit la demoiselle de Méreuil de notre entretien, et que d'avance je pouvois compter sur sa reconnoissance.

loge du roi était à droite de l'acteur, celle de la reine était à gauche. L'on disait côté du roi, côté de la reine comme l'on dit aujourd'hui côté jardin, côté cour.

Il me tint parole, et trois jours après nous nous rencontrâmes à l'Opéra, où il m'annonça pour le lendemain la visite de la demoiselle de Méreuil. Effectivement il me l'amena à l'heure marquée, avec la demoiselle Pellegrin sa compagne. Ces deux demoiselles se présentèrent avec une modestie fort piquante. Mademoiselle de Méreuil et moi, nous nous fîmes des politesses assez bien soutenues de part et d'autre, et après une petite conversation qui se passa en complimens, je proposai au galant trio d'accepter mon dîner : on fit par bienséance toutes les petites façons et on accepta par goût. Je dis par goût, car la contenance que chaque convive tint à table me persuada qu'aucun des trois n'avoit accepté avec répugnance.

Mais malheureusement un petit accident troubla la fête. La demoiselle de Méreuil, qui apparemment avoit peu ménagé son estomac, se trouva mal au dessert. Sa compagne charitable la secourut, et obligeamment elle me laissa voir, en la délaçant, des grâces auxquelles la défaillance n'avoit rien fait perdre. Cependant je n'en étois encore qu'à trouver beau ce qui l'étoit réellement, et j'avoue franchement que mes vues ne se portoient pas plus loin.

Depuis ce jour, la demoiselle de Méreuil me rendit des visites assez fréquentes. Comme je ne demeurois pas loin du Palais-Royal, elle me

Sa Compagne charitable la secourut, et obligeamment, &c.

D'après l'édition de 1749.

venoit voir tous les jours d'Opéra[1] ; du moins, elle n'y manquoit que lorsque son tems étoit employé plus utilement ailleurs. Les désagrémens de sa profession, les mauvais traitemens de sa mère, qu'elle me peignoit comme la femme la plus bizarre et la plus farouche, furent les premiers sujets de nos conversations. Elle me contoit ses prétendus chagrins avec des apparences de confiance si persuasives, qu'aidée par les préjugés avantageux qu'on m'avoit inspirés, elle réussissoit insensiblement à m'attendrir sur son état.

Nous en étions là, lorsque je ne sais quelle aventure la fit chasser de l'Opéra. Elle eut grand soin de me déguiser cet événement, en me disant que sa mère, par délicatesse de conscience, l'avoit obligée de se retirer d'un lieu où elle prétendoit qu'on respiroit un air malsain pour la vertu : cela étoit assez vraisemblable pour être cru.

Son expulsion de l'Opéra fut suivie d'une catastrophe encore plus fâcheuse. La mère, mieux informée que moi de la mauvaise conduite de sa fille, la maltraita vivement et voulut la faire enfermer. La demoiselle de Méreuil, accou-

[1] A la mort de Molière, en 1673, Lully, directeur de l'Opéra, se fit accorder par Louis XIV la salle du Palais-Royal. Elle fut brûlée en 1763, reconstruite en 1770, puis brûlée de nouveau en 1781. L'Opéra se transporta alors boulevard Saint-Martin.

tumée à des traitemens plus doux, et jalouse d'une liberté dont elle faisoit un si charmant usage, se trouva fort scandalisée de la mauvaise humeur et des indécentes résolutions de sa mère. Elle se sauva de la maison paternelle, vint me trouver, fondant en larmes, et en me déployant toute sa douleur, elle ne m'en cacha que la cause.

Elle me fit entendre qu'après la perte récente d'un procès considérable, son père et sa mère venoient de se retirer clandestinement dans la province, pour soustraire quelques effets à l'avidité de leurs créanciers; que, réduits eux-mêmes à ne pouvoir se procurer les secours les plus nécessaires aux besoins de la vie, ils avoient été forcés d'abandonner leur fille aux charitables soins de la demoiselle Pellegrin; que la fortune de celle-ci suffisant à peine pour la faire vivre, elles se trouvoient l'une et l'autre exposées à la misère la plus effrayante. Ce récit fut accompagné de tout ce qui pouvoit donner des grâces à la douleur. Gestes, soupirs, larmes, sanglots, évanouissemens, rien n'y fut oublié. Peut-être en falloit-il moins pour m'engager à lui payer une pension de 400 livres chez la demoiselle Pellegrin, son amie.

Cette petite marque d'amitié parut toucher la demoiselle de Lécluse, qui dès lors avoit quitté le nom de Méreuil; et comme dans les âmes généreuses la reconnoissance est un des sentimens les plus vifs, cela me valut sur le champ une déclaration d'amour. Je ne sais si elle me flatta plus qu'elle ne me surprit, tout ce que je peux dire (car je ne déguise rien) c'est que j'y répondis avec assez de vivacité. Mais la demoiselle de Méreuil ne démentit point encore la merveilleuse idée qu'on m'avoit donnée d'elle, et par là elle ajouta beaucoup aux heureuses dispositions où j'étois à son égard. Je suis même obligé de convenir que, peut-être par amour-propre, je ne laissai pas que de conserver dans la suite toute cette bonne opinion, quoiqu'alors la demoiselle de Lécluse semblât m'avoir permis d'en diminuer quelque chose. Au reste, je pense que cette crédulité n'est pas moins d'un galant homme que d'une dupe.

Tout ce que je viens de dire a pour époque l'année 1717. Mais, je l'ai déjà remarqué, la demoiselle de Lécluse ne date que de 1718; ainsi il ne doit pas paroître surprenant que toutes ces petites particularités aient été retranchées du journal de sa vie.

Au mois de septembre de la même année 1717, je fus obligé de faire un voyage à ma terre de Bully[1]. La demoiselle de Lécluse m'y accompagna. Pendant le séjour que nous y fîmes, deux dames de ma connoissance, religieuses à l'ab-

[1] Bully (Seine-Inférieure) est aujourd'hui un village de 1400 habitants.

baye de Longchamp, vinrent prendre les eaux de Forges chez moi, et en y voyant la demoiselle de Lécluse, elles ne me dissimulèrent point qu'elles me trouvoient en trop bonne compagnie. Pour dissiper leurs inquiétudes, je leur contai notre histoire, jusqu'à la déclaration d'amour exclusivement. La singularité des circonstances les surprit, sans cependant leur inspirer une grande sécurité sur notre compte; en sorte qu'elles ne me parurent pas moins alarmées de l'avenir qu'édifiées du passé. Leur charité se proposa donc, dès le moment, de nous garantir du précipice où elles nous regardoient comme prêts à tomber.

Ces deux saintes filles travaillèrent en effet très sérieusement à remplir ce projet. La demoiselle de Lécluse et moi nous eûmes chacun en notre particulier bien de petits sermons, d'autant plus touchans qu'ils étoient l'ouvrage visible de l'amitié la plus désintéressée et du zèle le plus pur. Leurs bonnes intentions eurent le succès qu'elles en pouvoient attendre : la demoiselle de Lécluse parut pénétrée autant que je le fus en effet, et il fut arrêté entre nous quatre qu'elle se retireroit au couvent de Longchamp [1], et que je

[1] L'abbaye de Longchamp était située au bord de la Seine, dans le bois de Boulogne. Elle avait été fondée par Isabelle de France, sœur de saint Louis, et l'on y conservait un oreiller, une chemise, une tunique de laine et un bas qui avaient, dit-on, servi à cette princesse. L'enclos du monastère comprenait deux cent cinquante arpents. Maison très mon-

payerois sa dot, qui devoit être de 10,000 livres.

A mon retour de Bully, je satisfis à mon engagement. Je conduisis la demoiselle de Lécluse à l'abbaye de Longchamp. Mais madame l'abbesse exigea qu'avant son entrée au noviciat, elle restât trois mois en qualité de pensionnaire : c'étoit une sage précaution, dont l'objet étoit d'éprouver la vocation de la demoiselle de Lécluse.

Cette épreuve fut plus longue qu'on n'avoit cru qu'elle dût l'être. A l'expiration des trois premiers mois, lorsqu'il fut question d'entrer au noviciat, la demoiselle de Lécluse se trouva irrésolue : elle demanda un nouveau délai de trois mois, qui lui fut accordé. Cet espace de tems ne s'étant pas encore trouvé suffisant pour décider sa vocation, c'est-à-dire pour l'enhardir à déclarer celle qu'elle avoit pour le monde, elle obtint par grâce un dernier délai de trois mois.

Enfin, après m'avoir préparé pendant quelque tems par un petit air rêveur et mélancolique, la demoiselle de Lécluse crut qu'il étoit tems de prendre son parti ; elle se détermina donc à me déclarer ses dispositions par une lettre qu'elle m'écrivit.

Cette lettre, quoique bien tournée, n'étoit au

daine et dont la règle n'était guère austère, car la conduite des religieuses laissait fort à désirer. Presque toutes étaient des jeunes filles nobles que la modicité de leur fortune avait fait condamner au couvent.

fond qu'un assemblage assez bizarre de sentimens d'amour, de religion, de reconnoissance. En un mot, tout autre que moi auroit fort bien pu y découvrir les petites vues de la demoiselle de Lécluse, mais je ne suis pas si pénétrant. Je me laissai séduire par dix ou douze petites phrases fort jolies, dont la conclusion étoit que Dieu n'appeloit point la demoiselle de Lécluse à la vie religieuse, et je pris dès le moment la résolution de la retirer du couvent, dans le dessein de lui procurer un établissement avec les 10,000 livres que j'avois d'abord consacrées au payement de sa dot.

Ce fut dans ce tems que je lui écrivis une lettre qu'elle ose aujourd'hui produire contre moi. Dans cette lettre, je lui marquois ingénument les sentimens d'amitié qui m'attachoient à elle, et je lui déclarois que puisqu'elle ne vouloit plus être religieuse, je consentois à partager avec elle « les plaisir innocens que la vraie amitié permet, » persuadé, lui disois-je, « que quand le Seigneur n'y est point offensé, cela dure davantage. »

La demoiselle de Lécluse sortit donc de l'abbaye de Longchamp le 25 octobre 1718. Je lui fis meubler un appartement rue de Richelieu, et j'ose dire qu'elle y trouva avec assez de décence toutes les commodités de la vie. Comme elle savoit qu'en considération de la vertu que je lui supposois, j'étois dans la résolution de lui procurer un mariage honnête, elle avoit grand soin de soutenir avec moi cet extérieur de sagesse dont jusqu'alors elle s'étoit masquée si heureusement. Mais dès qu'elle n'étoit plus sous mes yeux, elle ne manquoit aucune occasion de se dédommager de cette contrainte, et j'avois chez moi un intendant qui lui fut en cela d'un grand secours. On juge bien que je n'étois pas informé de toute l'intimité de leur bonne intelligence, mais les choses arrivèrent à un point où il étoit impossible de ne pas craindre que je m'en aperçusse. La demoiselle de Lécluse devenoit insensiblement un témoin contre elle-même; chaque jour rendoit le danger plus pressant. Il n'y avoit qu'un moyen de prévenir l'éclat, c'étoit d'éloigner pour quelque tems la demoiselle de Lécluse. Mais il falloit un prétexte : il eût été étonnant que deux amans en eussent manqué dans une conjoncture si intéressante. Voici donc celui qu'ils imaginèrent.

La demoiselle de Lécluse vint me trouver, avec une lettre à la main qu'une de ses parentes venoit, disoit-elle, de lui remettre. Elle me présenta cette lettre d'un air consterné et se laissa tomber dans un fauteuil sans me rien dire. Je lus. On marquoit à la demoiselle de Lécluse que son père étoit à l'extrémité, qu'il désiroit ardemment de la voir, qu'il la demandoit sans cesse. Le secrétaire qui, autant que je peux me souvenir, prenoit la qualité d'oncle, exhortoit vivement sa nièce à partir sur le champ. Cette lettre me toucha, et après avoir témoigné à la demoiselle de Lécluse combien j'étois sensible à sa juste douleur, je voulus lui faire quelques petites remontrances pour la détourner d'un voyage qui me paroissoit devoir être aussi désagréable pour elle qu'inutile à son père. Mais elle entra dans des transports de tendresse qui me firent presque regarder mes remontrances comme une injure que je faisois à son bon cœur; en sorte que, ne pouvant en moi-même désapprouver une résolution si louable, je consentis qu'elle partît avec sa prétendue parente. Je lui donnai quelque argent, tant pour les frais du voyage que pour les besoins de son père.

Je ne sais point de quel côté la demoiselle de Lécluse tourna ses pas. Si je veux l'en croire, ce fut vers la rue de la Harpe, chez la nommée Le Moine, qui fut la discrète dépositaire du secret qu'on vouloit me cacher.

Après cette éclipse, la demoiselle de Lécluse reparut sur l'horizon, comme un astre qui n'avoit rien perdu de son éclat. Je la reçus avec amitié, et je me réjouis très-sincèrement avec elle de la convalescence imaginaire du bonhomme, qui n'auroit pas, disait-on, manqué de m'écrire, si l'état de foiblesse où il étoit lui avoit permis de me marquer toute sa reconnoissance.

Je pris tout cela le mieux du monde. Et

comme il semble que tout ne serve qu'à fortifier les premières impressions d'un esprit prévenu, ce qui devoit deshonorer la demoiselle de Lécluse devint à mes yeux un nouveau mérite pour elle. Le tendre attachement que je croyois qu'elle venoit de me marquer pour son père me parut un garant sûr de l'excellence de son cœur, et je pris de-là occasion de la proposer à mon intendant comme un parti qui pouvoit le rendre heureux. Je n'oubliai point les 10,000 livres de dot et quelques menues bagatelles qui pouvoient être d'une grande ressource dans la communauté. Mon intendant étoit un homme en qui j'avois placé ma confiance depuis longtems, et je croyois lui procurer une bonne fortune. Il parut très sensible à mon choix, et m'assura qu'il se trouvoit fort honoré de ma proposition. Il me dit, et il disoit vrai, qu'il connoissoit tout le prix de la demoiselle de Lécluse ; en un mot, il renchérit sur tout le bien que je pouvois lui en dire, et finit en déclarant qu'il seroit charmé d'être agréé par la demoiselle de Lécluse. Il ajouta néanmoins qu'il étoit de son intérêt de différer cet établissement jusqu'à ce qu'il eût arrangé quelques affaires de famille qui tenoient sa petite fortune en échec. Je n'avois garde de désapprouver une conduite qui paroissoit si sage et si prudente. J'en prévins la demoiselle de Lécluse, je lui vantai les bonnes qualités de son futur. Elle avoua modestement qu'il méritoit l'éloge que j'en faisois, et qu'au surplus, l'estime que je marquois avoir pour lui étoit le titre le plus avantageux sous lequel un homme pût se produire auprès d'elle.

Dès ce moment, je crus pouvoir regarder l'affaire comme conclue, et je ne pensai qu'à donner de jour en jour à l'un et à l'autre de nouvelles marques de confiance et d'amitié. Je ne rapporterai sur cela qu'un trait qui peut faire juger des autres, et qui d'ailleurs doit nécessairement trouver ici sa place.

Je l'ai déjà dit, le père de la demoiselle de Lécluse, étoit fort pauvre. Il le devint encore davantage. On avoit exécuté ses meubles; un petit domaine de vingt ou trente pistoles de revenu, qui faisoit tout son patrimoine, se trouvoit saisi depuis quelque tems par ses créanciers. On en poursuivoit la vente avec vivacité, et le sieur de Lécluse, qui n'avoit pas plus de crédit que d'argent, se voyoit chasser tristement de la chaumière de ses pères, sans espérance d'y rentrer. Mon intendant, de concert avec la demoiselle de Lécluse, me conta toute l'infortune de son futur beau-père. Deux cens pistoles, disoit-il, pouvoient le tirer d'affaire; et la demoiselle de Lécluse, dans la crainte de paroître abuser de mes bontés en me demandant ce petit secours avoit pris son parti, c'étoit de mourir de chagrin. Assurément, j'aurois été bien fâché d'avoir à me reprocher la mort de la demoiselle de Lécluse. Je chargeai donc mon intendant de s'informer des arrangemens qu'il y avoit à prendre pour conserver des jours qui lui étoient si précieux. Les éclaircissemens ne furent pas longs à trouver. Je fus diligemment instruit, et en fort peu de jours, moyennant 4000 livres que je fis porter par mon intendant au sieur Boiceau, procureur des créanciers du sieur de Lécluse, l'affaire fut terminée et les pièces me furent remises.

Mon intention étant que cette libéralité profitât à la demoiselle de Lécluse, à condition néanmoins qu'elle laisseroit à son père pendant sa vie la jouissance du domaine en question, mon intendant fut attentif à tourner la quittance ou l'acte d'une manière propre à remplir sur ce point mes volontés. Cependant, je sais qu'il oublia finement d'y insérer la réserve de l'usufruit au profit du bonhomme. Mais ç'auroit été faire injure à la demoiselle de Lécluse que de regarder l'omission de cette clause comme quelque chose d'important; et l'on va voir, par la manière dont elle se disposa à user de mon bienfait, que je n'avois pas lieu de la soupçonner.

Elle me pria, avec des transports de joie et de reconnoissance qui me charmoient, de lui laisser la satisfaction d'aller elle-même rétablir son père dans ses biens. Elle devoit perdre, disoit-elle, le plaisir le plus vif de sa vie si toute autre personne qu'elle étoit chargée de porter une si heureuse nouvelle. Je n'avois point de raisons pour me refuser à ses instances : je lui fis donc remettre les papiers avec les quittances du procureur, et je la laissai partir accompagnée de sa domestique, dans une chaise que je lui fournis. Je lui donnai même 800 livres, tant pour les frais du voyage que pour réparer le dommage qu'avoient causé dans les meubles de son père les incursions des huissiers.

Arrivée à Fulvie[1] (c'est le nom du village où demeuroit le père), la demoiselle de Lécluse, qui n'avoit point oublié ses premiers rôles, y prit tous les airs d'une divinité qui vient honorer la terre de sa présence. Elle regarda sa famille comme un petit essaim de misérables qui devoient solliciter à genoux sa protection ; et pour se déterminer à secourir son père et ses frères elle attendoit froidement que par leur encens et leurs hommages, ils commençassent à mériter ses bontés. Mais pendant qu'avec ses proches, la demoiselle de Lécluse tranchoit ainsi de la déesse, elle ne dédaigna pas de s'humaniser avec quelques étrangers. Il y eut entr'autres un chevalier à qui elle ne refusa aucunes marques de

[1] Peut-être Fulvy, aujourd'hui village de deux cents habitants, dans l'Yonne.

sa prédilection. J'ai entre les mains une lettre qui prouve à quel titre il la méritoit. Il faut remarquer que ce galant étoit un profès dans l'ordre des Coteaux[1]; et comme on prend assez volontiers le goût de ceux qu'on aime, la demoiselle de Lécluse n'eut point de peine à s'habituer avec lui aux plaisirs de la table.

Dans ces amusemens mêlés, elle commença, suivant l'ordre, par dessécher l'amant. A ses fonds expédiés succédèrent mes 800 livres, avec lesquels on ne brilla pas longtems. Ensuite on trouva que ma chaise étoit un meuble assez inutile à des gens qui ne voyageoient que de la table au lit : on la vendit. Enfin, après la chaise vendue, que faire des bottes du postillon? On s'en défit en faveur d'un fermier, qui les prit à compte sur quelques provisions de bouche qu'il avoit fournies.

Après cette économique expédition, la demoiselle de Lécluse revint avec son chevalier par la voiture publique; et sur la route, par maxime de bienséance et pour éviter le scandale et les embarras, elle eut l'attention de se faire passer pour sa femme et de se comporter comme telle.

Le postillon, mécontent de ce qu'elle l'avoit renvoyé à pied, m'apprit toutes ces aventures.

[1] Sur cette communauté culinaire et bachique, voy. *Les repas*, p. 137 et suiv.

J'en fus d'ailleurs instruit par plusieurs lettres qui sont entre les mains de mon avocat. On y voit les lamentations du sieur de Lécluse, qui se plaint à moi de sa misère et de ce qu'au lieu de soulager sa famille, la demoiselle de Lécluse lui a laissé pour cent francs de dettes. On n'aura pas de peine à se persuader qu'après des découvertes de cette nature, je ne fis pas à la demoiselle de Lécluse une réception bien gracieuse. Elle voulut justifier sa conduite, et je ne doute point que son apologie ne fût toute prête; mais le règne des fictions étoit passé, je refusai de l'entendre, et je la fis chasser de chez moi avec un mépris égal à l'estime que j'avois eue pour elle.

Il est sensible que mon intendant avoit intérêt à la ménager, dans la crainte qu'elle n'intentât contre lui l'action qu'il lui fait aujourd'hui diriger contre moi; et ce motif, que je devois ignorer, pouvoit facilement se déguiser sous le spécieux prétexte de la compassion. Il crut donc pouvoir joindre, auprès de mes amis, ses sollicitations à celles de la demoiselle de Lécluse, qui me demandoit par charité une retraite dans un couvent. Plusieurs personnes de piété m'en parlèrent. Je cédai à leurs prières, et je consentis de payer la pension de la demoiselle de Lécluse à la communauté des filles de Saint-Chaumont[1]. Je crois

[1]Communauté établie près de la porte Saint-Denis. Le

que ce fut vers la fin du mois d'août 1722, qu'elle entra dans ce couvent. Mais la supérieure, ayant appris que sa nouvelle pensionnaire étoit une pénitente de l'Opéra, ne fut pas curieuse de conserver un dépôt si suspect : elle pria poliment la demoiselle de Lécluse de choisir un autre asile.

De ce couvent, où la demoiselle de Lécluse ne coucha qu'une nuit, elle passa à la communauté de Bonnes-Nouvelles[1]; mais je n'y payai pas longtems sa pension. La demoiselle de Lécluse n'étoit pas née pour la retraite; elle fit à la grille la conquête d'un gendarme nommé de Chavanne. Aussitôt, les billets doux se glissèrent de part et d'autre; quelques-uns furent interceptés et découvrirent l'intrigue. La demoiselle de Lécluse fut chassée; et afin de n'être plus dans le risque de trahir par des lettres le secret de ses amours, elle alla demeurer avec le gendarme. Ils restèrent même assez longtems ensemble. Les bons et les mauvais momens que la demoiselle de Lécluse passa avec lui la portèrent à croire qu'elle étoit sa femme, et elle en parut si intimement persuadée qu'à la mort du sieur de

prix de la pension était de trois cents livres. On payait, en outre, de 350 à 600 livres pour l'appartement.

[1] Située entre la rue de la Lune et le boulevard. C'était une dépendance de la communauté de Saint-Chaumont, mais soumise à une règle moins sévère. La pension y était à peu près du même prix.

Chavanne, elle prit le deuil et se présenta en qualité de veuve pour recueillir sa succession. C'est une anecdote singulière, dont je trouve la preuve dans une lettre du sieur de Lécluse, son cousin-germain.

Les veuves sont sujettes à trouver, dans les héritiers de leurs maris, des gens mal disposés et peu traitables; c'est un malheur qu'éprouva la demoiselle de Lécluse. Les héritiers du sieur de Chavanne ne voulurent même entrer dans aucune composition avec la veuve de leur parent; ils la traitèrent au contraire d'une manière qui n'étoit rien moins que respectueuse. Mais la demoiselle de Lécluse sut profiter des leçons de l'adversité, l'injustice de ces collatéraux servit à lui ouvrir les yeux. Outrée de leurs mauvais procédés, elle fit des réflexions sérieuses sur les risques auxquels s'expose une fille raisonnable, en donnant toute sa tendresse à un seul homme qui peut lui être enlevé par la mort ou par l'inconstance : elle quitta sur le champ les lugubres ornemens de la viduité, et engagea son cœur et sa foi au public. Je ne crains point de le dire, c'est le seul engagement auquel elle ait été fidèle.

Voilà, dans la plus exacte vérité, quelle est cette fille de condition qui, après dix-huit ans de réflexion, m'accuse aujourd'hui d'avoir séduit son innocence. Tant que mon intendant a eu toute ma confiance et qu'il a demeuré chez moi, la demoiselle de Lécluse a gardé le silence, je n'ai point entendu parler d'elle; mais depuis que je n'ai plus cet intendant à mon service, ils ont projeté ensemble de se débarrasser en ma faveur du fruit de leurs amours. L'intendant y trouve son compte, et il a fait entendre à la demoiselle de Lécluse que cette translation de paternité seroit une fortune pour elle et pour son fils. Il paroît effectivement qu'elle le pense ainsi, puisqu'elle croit me faire grâce en ne me demandant que 80,000 livres, tant pour ses dommages et intérêts que pour les alimens de ce fils. Comme si, en me supposant père, on pouvoit exiger de moi autre chose qu'un métier pour un enfant âgé, dit-on, de dix-huit ans, qui dans l'hypothèse seroit un bâtard adultérin, puisqu'au tems où l'on place sa naissance, ma femme étoit encore vivante. Aussi cette demande ne m'effraye-t-elle pas beaucoup. Au reste, je laisse à mon défenseur le soin d'en faire sentir tout le ridicule. Pour moi, je ne me suis engagé qu'à une exposition naïve des faits : je viens de m'en acquitter à ma manière, et j'ose me flatter de les avoir rapportés avec toute l'exactitude et la bonne foi possibles. Je peux même dire qu'ils sont presque tous soutenus de preuves écrites. J'avouerai cependant que je rougis du détail dans lequel je viens d'entrer. Devois-je descendre à cette espèce de justification, et n'est-ce pas faire trop d'honneur aux fictions d'une héroïne de coulisse ?

M. DE GENNES, *avocat*[1].

[Je n'ai pu découvrir quelle avait été la conclusion de cette affaire.]

[1] Pierre de Gennes était né à Chartres, mais il exerça à Paris, où il mourut en 1759.

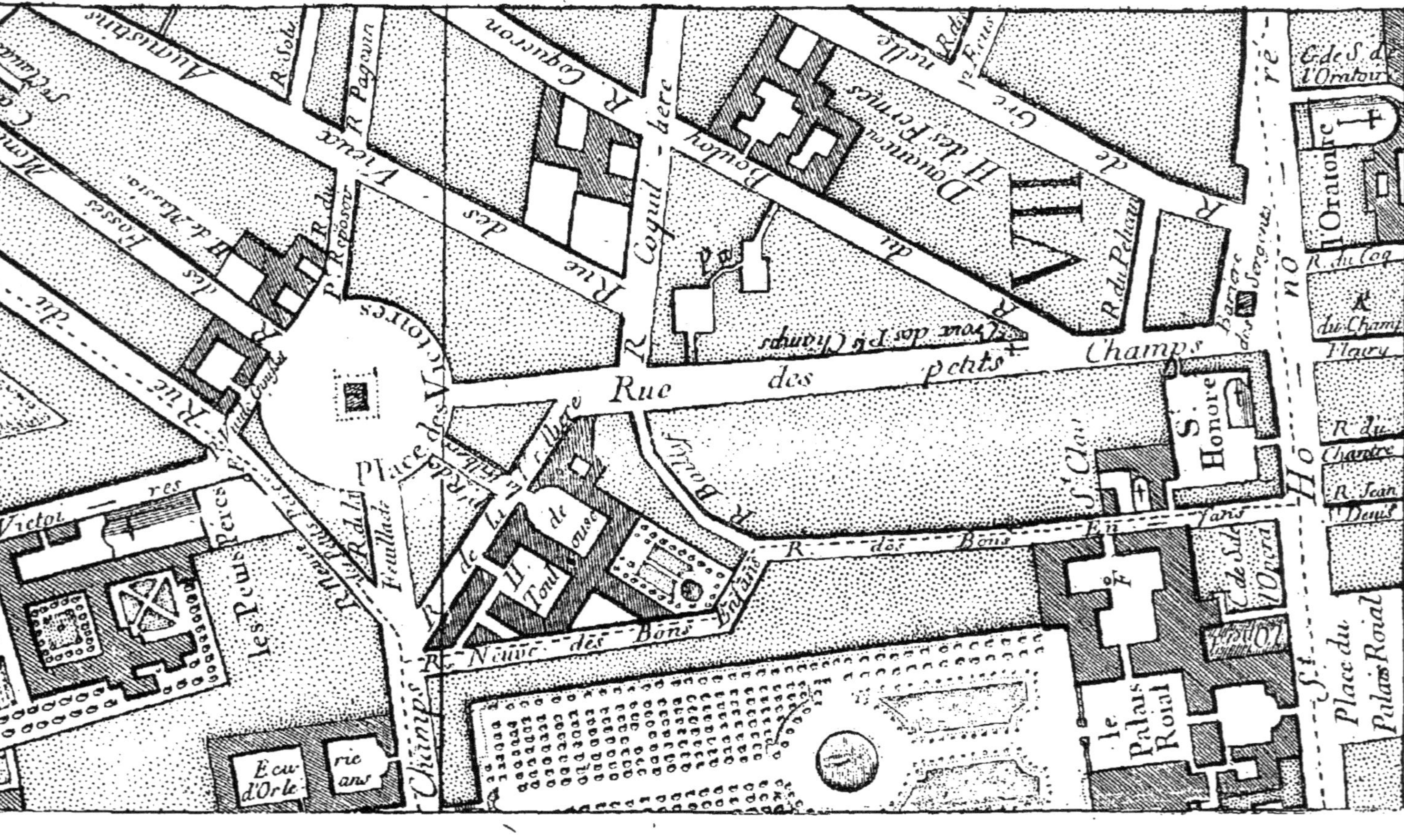

D'après le plan de Deharme (1763).

L'ALLUMAGE DES LANTERNES.

Mémoire pour Achille Coupson, horloger, contre M. le procureur du Roi, en présence des bourgeois et habitans de la rue et croix[1] des Petits-Champs.

M. le Procureur du Roi ne fait que prêter son nom dans cette affaire, à titre de nécessité de ministère. Il s'agit de l'exécution des règlemens de police et de la conservation des usages les plus anciens. Ce ministère même leur sera certainement favorable, et l'on n'entendra pas sa voix s'élever contre des règles qu'il concourt avec tant de zèle à maintenir dans leur intégrité.

Les charges de la société ne doivent-elles pas être également partagées entre tous les citoyens? Est-il des états qui puissent s'y soustraire, et connoît-on parmi nous des honneurs qui en dispensent? Telle est la question trop singulière que l'on est obligé de disputer aujourd'hui.

Le 21 juillet 1749, il a été procédé en la manière ordinaire, chez le commissaire Regnard le jeune[2], à l'élection des commis pour allumer les

[1] Cette croix était placée à l'angle de la rue du Bouloy.

[2] Il avait été nommé commissaire du quartier Saint-Eustache en 1712.

chandelles des lanternes publiques du quartier de Saint-Eustache. Les bourgeois et habitans de la rue et croix-des-Petits-Champs, du côté de la rue Saint-Honoré, ont nommé et choisi pour allumer les quatorze lanternes dudit département la personne de M. D.... [1], notaire demeurant rue de la Croix des Petits-Champs. L'élection a été revêtue de toutes ses solemnités. L'extrait en a été délivré en bonne forme le 18 août 1749.

Jamais élection n'a été plus unanime. M. D.... mérite à juste titre l'estime et l'amitié de ses voisins. Ils ne manquent point les occasions de lui rendre sa profession utile. Ils l'ont vu avec plaisir partager avec eux les charges publiques, ils se sont flattés que cet officier s'y porteroit de bonne grâce, et ils n'ont pas cru d'abord s'être trompés dans leurs espérances. Tous les devoirs de bienséance ont été remplis à son égard. On a été dans l'instant, comme il est d'usage, le féliciter sur sa nouvelle élection. On l'a invité à un repas qui se donne pour l'ordinaire en pareil cas : les bourgeois s'étoient même efforcés de le rendre digne de lui. Les grandes occupations de M. D.... ne lui ont pas permis de s'y rendre,

[1] En 1749, deux notaires demeuraient rue de la Croix-des-Petits-Champs, les sieurs Daoust et Marchand. C'est donc du premier qu'il est ici question. Il avait succédé en 1730 au sieur Durand.

mais il a certainement été sensible à ces politesses, la douceur et la simplicité de son caractère en répondent. Rien n'a été oublié, de la part de ces bourgeois, des attentions usitées dans ces occasions. Leur plaisir s'est même manifesté par des réjouissances publiques.

Quelle a donc dû être leur surprise, lorsqu'ils ont appris que le 18e août 1749 le sieur Achille Coupson, horloger, avoit été assigné, à la requête de M. le Procureur du Roi, à comparoir au premier jour d'audience en la Chambre et pardevant M. le Lieutenant-Général de police, pour se voir condamner à accepter la commission d'allumer les chandelles dans les lanternes publiques de son département pendant la présente année : à laquelle commission le commissaire Regnard le jeune, comme plus ancien du quartier, l'a nommé d'office, au lieu et place de M. D.... notaire.

Il est difficile de comprendre quels ont pu être les motifs de ce changement. Le sieur Coupson ose dire même qu'il n'est pas soutenable dans la forme. L'élection du 21e juillet est régulière. Rien ne la peut changer. Il n'y a point eu d'élection depuis, la première reste donc dans toute sa force, la place est remplie. Il ne s'agit pas d'y nommer d'office. Ces variations ne dépendent point du commissaire, c'est aux voix seules des habitans, convoqués à cet effet, à former cette élection. Et sans cela pourquoi les convoqueroit-on? Ce seroit un jeu, une pure dérision, et la justice ne rit pas ainsi de ses opérations.

La nomination d'office ne peut avoir lieu que lorsque l'on refuse de faire l'élection, ou que l'on ne s'accorde pas sur cette élection. Mais l'élection une fois faite unanimement, revêtue du sceau de l'autorité du commissaire, tout est consommé. Il n'est plus permis de varier. Le registre du commissaire à cet égard devient un acte public, il n'est susceptible d'aucun changement. Tous les habitans ont acquis leur libération pour cette année. On ne sauroit leur enlever ce droit.

Mais au fond, quels peuvent être les moyens? M. D... est un notaire qui occupe le rez-de-chaussée de la maison qu'il habite. C'est là qu'il travaille, c'est le siège principal de sa fortune. Sa maison, ainsi que celles des autres bourgeois qui servent le public chacun dans leur genre, sa maison porte à l'extérieur les marques des fonctions qu'il remplit. Le public est utile à tous les concitoyens. Ils doivent tous également supporter les charges qui l'intéressent, et celles dont il s'agit regardent plus singulièrement encore M. D... Il est question de la lumière publique : comme chacun en profite, chacun à son tour en doit procurer l'usage à son quartier[1]. Ces besoins

[1] Tous les ans, les habitants notables de chaque quartier se réunissaient chez le commissaire de police pour élire celui

même sont plus indifférens à l'artisan. Son commerce n'est pas si considérable, sa retraite se fait de meilleure heure. On le soumet cependant à cette charge. Il procure tous les ans à M. D...., à sa famille, à ses domestiques, à ses équipages, au public que son mérite personnel attire continument chez lui, et qu'il regretteroit fort de n'y pas voir, il leur procure le secours si nécessaire de la lumière. A quel titre M. D.... refuseroit-il de lui rendre, à son tour, ce service? Plus il se croit élevé parmi eux, plus il leur est redevable de l'exemple, du zèle et de l'attention que l'on se doit les uns aux autres. M. G.....[1], notaire,

d'entre eux qui serait préposé à la surveillance de l'éclairage. L'élu recevait aussitôt la clef des boites dans lesquelles s'attachaient les cordes de suspension, et c'est chez lui qu'étaient déposées les provisions de chandelles. Comme le choix désignait toujours un notable, celui-ci trouvait facilement, moyennant un louis, quelque individu qui allait à sa place allumer la chandelle de chaque lanterne. Ce délégué en payait lui-même parfois un autre dont la mission était de descendre les lanternes, de les maintenir pendant l'allumage, puis de les remonter à la hauteur voulue. De là, les vers suivants :

Abaissez la lanterne,
Monsieur le lanternier.
Celui qui la gouverne
Il a grand mal au pied,
Et celui qui l'allume
Il a gagné un rhume
A force de crier :
Abaissez la lanterne,
Monsieur le lanternier.

[1] Il s'agit certainement ici du sieur Gaucher, qui demeurait rue de la Feuillade.

voisin de M. D...., a accepté pour cette année la même commission. Le public est respectable dans tous les états qui le composent. On ne doit pas se trouver deshonoré de le servir; et indépendamment de sa propre utilité, lui être bon à quelque chose doit être un avantage précieux pour chaque citoyen.

Ces sentimens sont certainement ceux de M. D...., on ne doute pas de sa façon de penser à cet égard. Il la prouve dans toutes les autres actions de sa vie, pourquoi y manqueroit-il dans une occasion aussi simple? C'est ce public qui le fait ce qu'il est : qu'il ne lui refuse donc pas les services de toute espèce qu'il peut lui rendre, surtout après qu'il les a tant de fois reçus lui-même; qu'il ne laisse pas croire qu'il ne connoît de ces services que ceux qui peuvent lui être utiles; qu'il paroisse au contraire se livrer avec autant de goût à ceux qui sont purement gratuits. C'est le caractère d'une âme noble et généreuse, ce doit être celui de M. D..... C'est par-là qu'il doit chercher à s'élever au-dessus de tous les bourgeois de son quartier.

Mais M. D.... est secrétaire du Roi [1]. En est-il

[1] Ce titre s'achetait, et conférait d'assez nombreux privilèges. En 1724, le nombre des secrétaires du roi fut limité à deux cent quarante ; on en comptait deux cent quatre-vingt-quatorze en 1789.

La possession de cet office pendant vingt années autorisait

moins citoyen? Ces charges, quelque honorables qu'elles soient, le séparent-elles de la société? Tout honnête homme les fuiroit alors, elles lui deviendroient odieuses. Et n'est-ce pas les devoirs de la société qu'on lui veut faire remplir?

Un des principaux objets de la police dans toutes les grandes villes, et singulièrement à Paris, est d'y entretenir la propreté et la clarté. Les établissemens qui ont été faits à cet effet, les Déclarations qui ont été rendues réunissent sous une même vue « les boues et les lanternes. » On ne les a jamais séparées, elles ont toujours été l'objet des mêmes attentions, des mêmes réglemens. L'avantage de la lumière et de la propreté a toujours paru égal. Celui qui est obligé de faire nettoyer sa porte est donc assujetti, par la même loi, par le même engagement, à faire allumer les lanternes : le devoir est le même, il ne connoît aucune distinction.

Ce sont des principes que l'on a entendu adopter publiquement dans l'audience par le magistrat même qui y préside. Il est trop instruit, trop attentif, trop exact, et il porte la régularité sur ces matières à un trop haut point, pour ne pas rendre hommage à ces principes; aucuns égards, aucunes déférences ne les lui feront

l'anoblissement; c'était une de ces charges roturières que la Révolution qualifia de *savonnettes à vilain*.

Daoust était devenu secrétaire du roi en 1743.

certainement méconnoître. Or les secrétaires du Roi sont-ils obligés de faire nettoyer leurs portes? Que M. D... traite la question, s'il l'ose. Les secrétaires du Roi sont donc obligés de faire allumer les lanternes à leur tour.

C'est même une foible charge pour eux : un louis les en débarrasse. Comment en pourroient-ils faire la matière d'une contestation sérieuse? Ce ne peut pas être par intérêt : l'objet est trop modique, aucun honnête homme n'y sera sensible. Seroit-ce par vanité? Voudroient-ils ne ressembler en rien aux autres habitans de leur quartier? Mais la seule ambition permise est d'être utile à la société, de la servir, et de lui marquer d'autant plus de reconnoissance que l'on en reçoit plus de services à proportion que l'on est plus élevé.

Cet engagement de la société n'admet aucune exception. Dans une cause plaidée à ce sujet en la Grand-chambre le mercredi 19e mars 1749, on a entendu M. l'Avocat-général établir que personne n'étoit exempt de cette commission et que si les princes, les ministres et les magistrats n'étoient pas élus pour la remplir, c'étoit par respect de la part du peuple, et non par devoir.

Aussi les premiers magistrats se sont-ils souvent fait honneur de partager cette charge avec le public. M. Hérault, ce magistrat que les qualités du cœur distinguoient autant que les talens de l'esprit, M. Hérault, pour lors Lieutenant-général de police [1], a fait allumer les lanternes, et il a suivi en cela l'exemple de nos plus grands princes. Le public a eu la satisfaction, uniquement réservée à notre nation, de se voir soulagé dans ces fonctions, quelque communes qu'elles soient, par la bonté généreuse qu'ont eue M. le Duc et M. le prince de Conty de vouloir bien les partager.

Les secrétaires du Roi peuvent donc faire allumer les lanternes. Ils le doivent. Jamais charge n'a eu plus de privilèges, mais cette exemption n'en est pas un; et d'ailleurs, dans la personne de M. D...., le secrétaire du Roi ne se trouve-t-il pas nécessairement confondu avec le notaire pour ne faire des deux qu'un citoyen? Que le dernier des habitans de son quartier lui demande un acte comme notaire, qu'il s'obstine à vouloir que ce soit lui-même qui le fasse, se refusera-t-il à ce travail sous le prétexte qu'il est secrétaire du Roi? Dira-t-il qu'il seroit indécent qu'étant secrétaire du Roi, il s'occupât des affaires d'un roturier? Il fera l'acte, on le lui payera, et il recevra son honoraire. Il ne cesseroit donc d'être citoyen que quand les services qu'on lui demanderoit à ce titre seroient gratuits, et même

[1] René Hérault, nommé lieutenant général de police en 1725. Le conventionnel Hérault de Séchelles était son petit-fils.

onéreux. Il ne se regarderoit comme secrétaire du Roi que quand il s'agiroit de remplir les devoirs de citoyen. Ce système n'est pas soutenable, M. D.... lui-même le désavouera : le sieur Coupson ne sera plus inquiété, l'élection du 21e juillet aura son effet.

Me MANNORY, *ancien avocat.*

[Il n'y eut pas de jugement, l'affaire s'arrangea à l'amiable.]

PROPRIÉTAIRE ET LOCATAIRE.

Mémoire pour Adrien Percheron, marchand épicier en gros, ancien marguillier de sa paroisse, et Marie-Louise Vion, son épouse, contre Sébastien Moutardier.

On ne peut pas dire que l'intimé défère à la justice un délit bien grave et qui mérite toute son attention. Le prétendu crime imputé à l'appelant par l'intimé est de l'avoir appelé *fripon*.

Peu de gens raisonnables s'alarmeroient aussi fort d'une invective proférée sans fondement. Malheureux un honneur assez délicat pour être blessé d'un trait aussi léger, malheureuse une réputation assez mal affermie pour qu'un pareil coup y fasse une si grande brèche qu'elle exige une réparation de 3,000 livres pour la rétablir!

Mais s'il est vrai qu'il peut y avoir des circonstances qui affoiblissent l'énormité des grands crimes, il est vrai en même tems qu'il y en a qui anéantissent une faute aussi peu considérable que celle dont il s'agit.

Ces circonstances se réunissent toutes en faveur de l'appelant. Avant que l'intimé ait porté

8.

sa plainte d'une injure aussi frivole, l'appelant avoit rendu la sienne d'emportemens et d'excès contre lui et sa famille : injures d'autant plus graves qu'elles ont été faites à l'appelant par un homme qui leur est certainement subordonné dans la société civile.

FAIT. — L'APPELANT, marchand épicier en gros en cette ville de Paris, ancien marguillier de sa paroisse, propriétaire d'une maison où il exerce son commerce depuis trente-cinq ans, a loué verbalement deux chambres au sieur Moutardier, moyennant 80 livres par an.

Ce sieur Moutardier (qui est l'intimé) s'est donné d'abord pour praticien [1] du Châtelet, et en cette qualité servant de recors aux huissiers dans leurs exploits. Il ne doit pas prendre cette définition de sa personne pour une injure, il y a d'honnêtes gens partout.

Sans abdiquer ces qualités, il a pris après l'an et jour, en vertu de l'article 173 de la Coutume, la qualité de *bourgeois de Paris* [2]. Il n'étoit

[1] « Praticien est un homme expert ès procédures et instructions des procès, qui fréquente les cours et les sièges des juges, qui entend le style et l'ordre judiciaire, qui sait les usages, les formes prescrites par les ordonnances et les règlemens, et qui est capable de dresser toutes sortes d'actes, sommations, libelles et écritures. » Ferrière, *Dictionnaire de droit pratique*, t. II, p. 376.

[2] « Par privilège usité, quiconque est bourgeois et habitant à Paris et par an et par jour, il peut procéder par voie d'arrêt

pas encore regardé comme un bourgeois bien notable, sans qu'il y ait en cela aucune faute de l'appelant : il a été imposé à la modique somme de 36 sous sur le rôle de la capitation.

Cependant il a fait provision pour son hiver d'une voie de bois, qu'il a fait porter dans l'une des deux chambres dont il est locataire. Chacun s'applaudissoit d'avoir pour voisin un bourgeois aisé : on ne savoit pas ce qui devoit arriver. Il s'est mis à fendre lui-même la voie de bois. Il est vrai qu'une voie de bois échauffe plus que deux quand on la fend soi-même : c'est un ménage [1] bien entendu. Mais dans ces occupations, il fendoit la tête à tous ses voisins; sans s'apercevoir de plus qu'en mettant ses bûches par morceaux avec une serpe, il mettoit les planchers en pièces avec ses bûches. C'est ce qui fâchoit le propriétaire.

Aux remontrances polies qui lui étoient faites à ce sujet, il n'a jamais fait d'autre réponse sinon qu'il étoit le maître chez lui. Heureux raisonnement s'il eût pu garder chez lui, pour lui tout seul ou ses amis, le tapage qui s'étendoit jusque dans les maisons voisines.

L'appelant voyant un homme atteint d'une pareille passion, lui offrit gratis un caveau où il

sur les biens de ses débiteurs. » Article 173 de la *Coutume de Paris*.

[1] Une économie.

pût continuer ses exercices sans importuner d'autres que les rats, hôtes chez les épiciers presque aussi incommodes que l'intimé.

Il accepta la clef. Mais, triste apparemment de n'y voir point de provision de vin, ce séjour lui déplut : il n'a jamais voulu y transporter sa provision de bois.

Cette bruyante voie de bois étant enfin réduite en si petits morceaux qu'il n'y avoit plus moyen de rien fendre, l'intimé n'est pas demeuré oisif. Les occupations les plus sérieuses se changent en plaisirs quand on sait les varier. Il a choisi pour faire chambrée avec lui un de ses amis, de la même profession de recors. Tous deux se sont saisis réellement et de fait, et ont mis sous leur main les deux chambres.

Deux imaginations valent mieux qu'une. Ces deux amis ont trouvé une ressource contre le froid sans faire tort à la précieuse voie de bois, ç'a été de tirer des armes pendant la moitié de la journée et quelquefois jusqu'à une heure du matin, pour s'apprendre *la botte de nuit* et à se battre à la lueur des lanternes. Les planchers, qui n'étoient pas le pavé de Paris, ni les oreilles des voisins, n'ont rien gagné à ce changement d'occupation.

L'intimé ayant fait trois mois d'académie [1] sous

[1] J'ai dit déjà que l'on nommait alors académies les éta-

son camarade, qui en même tems faisoit la sienne sous lui, a passé de l'état de *bourgeois* à celui de *petit-maître*. Il insultoit sans cesse l'appelant, sa femme et ses enfans, les traitant de « fripon d'épicier, franches canailles, » en mots plus francs que le françois même. On peut dire que ce locataire payoit son terme en d'autres termes qui pouvoient faire plus qu'une compensation.

A la Saint-Remi 1748, l'appelant, sans importuner la justice de ses plaintes, résolut de donner congé à ce locataire. Mais l'appelant, qui n'est pas comme lui « le premier homme du monde pour faire des fagots avec une voie de bois, » n'est pas non plus aussi habile que lui en affaires. Il crut bonnement que la location n'étant que verbale, il suffisoit que le congé fût de même. Il se contenta de faire mention, dans la quittance qu'il donna à l'intimé du terme échu à la Saint-Remy, qu'il lui donnoit congé pour celui de Noël suivant, lequel congé avoit été accepté par le locataire.

Mais ce n'étoit point du tout l'intention de l'intimé de désemparer au terme de Noël les deux chambres qu'il occupoit. Il y avoit dans la même maison un huissier. Cet huissier occupoit un appartement de 70 livres par an, il employoit l'intimé dans ses expéditions, il devoit une année

blissements où les jeunes gentilshommes allaient apprendre l'équitation, la danse, l'escrime, etc.

de son loyer, il ne vouloit point sortir, l'intimé ne vouloit point le quitter. Cela signifie qu'ils vouloient demeurer tous deux. L'appelant et sa famille, au milieu du sergent et des deux recors, eût été moins à plaindre d'avoir vingt créanciers ordinaires déchaînés contre lui qu'un seul de ces honnêtes gens pour débiteur.

L'appelant a néanmoins triomphé de l'huissier : il l'a obligé de déguerpir en lui faisant, à la vérité, remise de 70 livres pour une année de loyer échue. L'huissier vouloit, pour prix de la complaisance qu'il avoit de sortir sans payer, que l'appelant l'indemnisât des frais de son déménagement. Le transport des meubles n'auroit pas été considérable en lui-même, mais il falloit les porter loin. L'appelant a obtenu la victoire de ne perdre que ses loyers et de n'être pas condamné aux frais d'installation dans un nouveau domicile.

Il n'en a pas été de même de l'intimé. Voyant que l'on faisoit déserter l'huissier son protecteur et qu'il avoit lui-même son congé bien signé dans sa poche, son humeur s'est encore plus aigrie qu'elle n'étoit. Il ne se passoit aucun jour qu'il ne traitât la femme et les filles de l'appelant de gueuses, de guenippes, etc. On ne lui répondoit rien, on avoit peur de « le mettre à son aise [1]. »

[1] Car il eût fait payer cher les injures qu'on lui eût adres-

Mais enfin, le dimanche 17 novembre 1748, comme l'appelant croyant que l'intimé le quitteroit à Noël, avoit mis écriteau pour ses deux chambres, il se présenta deux particuliers pour les voir. L'intimé se plaça sur la porte, leur en interdit l'entrée et se mit en telle fureur contre la femme et les filles de l'appelant que les deux particuliers se sauvèrent, croyant ce logement contagieux et craignant d'être atteints de frénésie s'ils venoient à l'habiter.

L'appelant, au retour de la messe, trouva toute sa maison alarmée de la réception faite par l'intimé à leurs hôtes futurs et des injures dont il l'avoit accablée. Leur conseil se tenoit dans la cour de la maison. L'intimé y descendit en passant, et fit voir à l'appelant qu'il étoit aussi bien fourni en injures pour homme qu'en injures pour femme.

L'intimé prétend que c'est dans cette querelle que l'appelant a succombé à la tentation, que ce mot fatal que l'intimé cherchoit depuis longtems, a été prononcé : mot, qui peut se prendre en divers sens; mot, qui n'est pas à la vérité bien *civil*, mais qui n'est pas non plus si *criminel*, surtout si on l'a donné à l'intimé en sa qualité

sées. Dans *Les plaideurs* (acte II, scène 4), l'intimé dit Chicanneau :

. . . . Ne vous déplaise,
Quelques coups de bâton, et je suis à mon aise.

de *bourgeois de Paris.* Un auteur célèbre, dont l'ouvrage est imprimé depuis longtems avec permission, donne cette qualification aux bourgeois de cette ville, sans qu'aucun d'eux ait jusqu'à présent rendu plainte contre lui [1].

Une semblable parole est de l'argent comptant pour un homme entendant les affaires. L'intimé sortit dans la rue, fit assembler par ses cris plus de deux cens personnes devant la maison, et voulut leur persuader que l'appelant l'avoit appelé *fripon.* Il mit la main sur la garde de son épée, mais il ne la tira pas du fourreau. Les bourgeois de Paris qui portent l'épée ne la mettent pas à la main contre les autres qui n'en ont pas. Voyant que l'appelant et sa femme restoient chez eux sans lui rien dire, il se contenta de prendre à témoins tous ceux qui étoient dans la rue de l'injure qu'il prétendoit lui avoir été dite dans la cour et les quitta.

L'appelant, excédé de tous les outrages qu'il avoit reçus de l'intimé, ainsi que sa femme et ses enfans, en rendit sa plainte à l'instant et le même jour 17 novembre 1748.

Le lendemain, un autre particulier, conduit par la fille de l'appelant, s'étant encore présenté pour voir les deux chambres, l'intimé changea

[1] Allusion à Richelet, mais il écrit seulement, dans son *Nouveau Dictionnaire françois :* « Fripon comme un... de Paris. » T. I, p. 450.

de façon d'agir; on a vu que c'est un homme qui se varie infiniment. La veille, il avoit poussé sa porte sûr le visage des deux premiers, il laissa entrer celui-ci avec la fille de l'appelant, les enferma avec lui à double tour, tira la clef et se mit à crier par la fenêtre : *au guet, on m'assassine!* Le particulier, qui ne lui disoit mot et qui n'avoit point prémédité un pareil assassinat, étoit fort étonné, la jeune fille étoit fort inquiète de se trouver ainsi enfermée. Cette détention en chartre privée dura une demi-heure, l'intimé criant toujours par la fenêtre; après quoi il rendit la liberté à son prisonnier, mais lui ôta pour toujours l'envie de rendre une seconde visite à cet appartement. L'appelant a rendu, le 21 novembre, une seconde plainte de ces faits.

L'appelant, flatté de l'espérance que l'intimé lui donneroit pour étrennes l'honneur d'un *adieu*, lui parla de cette affaire. Nouvelle altercation à ce sujet. L'appelant et l'intimé se rendirent chez le commissaire du quartier, qui voulut, de son autorité, forcer l'intimé à sortir au terme de Noël ensuivant, moyennant que l'appelant le dédommageroit des frais du déménagement : à quoi l'appelant consentit. Cela ne fut pas suffisant à l'intimé : il voulut demeurer dans son poste, qu'il croyoit devoir lui produire beaucoup plus que ce qui lui étoit offert.

En effet, l'appelant ayant fait assigner l'intimé

à la Chambre civile[1] pour voir déclarer bon et valable le congé pour le premier janvier, lequel congé il avoit accepté en acceptant sa quittance du terme précédent, l'intimé dénia avoir reçu et accepté ce congé, il refusa de représenter la quittance qui en faisoit la preuve. Sentence qui débouta l'appelant de sa demande et le condamna aux dépens. Voilà l'intimé possesseur de ses deux chambres jusqu'à Pâques prochain, ayant l'argent des dépens dans sa poche.

MOYENS. — Il n'est pas nécessaire d'entrer ici dans un grand détail des loix et des ordonnances au sujet des injures. Celle dont l'intimé accuse l'appelant n'est pas digne d'avoir été prévue par les loix; et quand il seroit vrai (ce qui n'est pas) que dans la chaleur d'une querelle de paroles excitée par l'intimé, il seroit échappé à l'appelant un mot injurieux, ce ne seroit pas un crime qui méritât un moment l'attention de la justice.

Mais ce qui mérite de l'occuper, c'est la conduite de l'intimé, qui trouble depuis longtems une famille entière qui tient sa place dans la société civile, et que l'on peut appeler considé-

[1] La Chambre civile du Châtelet connaissait « du payement des loyers, des saisies et exécutions de meubles faites en conséquence, etc. » Elle était présidée par le lieutenant civil. Voy. ci-dessus, p. 17.

rable, surtout si on la compare avec la personne de l'intimé.

On voit d'un côté un père de famille, demeurant dans sa maison où il exerce son commerce avec honneur depuis trente-cinq ans, ancien marguillier de sa paroisse, en un mot, un bon citoyen; et de l'autre un homme sans famille, sans emploi, sans autre domicile que celui qu'il acquiert malgré ceux chez qui il est, enfin sans état.

Les injures sont toujours mesurées suivant la qualité de l'offenseur et de l'offensé. La prééminence de celui qui profère quelque injure contre un autre, ou son infériorité, augmente la faute ou la diminue. Lorsque l'injure est aussi légère que celle dont l'appelant est accusé par l'intimé, cette différence entre les personnes la fait évanouir et disparoître entièrement.

Il en est tout au contraire des injures et des excès dont les appelans ont rendu plainte. Étant mesurées sur cette différence qui se trouve entre l'intimé et l'appelant, elles deviennent plus graves et méritent certainement une réparation.

Étant considérées en elles-mêmes, elles sont infiniment plus sérieuses. On voit dans la conduite que l'intimé a tenue à l'égard des appelans, non-seulement des invectives personnelles, mais un complot et une intelligence : d'abord avec un de ses camarades pour tourmenter l'appelant, ensuite avec un huissier pour lui emporter ses loyers, pour plaider contre lui, et enfin pour déposer dans une information qu'il comptoit faire contre l'appelant.

C'est donc avec raison que l'appelant se plaint d'un décret décerné contre lui pour un délit aussi frivole que celui dont il est accusé par l'intimé, et qui, quand il seroit prouvé, ne mérite aucune considération.

Me PAJON[1], avocat.

[Les parties furent mises hors de Cour.]

[1] Henri Pajon, avocat et littérateur assez estimable, mort en 1776.

L'ANE DE VANVES.

Mémoire pour Jacques Féron, blanchisseur demeurant à Vanves[1]*, contre Pierre Leclerc, jardinier-fleuriste à Paris.*

Le délit que l'âne de Jacques Féron a commis, à son corps défendant, est bien naturel. Un peu d'intempérance, la rencontre imprévue d'une ânesse et l'imprudence de la femme Leclerc en sont la source et les motifs. Cependant Pierre Leclerc veut aujourd'hui rendre Jacques Féron responsable de ce cas fortuit; il lui demande 1200 livres de dommages-intérêts, résultant d'une morsure que sa femme s'est attirée en excédant de coups l'âne de Féron. Une pareille prétention n'est certainement pas bien réfléchie. Pour en être convaincu, il ne faut que rapprocher la circonstance critique dans laquelle se trouvoit l'âne de Féron lors de la rixe qui s'est élevée entre lui et la femme Leclerc.

Jacques Féron est obligé d'avoir une bête de

[1] Vanves, aux portes de Paris. On prononçait alors presque toujours Vanvres. Il est vrai qu'en revanche, on disait Sève au lieu de Sèvres.

somme pour porter le linge de ceux qu'il blanchit. Il se sert à cet effet d'un âne entier. Depuis quatre ans qu'il a cet animal, il n'a causé aucun dommage dans le pays et n'a blessé ni offensé personne. Le premier jour de juillet dernier, la femme Féron vint à Paris montée sur cet âne, et descendit chez le sieur Nepveux, marchand épicier, porte Saint-Jacques[1]. Elle lia le baudet par son licou aux barreaux de la boutique, et fit emplette de savon et de soude. Elle se souvint qu'elle avoit besoin de sel. Voulant en acheter, elle pria le sieur Nepveux d'avoir l'œil sur son âne, et fut au regrat[2] qui est quatre portes plus bas.

A peine la femme Féron étoit-elle partie que la femme Leclerc passa, montée sur une ânesse. L'attitude de l'âne attaché après les barreaux de la boutique du sieur Nepveux fixa l'attention de la bourrique, un mouvement naturel la fit arrêter. Allongeant les oreilles et ronflant des narines, elle se prit à braire; l'âne ne voulant pas être en reste de politesse avec la bourrique, lui répondit sur le même ton, et la solution de la con-

[1] La porte Saint-Jacques était située à peu près à l'endroit où la rue Saint-Jacques actuelle se rencontre avec la rue Soufflot.

[2] Les regrattiers, vendeurs de denrées communes et à très petite mesure, pourraient être comparés à nos humbles épiciers de campagne. Mais le mot regrat désignait plus particulièrement la vente du sel au détail.

versation asine fut que l'âne de Féron, à la faveur de cinq ou six coups de tête, parvint à rompre son licou et suivit la femme Leclerc et son ânesse.

Tout autre que la femme Leclerc auroit arrêté ou du moins fait arrêter le baudet. L'inquiétude dans laquelle la perte de cet animal devoit jeter son maître étoit un motif plus que suffisant pour l'engager à prier quelque passant de s'en saisir. Mais, soit que le jeu lui plût, soit qu'elle fût charmée de s'approprier un âne qu'elle trouvoit à sa convenance, elle ne s'opposa point à sa poursuite.

Quoi qu'il en soit, la femme Leclerc, son ânesse et l'âne de Féron firent chemin de compagnie, et arrivèrent paisiblement tous trois à la porte du demandeur[1]. La femme Leclerc étant descendue de dessus son ânesse, l'âne de Féron jugea à propos de la remplacer. Alors la femme Leclerc, on ne sait trop par quel motif, le frappa à grands coups de bâton.

Les animaux les plus doux et les plus pacifiques, étant irrités dans des momens aussi critiques entrent en fureur et deviennent très-dangereux : c'est précisément ce qui arriva dans cette occasion. Le baudet, se sentant harcelé aussi vivement par la femme Leclerc, fit trêve à ses plaisirs pour songer à sa conservation ; la bourrique se mit

[1] Il habitait près des Gobelins.

aussi de la partie, et chacun tâcha de se défendre de son mieux. Une querelle de cette nature causa, comme on peut se l'imaginer, une grande rumeur dans le quartier; les voisins accoururent, et séparèrent les combattans : mais l'âne de Féron eut le malheur d'être fait prisonnier [1].

La chaleur de l'action passée, la femme Leclerc s'aperçut qu'elle avoit été mordue au bras. Alors elle abandonna le dessein qu'elle avoit sans doute formé de s'approprier l'âne; elle s'imagina qu'il lui seroit plus avantageux de former une demande en dommages-intérêts contre le maître que de garder le baudet. Il ne s'agissoit que de savoir à qui il appartenoit, mais la chose ne lui étoit pas difficile. Elle envoya le lendemain 2 juillet 1750, sur les sept heures du matin, une femme chez le sieur Nepveux, à la porte duquel elle l'avoit vu attaché la veille, lui dire que « si quelqu'un avoit perdu un âne, il le pouvoit venir chercher chez un jardinier-fleuriste du faubourg Saint-Marceau, proche les Gobelins. »

Jacques Féron étoit encore occupé à la quête de son âne, lorsque le sieur Nepveux le fit avertir qu'il étoit chez Leclerc. Féron, charmé d'avoir retrouvé un animal qui lui étoit si utile pour son

[1] Il est resté deux mois chez Leclerc, et n'en est sorti qu'à la caution juratoire de son maître, à qui on demande aujourd'hui douze cents livres de rançon et soixante livres pour deux mois de nourriture. (*Note jointe au mémoire.*)

commerce, envoya promptement sa femme à l'endroit qu'on lui avoit indiqué. Mais quelle fut la surprise de la femme Féron, lorsqu'au lieu de lui rendre son âne, on la menaça de la ruiner. Elle retourna fort triste chez elle, et le baudet resta en chartre privée chez Leclerc.

Le 4 juillet dernier, le demandeur, sans doute dans la vue d'effectuer la menace qu'il avoit faite, rendit plainte devant le commissaire Laumonier. Il fit assigner Féron le même jour, pour se voir condamner à lui payer une somme de 1,500 livres[1] de dommages-intérêts, et 20 sous par jour pour la nourriture et fourrière de l'âne. Sur cette demande, les parties s'étant présentées à l'audience le 21 août dernier, intervint sentence, « qui permit à Leclerc de faire preuve des faits articulés dans sa plainte, sauf à Féron la preuve au contraire, et ordonna que l'âne de Féron lui seroit rendu à sa caution juratoire[2]. »

En exécution de ce jugement, Leclerc a fait faire, le 29 du même mois, une enquête. Mais la plupart des témoins qui ont été entendus ont fait des dépositions si contraires aux faits articulés dans sa plainte, que Féron, dont les facultés sont

[1] Demande réduite ensuite à douze cents livres.

[2] Caution juratoire. « Serment que fait en justice une personne d'accomplir ce qui lui a été ordonné, comme de se présenter à toute assignation, d'apporter tels meubles ou papiers, etc. »

très-minces, a cru devoir s'épargner le coût d'une enquête respective. Sa défense se réduira donc aux inductions qui se tirent des faits dont on vient de lire le récit; lesquels, pour la plupart, sont constatés par la déposition même des témoins que Leclerc a fait entendre.

La demande de Leclerc a deux ojbets différens. D'un côté, il prétend que Féron doit être tenu de lui payer 1,200 livres, parce que son âne n'a pas eu la complaisance de se laisser battre impunément; et d'un autre, il exige vingt sous par jour, pour la nourriture de cet animal qu'il a tenu en fourrière chez lui et dont il se servoit pour aller au marché.

Pour réussir dans une demande aussi singulière, et apparemment pour émouvoir la commisération des juges, il ne cesse d'étaler la grandeur de la plaie de sa femme. Mais a-t-il fait attention que cette plaie, qu'il annonce si profonde et si large, n'a été constatée par aucun rapport de chirurgiens? Car on ne s'imagine pas qu'il puisse regarder comme valable celui qu'il a fait faire le 30 juillet dernier, un mois après la morsure dont il se plaint[1].

Mais, supposons avec lui que cette plaie soit aussi considérable qu'il le dit, Féron en peut-il être tenu? Nul doute pour la négative, puisque

[1] Il ne subsistait plus alors que la cicatrice.

son âne étoit attaché aux barreaux de la boutique du sieur Nepveux, et qu'il y seroit resté tranquillement sans la rencontre de l'ânesse dont l'état demandoit des attentions que la femme Leclerc n'a pas eues. Il y a même lieu de présumer qu'elle avoit formé le dessein de profiter de la circonstance pour s'approprier cet âne; car il est ridicule de dire, comme son mari l'avance dans la plainte qu'il a rendue, qu'elle a fait tous ses efforts pour s'en débarrasser. La distance qui se trouve de la porte Saint-Jacques aux Gobelins est trop considérable pour qu'elle n'ait pu arrêter la poursuite du baudet. Si elle ne l'a pas fait, c'est qu'elle avoit ses raisons pour ne point demander du secours aux passans. Féron ne peut donc être tenu des suites d'une entrevue asine que la femme Leclerc paroît avoir facilitée.

A cette réflexion on en joint encore une autre qui se présente d'elle-même. Les ânes sont des animaux naturellement doux et pacifiques : on ne les a jamais mis au nombre des bêtes nuisibles et dangereuses. Mais en même tems, personne n'ignore que dans la position où étoit celui de Féron, ils deviennent furieux, et qu'on ne peut s'exposer à les frapper sans commettre la dernière imprudence : cependant c'est précisément ce tems que la femme Leclerc a choisi pour assouvir sa colère. Elle a été mordue; à qui en doit-elle imputer la faute, si ce n'est à elle-même?

Le sentiment de Domat est décisif lorsqu'il dit : « Si un chien ou un autre animal ne mord ou ne fait d'autre dommage que parce qu'il a été effarouché ou agacé, celui qui aura donné sujet au mal arrivé, en sera tenu ; et si c'est le même qui l'a souffert, il doit se l'imputer» [1]. La femme Leclerc ne s'est pas contentée d'agacer l'âne de Féron, elle l'a presqu'assommé à coups de bâton. Son mari a donc mauvaise grâce de former une demande aussi déplacée.

Plus l'on réfléchit sur la conduite de la femme Leclerc en cette occasion, moins on peut en démêler les motifs. Ou elle vouloit profiter des attraits passagers de sa bourrique pour se procurer gratuitement l'âne de Féron, ou elle ne vouloit que s'amuser de cette rencontre. Dans le premier cas, la morsure dont elle se plaint seroit une punition du larcin qu'elle vouloit commettre ; et dans le second, elle n'auroit point dû frapper le baudet pour avoir mis fin à une aventure amoureuse qu'elle avoit favorisée dans son principe.

Pierre Leclerc ne peut pas dire que sa femme n'a point frappé l'âne *flagranti delicto,* car ce fait seroit démenti par les témoins qui composent son enquête. Ils disent en termes précis « avoir vu passer la dame Leclerc montée sur une ânesse

[1] Voy. Domat, *Lois civiles*, édit. de 1767, t. I, p. 180 et suiv. : *Des dommages causés par les animaux.*

suivie d'un âne auquel la dite femme Leclerc *donnoit des coups de bâton* pour le faire en aller; que l'âne monta sur ladite ânesse, et la femme Leclerc *lui donnant encore des coups de bâton* pour le faire ôter, ledit âne la mordit au bras. » Ainsi, nul doute que la femme Leclerc n'ait frappé l'âne de Féron. Il s'est vengé, rien de plus naturel. Cette seule circonstance est donc suffisante pour faire rejeter la prétention du demandeur.

Mais il y a plus. Qui est-ce qui a engagé l'âne à casser son licou pour suivre la femme Leclerc jusqu'aux Gobelins? c'est l'ânesse. La femme Leclerc ne pouvoit ignorer l'état de sa bourrique : elle ne devoit donc s'en servir qu'avec les précautions que sa situation exigeoit. C'est la bourrique de la femme Leclerc qui a excité la poursuite de l'âne, la femme Leclerc doit donc être tenue des suites qu'elle a eues.

Quant au second chef des conclusions de Leclerc, il n'est pas plus réfléchi que le premier. Il demande vingt sous par jour pour la nourriture d'un âne qu'il a gardé chez lui de son autorité privée depuis le premier juillet jusqu'au premier septembre, et dont il se servoit tous les jours pour aller au marché; en sorte que c'est à une somme de soixante livres qu'il a fixé les deux mois de nourriture du baudet.

Quoique cette pension, qui excède du double

la valeur de l'âne, soit un peu chère, comme Féron n'en peut être tenu, il ne s'amusera pas à en contester le prix. Il se contentera d'observer que la femme Leclerc s'étant attiré la morsure qui fait la matière de la cause, elle n'étoit pas en droit de garder chez elle l'âne qui la lui avoit faite. Si elle l'a nourri, c'étoit pour qu'il fût en état de faire les pénibles corvées auxquelles elle l'employoit journellement. Ainsi cette seconde demande tombe de plein droit avec la première.

Mais il n'en est pas de même de celle que Féron a formée pour l'indue détention de son âne : le préjudice que la privation de cet animal lui a causé est sensible. Il a été obligé pendant deux mois de louer un cheval pour les affaires de son commerce, ce qui l'a jeté dans une dépense au-dessus de ses forces. C'est Leclerc qui la lui a occasionnée, n'est-il pas juste qu'il l'en dédommage?

D'après ce léger examen de la cause, le défendeur n'a-t-il pas tout lieu d'espérer que la Cour n'adoptera pas une prétention aussi mal fondée que celle du demandeur, qui tend à rendre Féron responsable de l'imprudence que la femme Leclerc a commise, en frappant un animal qui, loin de lui faire tort, travailloit au contraire à augmenter son ménage. *Signé,* FÉRON.

Nous soussignés..... n'avoir point entendu que le présent âne ait fait de malice dans le pays

D'après l'édition de 1749.

CERTIFICAT DU SIEUR NEPVEUX, MARCHAND ÉPICIER, A LA BOUTIQUE DUQUEL L'ANE ÉTOIT ATTACHÉ.

Je soussigné, certifie que le 2 uillet 1750, lendemain que l'âne du nommé Jacques Féron, qui étoit à ma porte, a suivi l'ânesse du nommé Leclerc, il vint sur les sept heures du matin une femme me demander si ce n'étoit pas ici que l'on avoit perdu un âne. Sur quoi lui ayant répondit que oui, elle m'a dit que la personne à qui il appartenoit pouvoit le venir chercher, qu'on le lui rendroit, qu'il étoit chez un jardinier fleuriste, faubourg Saint-Marcel, proche les Gobelins.

En foi de quoi j'ai délivré le présent certificat, pour valoir et servir ce que de raison.

A Paris, ce 20 août 1750.

Signé, NEPVEUX, marchand épicier, porte Saint-Jacques.

CERTIFICAT DU CURÉ ET DES PRINCIPAUX HABITANS DE LA PAROISSE DE VANVRES.

Nous soussignés, prieur-curé et habitans de la paroisse de Vanvres, avons connoissance que Marie-Françoise Sommier, femme de Jacques Féron, avoit un âne depuis quatre ans pour le service de leur commerce, et que pendant tout le tems qu'ils l'ont eu, personne ne l'a connu méchant, et n'a jamais blessé personne, même pendant six ans qu'il a appartenu à un autre habitant, qu'aucun ne s'en est jamais plaint, ni entendu qu'il ait fait de malice dans le pays.

En foi de quoi nous soussignés lui avons délivré le présent témoignage.

A Vanvres, ce 19 septembre 1750. Signé, PINTEREL, prieur et curé de Vanvres, JÉROME PATIN, C. JANNET, LOUIS RETORÉ, LOUIS SENLIS et CLAUDE CORBONNET.

Me LALAURE [1], *avocat.*

[Féron fut condamné à soixante livres de dommages-intérêts et aux dépens.

Cette affaire, connue sous le nom de *L'âne de Vanves*, fit assez de bruit pour que l'avocat Rigoley de Juvigny ait pris la peine d'écrire un mémoire en faveur du pauvre baudet. Il a été publié sous ce titre : *Mémoire pour l'âne de Jacques Féron, blanchisseur à Vanvres, contre l'ânesse de Pierre Le Clerc, jardinier fleuriste.* Voici le début de cette facétie, dans laquelle on chercherait vainement la finesse et l'esprit que Voltaire a prodigués dans son plaidoyer pour Ramponeaux [2].

L'âne de Jacques Féron est d'une des plus anciennes familles de Vanvres. Sa noblesse se

[1] Claude-Nicolas Lalaure, qui avait été reçu avocat en 1746 et qui mourut en 1764.

[2] Voy. ci-dessous, p. 300.

perd dans la nuit des temps. L'auteur du *Nobiliaire de Vanvres* le fait descendre en ligne directe, du côté des mâles, de l'âne d'or d'Apulée, et du côté des femelles, de l'ânesse de Balaam. On lit dans quelques manuscrits du IXe et du Xe siècles que la fête de l'âne [1] a été instituée en mémoire d'un de ses plus illustres ancêtres. La branche aînée de sa maison est encore aujourd'hui en vénération dans les Indes, et règne avec splendeur à Maduré, où la plus noble caste du pays se fait honneur d'en être issue de père en fils [2].

Malgré cette origine antique et superbe, le bisaïeul de l'âne de Féron perdit tous ces avan-

[1] Cette fête se célébrait le jour de Noël. Sur une ânesse revêtue d'ornements somptueux, Balaam apparaissait, entouré de prêtres et de femmes représentant des prophètes, des saints, des saintes. L'ânesse était conduite à l'autel, on l'encensait, et elle assistait à un office composé en son honneur. — Pour plus de détails, voy. Ducange, au mot *festum*.

[2] Il s'agit ici de Madura près de Madras, et voici à quelle tradition il est fait allusion :

« Nous avons ici une caste entière qui prétend descendre en droite ligne d'un âne, et qui s'en fait honneur. Vous me direz qu'il faut que cette caste soit des plus basses ; point du tout, c'est une des bonnes, c'est celle même du Roi. Ceux de cette caste traitent les ânes comme leurs propres frères, ils prennent leur défense, ils ne souffrent point qu'on les charge trop ou qu'on les batte excessivement. S'ils apercevoient quelqu'un qui fût assez inhumain pour se porter à de telles extrémités, on le traineroit aussitôt en justice. » (*Lettres édifiantes et curieuses écrites des missions étrangères*, édit. de 1781, t. XII, p. 94.)

tages par des événemens qui sont absolument étrangers à la cause. Il suffit de dire qu'il fut réduit à porter tantôt du bled au moulin et tantôt des choux au marché. La chronique scandaleuse du pays dit que ce fut par sa faute, et que le libertinage lui fit perdre en peu de temps et son état et sa fortune. Exemple frappant pour tant d'ânes dissipateurs des biens que leurs pères ont amassés à grand peine! Quoi qu'il en soit, ce bisaïeul laissa une nombreuse famille, car la pauvreté ne fut jamais stérile...

L'expérience nous rend souvent sages à nos dépens. Martin second, surnommé Belle-oreille, (c'étoit le nom du bisaïeul) profita de ses malheurs. Sa vieillesse fut laborieuse. Il rappela dans son cœur les sentimens que les passions en avoient bannis, et quoiqu'humilié sous le bât, il inspira à ses enfans le plus vif amour de la vertu et le désir de se tirer un jour de la triste servitude où ils étoient réduits. Le chagrin et les fatigues abrégèrent beaucoup ses jours. Sentant approcher sa dernière heure, il fit assembler sa famille : une tristesse profonde étoit peinte dans tous les yeux, les larmes couloient, les oreilles étoient baissées, un morne silence régnoit et rendoit la scène plus sombre et plus lugubre. Le moribond, couché dans le coin d'une étable sur quelques brins de paille épars, et attendri par un spectacle si touchant, jeta un profond soupir. Son état présent lui rappela, dans ces tristes instans, plus amèrement que jamais le souvenir de la fortune passée. L'impression que lui causa ce souvenir fut si grande qu'il resta sans pouls et sans mouvement. Mais sortant tout-à-coup de cette léthargie, qui n'étoit autre chose qu'un recueillement intérieur, il fit entendre distinctement ces mots, cent fois interrompus par la douleur et par les soupirs : « Vous voyez, mes enfans, à quoi m'a réduit ma conduite passée. J'ai dissipé les grands et fertiles pâturages que mes ancêtres m'avoient laissés ; soyez plus sages que moi, et profitez d'un exemple qui n'est, hélas! que trop commun. Vous serez toujours assez riches si vous êtes chastes, patiens, dociles et vigilans. Fuyez les ânesses, car toute femelle est trompeuse et vous jette insensiblement dans l'abîme. Le bonheur ne consiste que dans la vertu : c'est elle seule qui m'a soutenu dans les adversités que j'ai essuyées. Je meurs content si vous ne suivez que le dernier exemple que je vous donne ; venez, embrassez-moi, je sens que je n'ai plus que quelques minutes à vivre. » A peine eut-il achevé ce discours, qui n'est pas tout-à-fait d'un âne, qu'il expira.

On peindroit malaisément ici la consternation de toute la famille. Ceux qui pratiquent la piété filiale n'auront pas de peine à comprendre de quelle affliction un cœur bien né est pénétré dans ces affreux momens. Le deuil fut sincère et de durée. Eh! comment ne l'auroit-il pas été? Martin ne laissoit à ses enfans que sa misère!

Après sa mort, chacun d'eux suivit le sort qui lui étoit réservé. Quelques-uns s'établirent, mais ils ne trouvèrent pas parmi leurs semblables, comme les hommes en trouvent parmi eux, des ânes dont la fortune nouvelle auroit pû servir à relever leur noblesse ruinée. Ils s'allièrent à qui ils purent. D'autres furent réduits à la plus vile condition, jusqu'à servir de monture à des mendians paralytiques ou culs-de-jatte. Le croira-t-on? ils ne furent pas les plus malheureux : leurs maîtres partageoient au moins avec eux le peu de nourriture qu'ils recevoient; la même paille leur servoit de lit, le même toît les mettoit à l'abri de l'injure de l'air, en un mot l'indigence les rendoit égaux. Quelle différence dans le sort de ceux qui trouvèrent des conditions plus opulentes! Harcelés, battus, mal nourris et toujours mal payés de leurs travaux, ils étoient exposés sans cesse à la mauvaise humeur d'un maître orgueilleux et brutal; et, ce qu'il y a de plus dur et de plus humiliant encore, à l'insolence de ces maîtres valets uniquement faits pour désespérer le domestique subalterne.

Le plus jeune de la famille des Martins fut le père de l'âne de Féron. L'éducation qu'il lui donna fut conforme aux principes qu'il avoit reçus de son père mourant. Belle-oreille (car l'âne de Féron avoit hérité du surnom de son bisaïeul, parce qu'il portoit les plus belles et les plus longues oreilles du monde) Belle-oreille donc profita des instructions, crût en sagesse et en beauté et fut regardé par tous les habitans et surtout par les habitantes de Vanvres comme l'âne le plus parfait qu'on eût encore vu. En effet, il avoit les jambes hautes, le corps étoffé, la tête élevée et légère, l'encolure un peu longue, le poitrail large, la croupe plate, la queue courte, le poil luisant, doux au toucher et d'un gris foncé[1]. Mais à quoi sert d'être doué des plus belles qualités si la fortune ne les accompagne pas? Le mérite indigent reste sans appui; et si par hasard il perce, l'envie aussitôt cherche à l'étouffer et y réussit presque toujours. Tel est le monde. Dès que Belle-oreille y parut, il fut acheté par Mathieu Garo, meunier à Vanvres.

Ce Garo étoit dur et avare. Un teint jaune et livide, un regard louche et sombre, une barbe rousse et touffue qui montoit jusqu'à ses tempes, un menton renflé vers son extrémité annonçoient la trempe de son âme et de son esprit. Toujours occupé à augmenter le produit de son moulin, il tiroit habilement d'un sac deux moutures, et

[1] C'est le portrait de l'âne étalon, d'après Buffon (édit. de 1753, t. IV, p. 396). Rigoley oublie seulement ces mots: « les yeux vifs, les naseaux gros, les reins charnus. »

c'est lui qui a donné lieu au proverbe. Il étoit pétri d'ambition, de sot orgueil et de jalousie, et il envioit jusqu'au vent qui faisoit tourner les moulins de ses confrères. On juge aisément que tous les animaux domestiques, hommes et bêtes, devoient être à plaindre d'appartenir à un tel maître. A peine nourrissoit-il le pauvre Belle-oreille. Tous les jours levé à trois heures du matin, il lui faisoit faire plus de cent voyages dans la journée, et lorsque le triste animal étoit excédé de fatigues, il le réveilloit par mille coups de bâton. Cependant c'étoit Belle-oreille qui faisoit venir l'abondance au moulin. Mais que peut-on attendre de certains maîtres injustes et cruels, qui profitent des talens de leurs subalternes pour faire une brillante fortune...

L'esclavage de Belle-oreille chez Garo dura six ans. On ose le dire, le terme étoit assez long pour éprouver sa patience; néanmoins il ne s'échappa [1] jamais. La mauvaise humeur ne prit point sur son caractère doux et pacifique, et tout le monde se louoit d'une conduite dont on n'avoit pas encore eu d'exemple.

Enfin Belle-oreille changea de maître, et il eut le bonheur de tomber entre les mains de Jacques Féron, dont le métier est de blanchir le linge de

[1] Le mot s'échapper est pris ici dans le sens qu'il avait au dix-septième siècle. Il signifiait céder à l'emportement, s'oublier en parole et en actes violents.

plusieurs particuliers de cette ville. Quelle différence de condition! Il s'en faut bien pourtant que Féron soit aussi riche que Garo, mais il ne cherche point à le devenir par des voies illicites. Il est compatissant pour les malheureux, parce qu'il est malheureux lui-même; il apprécie le travail de chacun, parce qu'il est le premier à l'ouvrage et qu'il se connoît en ouvriers; il tâche d'adoucir par les meilleurs procédés les peines de ceux qui le servent, et il est plein de reconnoissance de leurs services quoiqu'il les paie, parce qu'il sait que la Providence nous a tous fait naître égaux. Il fait souvent cette judicieuse réflexion : « Pourquoi faut-il qu'un homme de mérite, forcé pour vivre de vendre ses talens et sa liberté, ait encore à souffrir des duretés, des hauteurs et des injustices de la part d'un sot dont la fortune a rempli les coffres en lui laissant la tête et le cœur vides? N'est-il pas assez humilié de lui être subordonné? » C'est ainsi que Féron pense et raisonne, aussi est-il aimé de tout son domestique et respecté au dehors. Son âne étoit donc le plus heureux des ânes! Quatre ans s'écoulèrent sans qu'il s'aperçût de son esclavage, mais doit-on se flatter ici bas d'un bonheur constant et durable?

Le métier de Féron le forçoit tous les huit jours d'aller à la ville, accompagné de son fidèle Belle-oreille, qui lui servoit à porter son linge.

Le premier juillet de l'année dernière (1750), jour fatal à l'innocence de Belle-oreille, la femme de Féron est obligée de venir à Paris; elle ne prend point d'autre monture que son âne...]

UNE MAUVAISE PLAISANTERIE.

Mémoire pour Nicolas Duperret, Laurent Poussin et Jean-Baptiste Trubert, tous charbonniers à Paris le dernier tambour de l'arquebuse, [1] *accusés prisonniers ès prison du Grand-Châtelet. Contre le nommé Roblot, syndic et juré de la communauté des maîtres savetiers de Paris, plaignant au nom de la communauté.* [2]

Nil sub sole novum, rien de neuf sous le ciel, c'est la devise des savetiers. Ils auroient dû par là être plus éloignés que tous autres de l'esprit de nouveauté. Cependant ils n'ont pu s'en défendre, et ils fournissent aujourd'hui une preuve complète qu'il y a tous les jours quelque chose de nouveau sous le ciel, ne fût-ce que dans la folie des hommes.

Une marche grotesque, composée de gens

[1] Tambour de la compagnie de l'arquebuse. Elle était composée de bourgeois qui se réunissaient pour leurs exercices dans un jardin situé près de la porte Saint-Antoine.

[2] Les jurés, choisis parmi les maîtres les plus riches, étaient chargés d'administrer la communauté, de faire respecter ses statuts, de la représenter en justice, etc., etc. Voy. *Comment on devenait patron*, p. 301.

accoutrés de savates, de tire-pieds, de pieds de bœuf[1] et de bouquets, leur a paru digne d'attirer les yeux de la justice.

Citer une plaisanterie innocente au pied des tribunaux et les interroger sur une mascarade, c'est en quelque sorte manquer au respect dû aux loix et en avilir la dignité. Si les demandeurs avoient été bien pénétrés de cette vérité, ils n'auroient point intenté une action aussi ridicule que mal fondée; et, tranquilles sur leurs escabelles, ils ne se seroient point crus deshonorés de voir des hommes se couvrir des ornemens dont ils décorent leurs boutiques. Mais il est vraisemblable que le moment de leur vanité étoit venu, et qu'il étoit dit qu'il y auroit quelque chose de nouveau sous le soleil.

FAIT. — Le 31 juillet 1751, veille de la fête de Saint-Pierre ès liens, que les maîtres savetiers ont choisi pour leur patron[2], plusieurs charbonniers du port Saint-Paul et autres ports, du nombre desquels étoient les appelans, résolurent de se divertir de quelques-uns de leurs confrères mariés avec de vieilles veuves[3]; et à cet effet, d'aller

[1] Instrument de fer, ayant à peu près la forme d'un pied de bœuf, et qui ne s'emploie plus aujourd'hui.

[2] Ils l'avaient, dit-on, choisi en souvenir des paroles adressées par l'ange au prince des apôtres : « Ceins tes reins et chausse tes sandales. » (*Actes*, XII, 8.)

[3] Dans presque toutes les corporations, l'ouvrier qui épou-

avec des instrumens leur présenter des bouquets, prétendant que la fête devoit leur être commune avec les savetiers, qui ne travaillent qu'en vieux cuirs.

Cette espèce de ressemblance, qu'ils avoient cru voir entre leurs amis et ces derniers, leur fournit l'idée d'une marche risible et propre à laisser entrevoir à ceux qui en étoient le sujet le prétendu rapport que l'on mettoit entre leur état et celui de la savaterie.

Ils prirent pour cet effet deux ânes, qu'ils ornèrent de tous les outils de la profession. L'aventure de l'âne de Féron [1] avoit fait trop de bruit pour qu'ils l'ignorassent; et comme leur but n'étoit point de nuire, mais de s'amuser, ils eurent soin de choisir les deux plus tranquilles de ces tranquilles animaux. Sûrs qu'ils n'avoient rien à craindre de la sagesse de leur monture, et qu'il ne faudroit point de certificat de curé ni de voisins pour justifier de la docilité de leurs Bucé-

sait une veuve de maître acquérait certains privilèges ; il était ordinairement dispensé du chef-d'œuvre, parfois du compagnonnage, etc.

Chez les savetiers, où l'on ne recevait alors par an que quatre maîtres (afin de restreindre la concurrence), les ouvriers épousant une fille ou une veuve de maître étaient aussitôt admis. En effet, ils ne créaient pas une maison nouvelle, les veuves ayant toujours le droit de continuer le commerce de leur mari. Voy. *Comment on devenait patron*, p. 307.

[1] Toutes les allusions qui suivent se rapportent à l'affaire de l'âne de Vanves, qui venait d'être jugée.

phales, ils ne s'occupèrent qu'à les décorer d'une manière qui répondît à la fête.

Ces deux animaux furent couverts d'un caparaçon fort sale. Aux extrémités qui en pendoient sur la croupe étoient attachés des pieds de bœuf, en forme de glands. Il y en avoit de même en guise de pistolets, et sur le caparaçon on avoit cousu de vieilles savates de toutes les espèces.

Deux d'entr'eux devoient monter ces ânes avec des habits de caractère et de goût.

L'un des appelans, nommé Laurent Poussin, acheta à la friperie une vieille robe, avec veste et culottes noires toutes en lambeaux, qu'il paya dix sous. Il s'en affubla et mit par-dessus en forme de cordon, de gauche à droite, un morceau de vieille toile sur lequel étoient cousus artistement des savates et tous les outils de ce brillant métier, avec une cocarde au chapeau et deux alènes en sautoir.

Un autre, nommé Pierre Harny, prit un vieil habit d'arlequin, parsemé de mêmes instrumens et de vieilles savates de tous âges et de tout sexe.

Chacun des deux ânes devoit être conduit par deux hommes habillés grotesquement et de même goût, avec une pique à la main, où, au lieu de fer, il y auroit un pied de bœuf. On avoit choisi pour ces fonctions les plus grands de la compagnie, pour qu'ils eussent plus l'air des heiduques.

Tous ceux qui devoient composer le cortège devoient avoir des cocardes et des marques caractéristiques de la savaterie.

Il étoit convenu entre tous que tous ceux qui paroîtroient gris à cette auguste cérémonie en seroient exclus, ne voulant y admettre que des gens de sens froid pour éviter noise.

L'assemblée se fit à quatre heures après midi au port Saint-Paul, chez le sieur Appillon, marchand de vin, *A l'ange du mürier*. Partie de ceux qui devoient la composer étoient venus en bon ordre du quai Malaquais, escortant l'âne sur lequel étoit monté Brisefer. Ils avoient traversé les quais jusqu'au port Saint-Paul et leur marche singulière n'avoit eu d'autre effet que de surprendre agréablement le peuple avide de nouveauté, et que d'amuser les honnêtes gens. La sottise a droit de faire rire quand elle est gaie et innocente.

Le cortège de Brisefer et de son âne parut à peine au bout du Pont-Marie que la joie de son arrivée fut marquée par une décharge de trente boîtes.

Tous les garçons plumets[1] des officiers[2] char-

[1] Hommes de peine qui travaillaient dans les marchés et dans les ports.

[2] Les mouleurs de bois, les déchargeurs, les porteurs, les mesureurs, etc., s'intitulaient *petits officiers* de la Ville.

Ils avaient, en effet, acheté ces *offices*, mais ils n'en remplissaient par les fonctions. Celles-ci étaient faites par leurs *plumets*, dits aussi *forts*, *gagne-deniers*, *garçons de la pelle*, etc. Voy. *Comment on devenait patron*, p. 222 et suiv.

bonniers commencèrent la marche deux à deux. Ils avoient à leur tête des tambours et des fifres. Dans le milieu étoient les deux héros sur leurs ânes, ils tenoient d'une main un pied de bœuf et de l'autre un gros bouquet de fleurs rangées.

Ils partirent en bon ordre, dans le dessein de n'aller que chez ceux de leurs amis dans le cas d'être réputés savetiers. Une nouvelle décharge de boîtes annonça le départ du cortège.

Montéton, qui avoit donné l'idée de cette mascarade, avoit été savetier avant d'être charbonnier. C'étoit lui qui montoit un des deux ânes et qui, sachant bien tourner un compliment dans le goût et à la portée de l'esprit des savetiers, se chargea de faire les harangues.

Toute la troupe prit le chemin du quai de Charbon de terre ; d'où, passant par la rue Saint-Paul, elle gagna la rue Saint-Antoine[1]. La gravité et la décence qui y régnoient attirèrent une foule innombrable de peuple, qui la suivoit avec plaisir.

La fête n'avoit été ordonnée que sur le rapport qu'on avoit imaginé qu'il y avoit entre ceux que l'on vouloit divertir et les savetiers. Cependant,

[1] Ce quai de Charbon de terre serait donc la partie actuelle du quai des Célestins qui va du Pont-Marie à la rue Saint-Paul. Le port au charbon ordinaire était sur le quai Pelletier, qui s'étendait alors du pont Notre-Dame à la Grève. Mais le charbon de terre se vendait surtout à l'île Louviers.

comme Montéton avoit été savetier lui-même, il ne put se refuser à l'amour du corps et il crut devoir associer à ses plaisirs un de ses anciens camarades.

On fit, à cet effet, arrêter les deux ânes devant la boutique de maître Pigal, savetier rue Saint-Paul, vis-à-vis la rue des Prêtres [1]. Toute la troupe se partagea des deux côtés de la rue, l'on fit battre une chamade, après laquelle l'un des appelans le complimenta et lui présenta galamment un bouquet que le maître Pigal reçut de même. Cette plaisanterie l'amusant autant que les charbonniers, il s'y prêta de bonne grâce, envoya chercher plusieurs bouteilles de bière qu'il fit boire aux appelans et aux autres, et il donna ensuite trente sous aux conducteurs pour se rafraîchir quand ils le jugeroient à propos. Les chamades continuèrent, et à la fin de chacune, le peuple qui suivoit chanta avec acclamations réitérées : *Honneur à la manique* [2] !

L'on se sépara ensuite très contens les uns des autres, et maître Pigal vit partir le cortège avec une espèce de regret.

Un pareil début fit bien augurer aux appelans

[1] Rue des Prêtres Saint-Paul, devenue rue Charlemagne.

[2] La manique est une sorte de gant, que les ouvriers de certains métiers se mettent autour de la main pour empêcher qu'elle ne soit coupée lorsqu'ils serrent le fil avec lequel ils cousent. Le savetier était dit plus spécialement homme de la manique. — On disait aussi *manicle*.

et à leurs amis de la suite de la tournée. Quoique leur dessein ne fût, comme on l'a dit ci-dessus, que d'aller chez leurs camarades ; flattés de l'accueil que leur avoit fait maître Pigal, ils résolurent de s'arrêter devant les boutiques des autres savetiers qu'ils trouveroient en chemin, ne s'imaginant point que ce qui avoit amusé l'un pût déplaire à l'autre.

Ils s'arrêtèrent donc devant la boutique du nommé Chardon, même rue Saint-Paul, et se rangèrent décemment. Les deux ânes et leurs conducteurs s'approchèrent avec les tambours et les fifres, on forma autour d'eux le demi-cercle, l'on fit battre une chamade, qui fut suivie du compliment et de la présentation du bouquet.

Quel fut l'étonnement des appelans quand ils virent qu'au lieu de répondre à leur honnêteté, ce savetier impoli leur jeta au nez un seau d'eau puante et croupie où il fait tremper ses savates, et qu'il les accabla d'injures! Il leur fit sentir qu'il étoit Petit-Juré [1] de son corps, qui se trouvoit insulté en sa personne.

Aussitôt que les appelans virent que l'on recevoit mal leur compliment et que le jeu déplaisoit à Chardon, ils se retirèrent, continuèrent leur chemin toujours en bon ordre et sans insulter

[1] Outre les Jurés ordinaires, certaines corporations élisaient des Petits-Jurés, chargés de surveiller les maîtres travaillant en chambre et d'aider les Jurés dans la visite des boutiques.

personne. Ils arrivèrent ainsi à la Vieille-rue du Temple, peu inquiets de la mauvaise humeur de Chardon.

Ce bouillant savetier, fier de son rang de Petit-Juré, n'écoutant qu'un sot orgueil et suivant les impressions de son mauvais génie, étoit sorti de sa boutique dans le dessein de prendre la garde au premier poste et de faire arrêter tout le cortège, qu'il suivoit toujours en invectivant et menaçant.

Un particulier inconnu, lassé des insolences de ce savetier qui n'entendoit point la raillerie, s'étant avisé de lui représenter le tort qu'il avoit de se fâcher d'un badinage, Chardon l'entreprit. Des paroles outrageantes on en vint aux coups; un soufflet donné au savetier, qui lui marqua l'œil, le rendit furieux. Il courut chercher la garde de la barrière Saint-Paul, l'emmena dans la Vieille-rue du Temple où étoient les appelans et leurs camarades, occupés à amuser une populace immense qui rioit de toutes leurs cérémonies.

Le sergent du guet s'étant approché des appelans, se saisit de l'un d'eux qui étoit monté sur un des ânes et lui mit les menottes Son camarade jugea très à propos de se soustraire par la fuite à un pareil traitement, et se retira pendant la rumeur en lieu sûr avec son âne. Tous ceux qui composoient l'assemblée s'étant rapprochés dirent au sergent du guet qu'ils étoient prêts d'aller avec lui chez le premier commissaire, à la charge que le savetier y seroit conduit avec eux, qu'il n'étoit pas besoin de menottes, et qu'ils iroient librement et sans bruit. L'on ôta les menottes à l'un des appelans, et on mena toute la troupe chez le commissaire de Rochebrune, rue Geoffroi-Lasnier.

Maître de Rochebrune et son clerc[1] étoient absens : l'on resta cependant chez lui, et l'on fit chercher un autre commissaire. On s'adressa à Me Girard[2], qui s'étant transporté chez Me. de Rochebrune, le substitua, reçut la plainte de Chardon et le rapport du sergent du guet, qui dit, contre toute vérité, que les appelans et leurs camarades avoient voulu faire rébellion. En quoi il fut aussitôt démenti par un inspecteur de police qui avoit été présent à la capture et qui avoit suivi la conduite des appelans, dont il répondit.

Tandis qu'on verbalisoit, l'on envoya chercher (soit de la part de Me Girard, qu'on dit être le commissaire des savetiers, soit de la part de Chardon) le Syndic de leur communauté. Aussitôt qu'il fut arrivé, il fit changer les choses de face. On fit sortir par le guet tout le peuple de la cour du commissaire, de même que tous les camarades des appelans. On les retint seuls, avec

[1] Son secrétaire.

[2] Girard était commissaire du quartier Sainte-Avoie.

l'âne. On les fit conduire de suite en prison au Grand-Châtelet, où on les fit écrouer. L'âne fut mis en fourrière au petit Saint-Ouen, rue de la Mortellerie, et rendu le lendemain au propriétaire, sur sa réclamation.

Le 2 août, ils furent interrogés.

Leurs femmes et leurs amis, qui s'intéressoient à leur liberté, firent cependant toutes les démarches nécessaires chez le commissaire Girard et chez Chardon, qui fâché d'avoir mal pris la plaisanterie, regardant sans prévention ce qui s'étoit passé, n'y vit plus qu'une envie de se divertir de la part des appelans, qui n'auroit point dû attirer sa mauvaise humeur. Aussi n'hésita-t-il point à leur donner le désistement de sa plainte, par acte passé le 2 août pardevant Me Brisseau et son confrère, notaires.

Au moyen de ce désistement, les appelans ne croyant point avoir d'autre partie que lui, présentèrent une requête à fin d'élargissement. Ils furent étonnés qu'ils eussent été écroués à la requête du nommé Roblot, Syndic et Juré de la communauté des maîtres savetiers, et qu'il avoit demandé la jonction du Procureur du Roi.

Ils firent cependant à tout événement dresser une requête. Quand ils la firent présenter, ils apprirent qu'on alloit informer contre eux et leurs camarades sur les poursuites dudit Roblot, au nom de sa communauté, aidé du ministère public.

Arrêt intervint le 6 qui les reçut appelans et leur permit d'intimer. Il ne prononça point sur l'élargissement, mais il ordonna qu'avant faire droit, les procédures, si aucunes y avoient, seroient apportées au greffe criminel de la Cour.

L'on ne se seroit jamais imaginé que d'une action en elle-même très innocente, et qui n'avoit pour but qu'une simple badinerie capable d'amuser le peuple, on feroit aux appelans un crime et un crime capital, qu'on suivroit par une instruction en grand appareil à la requête d'un homme qui n'a point été insulté, et que le ministère public s'y intéresseroit au nom d'une communauté qui est sans qualité.

Cependant les appelans ont la douleur d'être informés de toutes parts que le corps des savetiers, à l'instigation dudit Roblot, fait envisager leur conduite comme une assemblée tumultueuse capable d'élever une émeute et une sédition populaire, et que c'étoit sur ce pied qu'ils faisoient informer.

Les femmes des appelans, dont une est prête d'accoucher, se sont rendues avec quelques amis chez ledit Roblot. Elles l'ont trouvé à une assemblée considérable de tous ceux du corps qui avoient passé les charges [1]. Elles ont tout mis en usage pour fléchir par leurs soumissions, leurs

[1] Par les charges de Juré, de Syndic, de Doyen, etc.

prières et leurs larmes ces gens qui, au lieu de s'y rendre, les ont insultées et injuriées, en les menaçant de faire punir leurs maris de peines afflictives et infamantes.

Ils répandent dans le public qu'ils sont dix-huit cents savetiers[1], et qu'ils se priveront plutôt tous d'aller aux guinguettes pendant un mois, pour employer l'argent qu'ils y dépenseroient à pousser le procès que d'en avoir le démenti, et que les moindres peines qu'on pût infliger aux appelans étoient le carcan et Bicêtre[2].

La parfaite sécurité que donnent aux appelans et leur conscience et l'innocence de leur démarche leur feroit mépriser tous ces mauvais discours et leur laisseroit garder le silence, si la détention injuste où ils se trouvent depuis le dernier juillet ne les forçoit à le rompre et à mettre sous les yeux de la Cour et du public leurs moyens de justification.

MOYENS. — De tous les faits exposés ci-dessus et exposés dans la plus exacte vérité, il résulte que plusieurs charbonniers, du nombre desquels étoient les appelans, se sont réunis pour se divertir; qu'ils ont imaginé une marche singu-

[1] Il n'y a point là d'exagération. Voy. *Les magasins de nouveautés*, t. IV, p. 253.

[2] Bicêtre servait à la fois d'hôpital et de prison. Cette dernière recevait surtout « les libertins et ceux qui par leur conduite se sont attiré de mauvaises affaires. »

lière; que parmi toutes les mascarades qu'ils auroient pu employer, leur choix est tombé sur les attributs respectables de la savaterie; qu'un homme sorti de ce corps, devenu depuis charbonnier, en a été l'inventeur; qu'un membre de ce même corps s'en est réjoui, tandis qu'un autre, n'écoutant que sa mauvaise humeur, a fait d'un divertissement public une rixe particulière qui a occasionné l'emprisonnement des appelans.

De laquelle de toutes ces choses le nommé Roblot, qui a fait arrêter et écrouer les appelans, est-il en droit de se plaindre?

Sera-ce du dessein que les appelans ont eu de se divertir? Est-il censeur public? Non, il est Juré des savetiers. On n'imagine pas à quel titre il s'est plaint. Ce qu'on sait, c'est qu'il a fait envisager l'assemblée des appelans comme tumultueuse et séditieuse.

On le laissera tranquille pour un tems sur la diffamation qui se trouve dans un pareil exposé, et l'on se contentera de disculper les idées défavorables qu'il auroit pu faire naître. Quoi de plus aisé?

Les noces, les bals, les parties de campagne, les mascarades de la foire de Bezons [1], la danse d'épée des Suisses tous armés, et autres diver-

[1] Village situé près de Paris et dont la foire fut longtemps célèbre. Gherardi a publié (1695) une comédie intitulée : *Le retour de la foire de Bezons*. Mezzetin y chante :

D'après le *Théâtre de Gherardi.*

tissemens ont-ils jamais été regardés comme illicites ou dangereux dès que le mystère n'y a point présidé?

Les appelans sont bien dans le cas de la publicité et à l'abri de tout ce qui pourroit s'appeler attroupement clandestin. C'est dans un cabaret ouvert à tout le monde et dans lequel, peut-être, il se trouvoit plus de savetiers que d'autres, qu'est indiqué le rendez-vous; c'est le long des quais qu'ils s'y redent. Ils y sont reçus au bruit de l'artillerie et des boîtes : tout le public est témoin de leur marche et du bon ordre qu'ils y observent. Ils n'ont aucune arme qui puisse laisser craindre un mauvais dessein, et les animaux dont ils se servent pour monture ne sont rien moins que guerriers. Peut-être cependant les sobres savetiers descendent-ils de ces peuples que Bacchus ne trouva le moyen de vaincre que par les cris de l'âne de Silène[1]. Si c'est dans ce cas que ces animaux leur ont paru

Est-il de plus belle foire
Que la foire de Bezons?
Les gens y vont à foison
Chanter, danser, rire et boire.
Là, personne n'est surpris,
Et dès qu'on veut faire emplette
On y trouve à juste prix
Le bain, le vin, la grisette.

(*Théâtre italien*, t. VI, p. 201.)

[1] Pendant la guerre des dieux contre les géants, la terreur s'empara de ces derniers lorsqu'ils entendirent les cris, qui

redoutables, leur crainte est excusable, mais le sont-ils de vouloir qu'elle soit publique? Tout le monde n'est pas savetier.

Est-ce la marche singulière que les appelans ont imaginée? Est-ce le choix qu'ils ont fait pour leur mascarade des attributs de la savaterie dont on prétend leur faire un crime? Le sceptre, la pourpre, la robe fournissent tous les jours les habillemens dont la folie couvre innocemment et sans aucun risque ses suppôts. Un tire-pied, des savates, des alênes, un polissoir, un astic[1] sont-ils des marques plus nobles? Faudra-t-il désormais les regarder comme l'encensoir auquel il n'étoit point permis de toucher sans être frappé de mort? Avec des idées aussi grandes sur leurs droits, il est étonnant que les *orfèvres en vieux* (pour me servir de leurs termes) n'aient point encore présenté requête tendante à ce qu'il fût défendu de les jouer sur nos théâtres. Comment n'ont-ils pas de même intenté une action contre une compagnie respectable qui, malgré l'austérité de mœurs qu'elle pratique, a cru pouvoir publiquement faire danser un ballet où des savetiers formoient une entrée, portoient leur escabelle, s'y asséyoient avec une

leur étaient inconnus, poussés par l'âne sur lequel se prélassait Silène.

[1] Gros os creux, où les savetiers gardaient le suif avec lequel ils graissent la pointe de leur alène.

gravité qui leur est particulière, et siffloient la linotte en tirant le fil gros[1]?

Les garçons plumets des officiers charbonniers ne sont donc pas les seuls qui aient osé se travestir en savetiers. Il ne s'agit point ici d'une marque de dignité usurpée pour avilir ou compromettre les fonctions dont elle est représentative. Aucune loi, aucune bulle qui défende ou anathématise un pareil travestissement, aucune recherche donc à en faire, encore moins doit-il s'ensuivre une procédure extraordinaire.

Sera-ce du salut et du compliment qui ont été faits à deux membres *du corps de l'état* (car c'est ainsi que la communauté des savetiers se qualifie) que l'on tirera un sujet de plainte? Le dessein des charbonniers n'avoit nullement pour objet d'admettre les savetiers à leurs divertissemens. S'ils l'ont fait, c'est à la louable instigation de

[1] Est-ce une allusion au ballet dit *des rues de Paris*, qui fut dansé au Louvre vers 1647 ? La rue de la Savaterie y était représentée par un élégant savetier qui s'adressait aux dames en ces termes :

> Nostre mestier est sans repos,
> On y va coustre, on y décrotte,
> Et même en sifflant la linotte
> Nous tenons toujours le fil gros.
> Rares beautés, qui manquèz de chausssure,
> Sans tournoyer, venez à nous tout droit,
> Et nous laissez prendre votre mesure,
> Car nous avons celle qu'il vous faudroit.

(Voy. Paul Lacroix, *Ballets et mascarades de Cour*, t. VI, p. 133.)

Montéton qui, comme on l'a vu ci-dessus, avoit imaginé la mascarade, qui peu auparavant étoit savetier et qui est encore maître. Ce dernier n'avoit adopté l'habillement du métier que pour donner à ses anciens confrères une preuve qu'il se faisoit honneur de leur avoir appartenu.

O savetiers ! gens discourtois ! il est donc dangereux d'avoir avec vous de l'attachement et de la reconnoissance? Eh bien! Montéton oubliera qu'il a été compté parmi vous, il ne sera plus savetier, puisque vous le voulez. Cependant il conserve encore assez d'affection pour vous conjurer de jeter les yeux sur la conduite de maître Pigal et d'en imiter l'affabilité. La manière dont il a reçu un ancien confrère lui a concilié la bienveillance de son voisinage, et il s'est attiré tout l'honneur d'une fête qui n'étoit point ordonnée pour lui.

Chardon, demeurant dans la même rue, ne pouvoit ignorer qu'il n'y avoit rien eu d'insultant dans la manière dont les appelans s'étoient présentés à la boutique de maître Pigal, il auroit dû conséquemment en imiter la conduite. Mais il ne suffit pas d'être savetier pour être poli.

Dans l'instant que Montéton déploie pour le haranguer l'éloquence qu'il avoit acquise parmi eux et lui présente un bouquet, Chardon prend le baquet plein d'eau croupie et le lui jette sur le corps.

Si les appelans fussent partis dans le dessein d'insulter les savetiers, ils auroient saisi l'occasion que celui-ci présentoit d'injurier. Quelle conduite tiennent-ils au contraire? Ils excusent la grossièreté de Chardon, à laquelle l'honnêteté de maître Pigal auroit pu les rendre encore plus sensibles; ils se taisent, ils se retirent. De quoi pouvoit se plaindre Chardon? Que ne restoit-il sur son escabelle, on ne lui auroit point fait d'insultes, puisque maître Pigal ne s'étoit point trouvé insulté. Il agit cependant comme un homme qui repousse l'injure par l'injure : on ne lui répond pas. Ce n'est qu'au désir immodéré de vengeance de sa part qui l'a fait sortir de sa boutique que l'on doit attribuer la rixe qui est survenue, non avec les appelans, mais avec un inconnu lassé de ses invectives. Est-ce aux appelans à répondre des actions du premier passant?

La plainte de Chardon a donc été mal fondée (aussi en a-t-il donné son désistement). Comment *le corps de l'état* se croira-t-il plus recevable à se plaindre?

Les savetiers regarderoient-ils comme une affaire de corps l'acclamation dont le peuple s'est servi, en criant *Honneur à la manique!*

Les injures sont personnelles. Celles faites à un membre d'un corps ne sont censées l'avoir été au corps entier qu'autant qu'elles sont faites à un des Jurés dans l'exercice de ses fonctions pour le bien et l'intérêt de la communauté.

Prétendent-ils y voir une idée d'avilissement jeté sur leur profession? On les croit trop sensés pour le faire. Ce n'est ni de glose, ni de commentaire injurieux sur leur métier dont il s'agit ici; mais d'une expression qui, prise dans la plus rigoureuse signification, ne veut dire autre chose que *bon jour, savetier*. Comment veulent-ils qu'on les qualifie? Ne voyent-ils pas que c'est eux-mêmes qui se font l'injure? et que ne point vouloir qu'on les appelle par leur nom, c'est en rougir et donner à leur état quelque chose d'avilissant.

De ce qu'on a traité Chardon de savetier et de ce qu'il ne se fait pas honneur de l'être, toute la communauté intervient; mais a-t-elle le droit d'intervenir? Non. Elle a encore moins celui d'opérer la détention de gens qui l'estiment et qui n'ont jamais prétendu manquer au respect avec lequel on voit jusqu'aux enfans prononcer le nom des membres *du corps de l'état*. On a coutume chez le peuple de ne nommer les savetiers qu'en disant *sauf respect*, et en ôtant le chapeau.

C'est cependant à la réquisition de Roblot que le commissaire Girard a fait conduire les appelans au Grand-Châtelet, au mépris de l'ordonnance qui défend même aux juges de décerner des décrets de prise de corps contre les domiciliés, hors le cas où il écheoit peines afflictives ou infamantes[1].

Il n'y a point ici de délit, conséquemment point de peines, et les appelans sont domiciliés. Ils ont même un état, c'est celui de garçons plumets des officiers charbonniers. Ils ne craignent point que cet aveu les noircisse; et lorsque les savetiers se courroucent d'entendre crier *honneur à la manique !* ils leur permettent volontiers de crier *honneur à la médaille*[2] *!* Ils permettent de même à qui le voudra d'emprunter pour déguisement les marques de leur état.

Me MANGIENNE, *avocat.*

[Les parties furent mises hors de Cour, dépens compensés.]

[1] Ordonnance de 1670, titre X, art. 19.

[2] Que portaient les plumets.

UN NOUVEAU CHANT DU LUTRIN.

Mémoire pour le sieur Buffet, prêtre, chapelain ordinaire en la Sainte-Chapelle de Paris, contre les sieurs R , chapelain ordinaire et pointeur* [1], *et C***, clerc en la même église.*

Le déplacement d'un lutrin sembloit assurer à la Sainte-Chapelle le rétablissement d'une paix durable. En effet, depuis cette époque célèbre, cette église, quoique composée de différens ordres d'ecclésiastiques [2], n'avoit point eu de divisions qui eussent éclaté au dehors. Cette paix est aujourd'hui troublée, et la Sainte-Chapelle, placée au sein du tumulte, n'a pu résister plus longtems aux influences de l'air contagieux qui

[1] On nommait chanoine pointeur celui qui était chargé de noter ceux de ses collègues présents à l'office

[2] En 1757, le clergé de la Sainte-Chapelle était ainsi composé :

1 trésorier.
1 chantre.
12 chanoines.
19 chapelains.
13 clercs.
8 enfants de chœur.
Quelques officiers d'ordre inférieur.

l'environne. Ce n'est pas du moins un sujet vulgaire qui l'agite, ce n'est pas pour une masse informe de bois[1] que quelques-uns de ses membres sont aux prises, un sujet plus grave et plus sérieux les divise. Un caveau forcé, des vins et des liqueurs pillés, voilà le sujet de la querelle, en voici l'origine et les circonstances.

FAIT. — Le sieur Buffet, ci-devant prêtre habitué à Saint-Roch, y jouissoit par son exactitude et sa régularité d'une considération méritée. Sa voix et quelque talent pour le chant le firent désirer à la Sainte-Chapelle; et le sieur T***[2], chanoine de cette église, que le soin de ces arrangemens regarde en qualité de procureur du Chapitre, fut chargé de lui faire les propositions les plus capables de le déterminer. Entr'autres avantages, l'abbé Buffet devoit avoir un appartement complet. On appelle appartement complet un appartement auquel une cave est jointe.

Sur la foi de ces promesses, l'abbé Buffet quitta l'église Saint-Roch le 15 janvier 1757, persuadé que le sieur T*** avoit tout disposé pour le changement auquel on l'engageoit. Mais lorsqu'il fut présenté au trésorier[3] qui, comme chef de cette église et maître du chœur, a le droit d'admettre ou de rejeter les sujets qu'on propose,

[1] Allusion au *Lutrin* de Boileau, composé en 1664.

[2] Il se nommait Thomas.

[3] Il se nommait Nicolas Vichy de Chamron.

il vit avec une extrême surprise que ce prélat[1] n'avoit pas même entendu parler de lui, tant le sieur T*** avoit été peu exact à s'acquitter de la mission dont il s'étoit chargé.

Le trésorier opposa, comme il le devoit, une juste résistance à l'admission de l'abbé Buffet[2] jusqu'à ce qu'il se fût informé par lui-même de ses talens et de ses mœurs. L'événement de ses recherches fut honorable pour l'abbé Buffet, l'imprudence du sieur T*** n'eut point de suite et l'abbé fut installé au mois de janvier 1757.

La retraite d'un sieur Bruyant, serpent de la Sainte-Chapelle, mit l'abbé Buffet en état de réclamer l'exécution d'un des principaux points de son traité. On y fut fidèle, et un caveau que le premier laissa vide fut donné à l'abbé Buffet,

[1] Le trésorier de la Sainte-Chapelle possédait la plupart des droits et honneurs de l'épiscopat. Il portait la mitre et l'anneau.

[2] Le trésorier était le plus haut personnage de la Sainte-Chapelle. Au-dessous de lui, le chantre avait l'inspection du service divin, réglait le chant et la lecture, avait droit de réprimande sur les chapelains et les clercs. Il paraît que ces deux dignitaires ne s'entendaient pas toujours, car c'est un différend entre le trésorier et le chantre qui inspira à Boileau *Le lutrin*. « Il y avoit autrefois dans le chœur, dit la préface, un gros lutrin qui gênoit beaucoup le chantre. Il le fit enlever. Le trésorier le fit replacer. De là, la dispute :

> Je chante les combats et ce prélat terrible
> Qui, par ses longs travaux et sa force invincible,
> Dans une illustre église exerçant son grand cœur,
> Fit placer à la fin un lutrin dans le chœur. »

après que le sieur T*** eut, de son autorité, fait ouvrir la chambre de cet ecclésiastique et fait vendre ses meubles par l'abbé R*** qu'il emploie à ces sortes d'expéditions.

De ce moment, l'abbé Buffet se trouva dans la plénitude des droits attachés à sa place. Il en jouit assez longtems sans concurrens, lorsque le sieur C***, l'une des parties adverses, nouveau clerc à la Sainte-Chapelle, ayant succédé à l'appartement du sieur Bruyant, crut ne l'avoir pas complétement remplacé s'il n'avoit en même tems sa cave.

Sa prétention trouva peu de partisans, parce qu'elle n'alloit à rien moins qu'à mettre toute la Sainte-Chapelle en désordre; car dans cette église, telle cave n'est pas attachée à tel appartement plutôt qu'à tel autre, mais elles se distribuent entre les membres de la Sainte-Chapelle suivant leur qualité et leur ancienneté. C'est ce qu'il est important de saisir dans une matière où malheureusement les jurisconsultes ne pouvant nous servir de guides, nous sommes réduits à ne pouvoir consulter que les lumières naturelles et l'usage.

D'abord, d'un droit positif incontestable, chaque chanoine a sa cave. Les chapelains ordinaires formant la seconde classe des membres de cette église viennent ensuite, et enfin les plus anciens de la communauté des clercs obtiennent celles qui restent. Ce judicieux règlement maintient la paix dans l'église, et chacun attend patiemment que son rang vienne d'être promu à la cave de son confrère.

Ainsi, la demande de l'abbé C*** fut rejetée comme une innovation dangereuse qu'on ne pouvoit trop tôt réprimer. Et l'abbé Buffet se regardant, malgré les clameurs de son rival, comme possesseur incommutable, garnit son caveau de différens vins et de quelques liqueurs qu'on lui avoit données. Ce caveau dans ses mains devint plus que jamais un caveau digne d'envie.

Pourquoi faut-il qu'un événement malheureux, divisant à la fois les clercs, les chapelains et les chanoines, et soulevant ceux-ci contre leur chef, ait coûté à l'abbé Buffet la perte d'une cave dans laquelle il devoit se croire si solidement établi? Pourquoi a-t-il à rappeller ici un différend que le Roi lui-même a daigné pacifier, et qui devroit être pour toujours enseveli dans l'oubli? Mais il ne peut se dispenser d'en parler, puisque ce différend même est la source de la violence dont il est forcé de se plaindre.

Il arriva que l'année dernière on eut occasion de chanter un *Te Deum* [1]. Le trésorier qui, comme maître du chœur et du service, pouvoit en

[1] Sans doute en l'honneur des succès remportés sur les Anglais en 1756.

indiquer le jour, voulut bien mettre l'affaire en délibération. Il proposa le jeudi d'après la Quasimodo, jour pour lequel l'ordre du Roi ne pouvoit manquer d'arriver, et qui étant en même tems la fête de la dédicace de son église [1], donnoit lieu à une plus grande solennité.

C'en fut assez pour que quelques chanoines, l'abbé T*** à leur tête, voulussent chanter le *Te Deum* le dimanche même de la Quasimodo. L'avantage de vaincre un chef ami de la paix les fit passer hardiment sur l'irrégularité de prévenir à ce sujet les ordres de la Cour, et ils arrêtèrent qu'il seroit chanté le dimanche.

Mais il n'est personne qui ne sente que cette délibération étoit impuissante sans l'appui des chapelains et des clercs qui font seuls le service du chœur, que les chanoines voient faire. Aussi, qu'il y eut alors de mouvemens, de négociations et de menées sourdes de la part de l'abbé T*** pour préparer au trésorier la mortification d'entendre remercier Dieu malgré lui!

Enfin le jour parut, qui devoit décider entre le prélat et les chanoines de l'empire du chœur. Ceux-ci se rendent de bonne heure à leurs postes, caressent les enfans de chœur, prient les clercs, supplient les chapelains de ne pas les abandonner dans cette querelle d'honneur.

[1] La dédicace en avait été faite le 26 avril 1248 par Philippe Berruyer, archevêque de Bourges.

Le prélat de son côté, imposant pour cette fois silence à sa modération naturelle, arrive au chœur, résolu de soutenir avec courage les droits de sa dignité. Les vêpres se chantent avec décence jusqu'au *Magnificat*, après lequel le *Te Deum* devoit être chanté ou ne l'être pas. Vers ce moment, deux chanoines dérobant leur marche au prélat, se coulent sourdement vers la sacristie pour y prendre des chapes et revenir chanter cet hymne consacré à célébrer des victoires et devenu dans l'église le sujet et le signal d'un combat.

A la sacristie présidoit un sieur Desbarres. Élevé par degrés au rang de chevecier, il sait les différens usages de tous les tems, et il refusa avec vigueur les chapes aux deux chanoines[1]. Grande rumeur, dont le bruit pénétrant jusqu'au chœur appelle le trésorier pour l'apaiser. Il y court. Le combat s'engage, le service s'interrompt, et le peuple fidèle répandu dans la nef alloit voir éclater la guerre intestine qui déchiroit en ce moment l'église si, pour l'honneur du sanctuaire, un des chapelains n'eût à l'instant commencé les complies.

Les chanoines cependant ne se rendirent point. A la fin des complies ils firent fermer les portes du chœur, pour forcer par capitulation les chapelains de se joindre à eux. Ceux-ci restant tou-

[1] Dans plusieurs églises, le chevecier avait la garde des ornements et des vêtements ecclésiastiques.

jours fidèles au trésorier envers lequel ils sont liés par un serment, les chanoines (tant le désir de vaincre les animoit) osèrent bien essayer de chanter eux-mêmes; mais peu faits pour cet emploi subalterne, leurs organes s'affoiblirent bientôt, et l'on vit, après quelques vains efforts, les louanges du Seigneur expirer sur leurs lèvres.

Cependant l'ordre de la Cour arriva le dimanche au soir après l'office, comme l'avoit prévu le Trésorier. Le *Te Deum* fut chanté le jeudi suivant avec toute la solennité qui convenoit à la cérémonie. Les chapelains et les clercs firent retentirent la voûte de leurs voix, les chanoines eux-mêmes ne purent en bons citoyens refuser d'y prendre part, et toutes les voix s'unissant ensemble, le même cantique célébra tout à la fois le triomphe de la France et celui du prélat.

Mais que ce triomphe coûta cher à quelques-uns de ceux qui avoient si bien servi leur chef! Le chapelain[1] qui avoit commencé les complies fut sévèrement reprimandé d'avoir préféré le désir d'éviter un scandale à l'honneur des chanoines dont il avoit entraîné la défaite. Le malheureux Desbarres, victime de l'obéissance et de

[1] Ce chapelain n'avoit en rien excédé ses droits, puisque ce sont les chapelains qui font l'office, donnent la bénédiction à l'enfant de chœur pour commencer les complies, etc. (*Note jointe au mémoire.*)

son attachement au rit de son église, fut destitué. L'abbé Buffet tomba dans la disgrâce marquée du sieur T***, le plus ardent promoteur du *Te Deum* prématuré.

L'éclat de cette contestation parvint jusqu'à un ministre à la vigilance duquel on sait assez que rien n'échappe. M. de Saint-Florentin [1] en fut instruit, et un premier ordre du Roi fit surseoir à la destitution du sieur Desbarres. L'on traita ensuite par des mémoires respectifs la question du jour où le *Te Deum* avoit dû être chanté, et le jour du trésorier l'emporta. En conséquence, seconde lettre de cachet qui maintient le trésorier dans tous ses droits, défend de rien innover, rétablit le sieur Desbarres, assoupit tous les différends et ordonne qu'elle sera enregistrée sur les registres.

Mais les effets de cette amnistie ne se sont pas étendus jusqu'à l'abbé Buffet. Il n'a pu obtenir du sieur T*** et de quelques chanoines un retour sincère, lui dont le seul crime est celui de tous ses confrères, si c'en est un que d'être restés attachés à un chef qui, par ses qualités personnelles, a plus de droits encore à leur estime que leur serment ne lui en donne à leur obéissance.

Du jour de ce *Te Deum* fatal, l'abbé T***, aux yeux de qui toute résistance est un crime et qui

[1] Alors ministre de la Maison du roi.

d'ailleurs avoit eu d'abord un tort trop réel avec l'abbé Buffet pour lui vouloir du bien, a tout mis en œuvre pour lui faire perdre sa place. Il a tenté de faire diminuer le gros de son bénéfice, cette portion précieuse que le défaut d'assistance aux offices n'entame point.

De ce moment, les prétentions du sieur C*** sur la cave de l'abbé Buffet, qu'on croyoit entièrement éteintes, se sont renouvelées. L'abbé T*** l'a plaint affectueusement du malheur de n'avoir point de cave; que n'avoir point de cave n'étoit pas proprement être logé; qu'il devoit poursuivre la restitution de la sienne, et lui a promis bonne et briève justice. En même tems il est allé chez quelques chanoines déclamer contre l'abbé Buffet comme contre un rebelle, un homme dévoué au trésorier, dont il falloit punir la désobéissance et la défection.

Dans le tems même de ce complot sinistre, l'abbé Buffet livré à une dangereuse sécurité, travailloit sérieusement à ravitailler cette cave qu'il ne croyoit pas qu'on dût lui ravir si tôt. Des témoins déposent qu'à la fin d'août dernier, étant sur le point de partir pour la campagne, trente bouteilles d'un vin choisi lui avoient été envoyées en présent, et avoient été ajoutées dans le caveau à celles qui s'y trouvoient déjà.

Le 3 septembre suivant, pour donner quelque couleur à la violence qu'on projetoit, l'on imagina de faire conseiller à l'abbé Buffet par le secrétaire du Chapitre de céder enfin sa cave à l'abbé C***. Comme un conseil laisse la liberté de ne pas le suivre, l'abbé Buffet s'en défendit et représenta qu'après tout, devant partir le lendemain pour quelque tems avec la permission du trésorier, et n'ayant ni tems ni lieu propre pour caser ses vins et ses liqueurs, il falloit remettre à agiter cette prétention après son retour.

Mais peu avant ce retour, l'abbé T*** avoit consommé l'acte d'hostilité qu'il méditoit. Par son ordre un serrurier est mandé. L'abbé R*** son ministre fidèle, et l'abbé C*** se transportent, non comme autrefois deux guerriers de la même église sous les auspices de la nuit, mais en plein jour, vers cette cave restée sans défense. Les verroux sont brisés, la serrure est fracassée, la porte est enfoncée, le vin disparoît, les liqueurs sont pillées. Nous n'imputerons cependant pas à l'abbé T*** (puisqu'il n'y en a aucune preuve complète) d'avoir pris sa part d'un butin que bien des raisons lui rendoient peu nécessaire, et l'abbé Buffet aimera toujours à croire qu'il n'a participé à cette affaire que par son conseil.

L'abbé T*** ne peut nier du moins d'y avoir eu cette part et d'avoir été le seul auteur de l'effraction. Car sur la plainte rendue par l'abbé Buffet à son retour, les sieurs R*** et C*** ayant été décrétés d'assigné pour être ouï[1], l'ont chargé dans leurs interrogatoires d'avoir donné l'ordre de cette violence.

Il n'est pas difficile d'établir que les sieurs R*** et C*** doivent être condamnés solidairement à faire rétablir la porte du caveau, à payer la valeur des vins et liqueurs pillés, et aux dommages et intérêts résultant de cette violence, comme aussi que le caveau contentieux doit rester à l'abbé Buffet. Les moyens se présentent en foule pour le faire prononcer.

MOYENS. — Toutes les possessions des citoyens sont sous la sauve-garde des loix. Mais il en est quelques-unes qui sont plus spécialement sous sa protection et auxquelles on ne peut porter atteinte sans s'exposer aux peines les plus graves et les plus méritées. Tels sont tous les lieux d'affection et de confiance dans lesquels chaque citoyen a pris soin de réunir l'assemblage de ses forces ou de ses prétentions ; comme seroit, par exemple, le dépôt d'un notaire, la bibliothèque d'un savant, le chartrier d'une ancienne abbaye, la chambre où repose un chanoine, la cave d'un chapelain. Tous ces lieux, défendus par la foi publique et dont l'état actuel n'est pas toujours fait pour paroître au grand jour, ne peu-

[1] Le décret d'assignation pour être ouï représentait notre mandat de comparution.

vent être violés sans un attentat beaucoup plus punissable que les délits ordinaires.

Mais si les délinquans sont des hommes qui, par état, ont dû connoître toute l'atrocité de la violence qu'ils commettoient, s'ils ont dû respecter plus que personne l'asile qu'ils ont forcé avec effraction, s'ils eussent dû eux-mêmes le défendre envers et contre tous, alors leur offense doit exciter toute l'animadversion de la justice.

Enfin, si les coupables ont concerté longtems leur attentat avant d'oser le commettre, s'ils ont épié le temps d'une absence favorable pour exécuter leur violence, s'ils ont essayé par une contestation excitée sans fondement de se ménager un prétexte qui diminuât l'énormité de leur délit, s'ils ont joint à l'effraction un pillage de la grandeur duquel ils ont détruit la preuve, c'est alors que la justice s'arme contre eux de toute sa rigueur, et c'est malheureusement la position où le conseil criminel de l'abbé T*** a mis les parties adverses.

Au lieu de représenter modestement au Chapitre assemblé ses prétentions et ses moyens, d'attendre en silence que cette compagnie, après avoir jugé sa compétence, prononçât entre les parties, d'implorer alors l'autorité du bras séculier si l'abbé Buffet eût refusé d'obéir, le sieur C*** a osé être lui-même son propre juge, il a oublié que l'Église n'a pas de pouvoir coactif; il a eu la témérité de forcer non un endroit ordinaire, mais un caveau qui méritoit les plus grands ménagemens de sa part; il a perfidement attendu que l'abbé Buffet laissât par son absence sa cave indéfendue, et c'est au moment même où cet abbé se livroit en Champagne aux plus douces espérances de l'augmenter encore, qu'il a pillé tout ce qu'elle renfermoit et s'en est rendu maître de guet-apens.

Si du moins les sieurs R*** et C*** pouvoient alléguer quelque chose qui diminuât l'atrocité de leur faute, l'abbé Buffet, qui même en les poursuivant n'oublie pas qu'une même église les réunit dans son sein, se féliciteroit de les trouver moins coupables! Mais, de quelque côté qu'il porte ses regards, rien ne paroît pouvoir les excuser et les défendre.

L'abbé C*** dira-t-il que ce caveau lui appartenoit? Mais, outre qu'il seroit toujours punissable de se l'être procuré par effraction, il est contre la vérité qu'il puisse le prétendre comme sien. S'il le réclame comme une annexe de son appartement, aussitôt une nuée de témoins s'élèvent contre lui, les registres de la Sainte-Chapelle le condamnent, et tout le clergé de cette église dépose pour l'abbé Buffet d'un usage immémorial aussi ancien que cette église même, de rendre les caves le prix du rang, de l'ancienneté et des conventions particulières. Et s'il reconnoit que tel est l'ordre qui règle la distribution des caves de la Sainte-Chapelle, de quel droit, simple clerc nouvellement reçu, veut-il disputer à l'abbé Buffet, son ancien et chapelain, une cave qui a fait une des principales clauses de son traité?

Prétendra-t-il, comme il l'a insinué dans son interrogatoire, qu'il n'a été que l'instrument de l'animosité du sieur T***, que la chose en soi est de peu de conséquence, et qu'après tout, cet abbé, abattant ce qui lui nuit partout où il le trouve, a déjà fait ouvrir aussi militairement la chambre de l'abbé Bruyant, qu'il a fait vendre le reste de ses meubles par l'abbé R*** sans huissier, que d'autres chanoines ont fait ôter un cadenas d'une des chambres de la sacristie pour la donner au sonneur, en haine du chevecier et que jamais on n'a vu là-dessus de plainte en justice. . . .

Qu'est-ce donc qui sera grave aux yeux de l'abbé C***, si de forcer une cave à main armée et de la piller n'est pour lui qu'une bagatelle? Et qu'appellera-t-il un délit, si ce n'en est pas là un des plus énormes? Que deviennent l'ordre public et la sûreté de nos possessions si, après qu'un chapelain n'aura rien négligé pour mettre sa cave en état, son confrère même ne la respecte pas? Que diroit l'abbé T*** lui-même dont on allègue ici les ordres, si quelqu'un eût donné, eût exécuté des ordres semblables contre cette cave que ses soins ont formée? Qu'on n'allègue point ici ses heureuses témérités en d'autres occasions pour diminuer la violence qu'il a fait commettre : elles ne doivent servir au contraire qu'à en rendre la punition plus prompte et plus éclatante.

Enfin, les deux coupables soutiendront-ils que le Chapitre a autorisé l'effraction dont on se plaint? Qu'ils rendroient bien peu de justice à ce corps dont les sentimens sont si connues et qui doit, par honneur et pour son intérêt propre, prévenir de semblables violences! Où est l'acte capitulaire qui ait décidé que l'abbé Buffet laisseroit la cave à son compétiteur? Où est la délibération qui ait permis d'enfoncer la cave d'un chapelain absent prêt à revenir dans quelques jours, et cela sans formalité, sans l'avoir cité en Chapitre, sans l'avoir déclaré contumace? A l'exception de l'abbé T*** et d'un ou deux chanoines qui ont sur le cœur leur entreprise manquée sur le *Te Deum*, tous réprouvent hautement cette violence, tous souhaitent qu'elle soit sévèrement punie, et chacun tremblant pour soi-même, croit voir dans la cave de l'abbéBuffet la sienne attaquée et pillée. C'est ainsi que l'impunité conduit d'une moindre violence à une plus grande. Quelques chanoines ont fait ôter un cadenas à une des chambres de la sacristie qui appartient au chevecier, et l'en ont voulu priver pour mortifier ce généreux défenseur des droits du trésorier. Aujourd'hui les entreprises de l'abbé T*** deviennent plus hardies, ses hostilités croissent et les caves mêmes sont attaquées. Il est tems enfin qu'un exemple de sévérité rétablisse le calme dans cette église dont toutes les parties sont en trouble, et maintienne chacun de ses membres dans des possessions qu'on ne peut ébranler sans soulèvement et sans scandale.

Signé BUFFET.

Me. ÉLIE DE BEAUMONT, *avocat.*

[Cette grave affaire se termina à l'avantage de l'abbé Buffet, qui obtint non seulement la restitution de sa chère cave, mais encore des dommages-intérêts.]

GRIEFS D'UN AVEUGLE DES QUINZE-VINGTS CONTRE SA FEMME.

Mémoire pour Jean-Denis Jambu, bourgeois de Paris, contre demoiselle Anne-Cécile Verset, sa femme.

J'ai rendu plainte contre ma femme de ce qu'elle a enlevé plusieurs meubles et effets précieux de notre communauté. Le fait est reconnu et prouvé, ainsi sa condamnation étoit inévitable. Pour s'y soustraire, elle a imaginé de me faire un procès et de former une demande en séparation de corps et de biens, sous prétexte que je suis un débauché, un ivrogne, un furieux. J'ai beau m'examiner, je ne me trouve coupable envers elle que d'une seule chose, c'est d'avoir souffert, peut-être trop patiemment, tous les torts qu'elle a avec moi depuis vingt-sept ans.

Comme jusqu'ici les mauvais procédés n'avoient point éclaté, je les avois endurés sans me plaindre. Mais puisqu'elle ose m'attaquer, puisqu'elle distribue contre moi des mémoires dans le public, il faut bien que je me défende. Je n'aurai besoin pour cela que de faire l'histoire de ma vie.

FAIT. — Je suis aveugle depuis l'âge de cinq ans. Mon père et ma mère, qui faisoient à Paris un gros commerce de lingerie rue Poissonnière, songèrent de bonne heure à me mettre à couver, des surprises auxquelles la perte de la vue pouvoit m'exposer. Dès l'âge de quatorze ans ils me firent recevoir Frère aveugle aux Quinze-Vingts, en donnant à la Maison un contrat de rente sur la Ville, pour laquelle on me constitua une pension viagère [1].

Ensuite, on me fit apprendre à jouer de plusieurs instrumens, on cultiva ma mémoire, et on me mit si bien au fait du commerce que je distinguois au toucher la différente qualité des toiles et des mousselines. J'en connoissois le prix, je savois plier, auner, tailler les ouvrages et les coudre : de sorte qu'il sembloit que j'eusse les yeux au bout des doigts.

Quand j'eus atteint l'âge de vingt-huit ans, on songea à me marier, et on jeta les yeux sur la demoiselle Verset qui venoit travailler au logis. C'étoit une fille sans parens, sans biens, sans espérances, mais elle avoit du talent pour le

[1] Pour être admis aux Quinze-Vingts, il fallait faire abandon de tous ses biens à la congrégation. Ils devenaient dès lors propriété de l'hôpital, mais le nouveau pensionnaire en conservait l'usufruit sa vie durant.

commerce et paroissoit aimer le travail : ces qualités parurent suffisantes à ma famille. D'ailleurs, on se persuada qu'une fille qui me devroit sa fortune me seroit attachée par reconnoissance autant que par devoir, et qu'elle auroit pour moi les égards et les attentions dont j'avois plus besoin qu'un autre dans l'état où j'étois.

Mes parens payèrent l'apprentissage de la demoiselle Verset, et quand ils l'eurent fait recevoir maîtresse lingère[1] je l'épousai au mois de janvier 1729. On me donna par mon contrat de mariage 6,000 livres; et quoique ma femme n'eût rien, je ne laissai pas de reconnoître qu'elle apportoit en dot 2,500 livres.

Tous ces bienfaits furent payés d'ingratitude. Dès les premiers jours de notre mariage, ma femme fit éclater un caractère méprisant et absolu qui m'annonça tout ce que j'avois à craindre de ses emportemens. Pour les prévenir, je n'avois que deux moyens : le premier d'employer le ton et les gestes qui sont d'usage en pareil cas pour mettre une femme à la raison, le second de m'armer de patience. Je préférai ce dernier parti, et j'aimai mieux souffrir que de rendre ma femme malheureuse.

J'espérois que si elle devenoit mère, son mépris et sa dureté pour moi diminueroient, mais tout

[1] Sur l'histoire de cette communauté, voy. *Les magasins de nouveautés*, t. IV.

le contraire arriva. Ses grossesses étoient marquées par un redoublement de méchanceté, et de tous les enfans que nous avons eus, il ne nous est resté qu'une fille qui a toujours été, comme moi, l'objet de la mauvaise humeur de sa mère.

Après huit ans de mariage, ma femme me signifia qu'elle ne vouloit plus que nous couchassions ensemble; et effectivement dès le même jour elle fit changer son lit, et en prit un si étroit qu'il ne m'étoit pas possible de le partager avec elle. Je fus donc obligé de me reléguer dans une petite soupente, où mon lit n'étoit composé que d'un matelas. Mais j'y avois du moins la tranquillité, j'y tenois renfermés mon clavecin et quelques autres instrumens à qui ma femme en vouloit presqu'autant qu'à moi.

J'étois trop heureux dans mon réduit, il fallut encore le quitter : ma femme y logea ses ouvrières, et je me vis obligé de coucher dans la boutique. Ce fait paroîtra incroyable, et cependant il est très-vrai que je n'ai point eu d'autre lit pendant neuf ans que le comptoir de la boutique, sans matelas ni couverture. Le bruit s'en répandit dans le quartier, quoique je ne m'en plaignisse pas; et sur les reproches qu'on en fit à ma femme, elle crut s'excuser en disant que je voulois coucher ainsi par mortification. Me donner la réputation d'un saint pour n'avoir pas celle d'une méchante femme, le détour n'étoit pas maladroit. Je ne sais si le public en fut la dupe, mais pour moi je ne remercierai pas ma femme du soin qu'elle a pris de me sanctifier malgré moi en me faisant coucher sur des planches. Elle me faisoit faire tant d'autres pénitences qu'elle auroit bien pu m'épargner celle-là.

Je passe sous silence bien d'autres traits qui ne lui font pas plus d'honneur, et je viens à l'événement qui lui a fourni un prétexte pour se plaindre de moi.

Ma fille étant en âge d'être mariée, ma femme voulut lui faire épouser un jeune homme qu'elle lui destinoit depuis deux ans sans que j'eusse rien su de son projet. J'avois des raisons essentielles pour empêcher ce mariage et j'en fis part à ma femme, mais elle les rejeta avec mépris et menaça de passer outre. Accoutumée à faire plier mes volontés aux siennes, elle crut qu'il lui suffiroit d'ordonner pour être obéie. Et en effet quand il n'avoit été question que de moi, j'avois toujours cédé; mais il s'agissoit d'un établissement qui auroit rendu ma fille malheureuse : pour cette fois je voulus être le maître, et je refusai mon consentement.

Cette résistance, à laquelle ma femme ne s'attendoit pas, la mit dans une fureur inexprimable. Pour en éviter les suites je me retirai aux Quinze-Vingts, et cet expédient me réussit. Car, après avoir tenté inutilement de me faire interdire et de marier ma fille sans mon consentement, ma femme se vit enfin obligée de congédier son gendre prétendu, et tout de suite elle m'en proposa un autre. C'étoit le sieur Gohier d'Armenon, jeune homme bien né et qui avoit de la fortune : je ne fis aucune difficulté de l'accepter pour gendre.

Par le contrat de mariage, qui fut passé devant Me. Lecourt notaire le 21 août 1754, nous cédâmes aux futurs époux toutes les marchandises de notre commerce, estimées entre nous à vingt-huit mille neuf cens livres, et toutes nos dettes actives[1] montant à plus de dix-sept mille livres. A la charge par eux de nous faire une pension de sept cent douze livres par an et de payer en notre acquit quelques dettes à différens marchands.

Les choses ainsi disposées, le mariage fut célébré le 27 août. Mais, dès le lendemain, ma femme annonça aux nouveaux mariés qu'elle n'entendoit point renoncer à son commerce, qu'elle vouloit rester dans sa boutique et disposer de tout comme auparavant.

En vain les jeunes gens essayèrent-ils de lui faire sentir que l'abandonnement qu'on leur avoit fait des marchandises étant une condition

[1] Toutes nos créances.

de leur mariage, qu'étant chargés par leur contrat de payer les loyers de la boutique et de la maison, il falloit les en laisser jouir. Ma femme ne voulut rien entendre, les menaces et les emportemens furent toute sa réponse. Je demeurois toujours aux Quinze-Vingts. J'engageai ma femme à laisser ses enfans en repos dans leur boutique et à venir demeurer avec moi [1], mais elle me dit que j'étois un polisson et m'ordonna de me taire.

Pendant quatre jours que dura ce vacarme, ma femme obligeoit tous les soirs son gendre et sa fille d'aller coucher dans l'appartement qu'occupoit le sieur Gohier étant garçon, et elle restoit seule maîtresse dans la maison pendant la nuit. Elle en profita pour faire enlever non seulement le linge, les hardes et bijoux à son usage, mais encore des lits, des meubles et toute l'argenterie. Elle fit placer tous ces effets dans deux chambres qu'elle avoit, l'une rue Beauregard et l'autre rue Sainte-Barbe [2].

Après cette expédition, ma femme se retira, laissant la maison dégarnie de meubles et un vide de plus de 2,000 livres dans les marchandises.

[1] Aux Quinze-Vingts, chaque frère doté avait son logement particulier, qu'il pouvait partager avec sa femme, qu'elle fût voyante ou non. Mais, parmi les pensionnaires de la Maison, le mariage n'était autorisé qu'entre aveugle et voyant ou voyante.

[2] Devenue rue Portalès, et aujourd'hui rue Thorel.

Un tel procédé me dispensoit d'avoir des ménagemens pour ma femme. Je révoquai une procuration que je lui avois donnée pour toucher quelques rentes; je rendis plainte; j'obtins une ordonnance de M. le Lieutenant-civil, et en présence d'un commissaire je fis faire une saisie et revendication de tous les effets que ma femme avoit transportés dans les deux chambres dont je viens de parler. Il s'y en trouva pour plus de huit mille francs.

Jusqu'ici on a vu des outrages et des excès, mais certainement ils ne viennent pas de ma part. Cependant, ma femme, qui sentoit combien sa conduite étoit odieuse, s'est avisée de rendre plainte contre moi le 18 octobre 1754 et, sous prétexte de faits qu'elle y avance, elle a formé sa demande en séparation de corps et d'habitation.

MOYENS. — Je laisse à mon défenseur le soin d'expliquer et de faire valoir à l'audience les loix qui doivent décider dans ma cause, je me bornerai ici à quelques réflexions.

La demande en revendication que j'ai formée contre ma femme ne peut faire de difficulté, si j'en crois les gens du métier. Il est de principe, m'a-t-on dit, que le mari est maître de la communauté : conséquemment, la femme ne peut disposer des meubles qui en font partie, sans le consentement de son mari. Or il est certain, dans le fait, que ma femme a soustrait sans ma participation les meubles de notre communauté : cela est prouvé, et par son aveu, et par la saisie et revendication que j'en ai faite. Il est vrai qu'elle prétend que ce qu'elle a fait enlever ne vaut pas plus de 2,000 livres.

Mais, outre qu'il est démontré par la saisie que les meubles revendiqués valent plus de 7 ou 8,000 livres, quand ils ne vaudroient qu'une pistole, ma femme n'ayant pu les faire enlever sans mon consentement, je suis en droit de les prendre partout où je les trouve. Dès que ma femme ne contredit pas le principe, cela me suffit. Quand elle m'aura restitué les meubles compris dans la saisie, je me pourvoirai pour me faire rendre les autres.

En voilà assez, je crois, sur un point qui n'est pas contesté. Passons maintenant à la demande en séparation.

La première réflexion qui se présente est que cette demande n'est qu'une récrimination. Ma femme m'enlève pour 7 ou 8,000 francs de meubles, j'en rends plainte, je les revendique, je la fais assigner pour me les restituer : tout cela se passe dans les mois d'août et de septembre, et ce n'est que le 18 octobre, près d'un mois après, que ma femme forme sa demande en séparation. Ne voit-on pas que c'est un subterfuge pour se dispenser de rendre les meubles? Si j'étois un débauché, un furieux, comme ma femme le suppose, pourquoi l'a-t-elle souffert pendant vingt ans sans se plaindre? Falloit-il attendre qu'elle m'eût volé pour demander sa séparation? L'accusation ne se sied pas bien dans la bouche d'un coupable, et les faits dont ma femme se plaint, fussent-ils vrais, à l'instant où elle les annonce doit les rendre fort suspects. Voyons seulement s'ils sont vraisemblables.

Ier FAIT. — Ma femme prétend que lorsqu'elle étoit enceinte de son premier enfant, je lui proposai de nous séparer pour entrer chacun dans un couvent, sous prétexte que je n'étois pas fait pour le mariage; que je l'en pressai de nouveau au moment qu'elle venoit de faire une fausse couche, accident occasionné par l'effroi qu'elle avoit eu d'une chûte que j'avois faite étant ivre. Elle exagère beaucoup la complaisance d'épouser un aveugle qui n'avoit guère plus de fortune qu'elle.

RÉPONSE. — Si j'avois eu autant de dégoût pour le mariage qu'on voudroit le faire croire, il ne tenoit qu'à moi de ne pas prendre ce parti; mon état m'auroit servi de prétexte, et d'ailleurs je n'avois là-dessus aucune violence à craindre de mes parens. Si donc je me suis marié, c'est que je l'ai bien voulu. Mais il est bien singulier qu'avec cette prétendue aversion pour le mariage, je n'aie pas laissé d'avoir quatre enfans. Les maris qui ont le plus de vocation n'ont pas de meilleurs procédés.

Il est vrai que je fis un jour une chûte très violente qui effraya ma femme et la fit accoucher avant terme. Je fus fort fâché de ces deux accidens, mais le vin n'y avoit aucune part, et un aveugle n'a pas besoin d'être ivre pour tomber.

A l'égard de la grâce que ma femme dit m'avoir faite en m'épousant, je l'en remercie, mais je crois l'avoir bien payée. Qu'on lise notre contrat de mariage. Elle a apporté 2,500 livres, et c'étoit un présent de ma famille; j'avois 6,000 livres en me mariant, et il m'en est échu huit autres après la mort de mes père et mère : la proportion, comme on voit, n'étoit pas égale.

D'ailleurs, quoiqu'aveugle, je n'étois pas un homme inutile dans la maison. Comme la perte d'un sens tourne au profit des autres, la nature, qui ne veut rien perdre, trouve toujours moyen de nous dédommager, et ma femme le sait bien. Quels services ne lui ai-je pas rendus, soit pour plier et déplier les marchandises, soit pour tailler l'ouvrage et le coudre? Tout Paris venoit admirer mon adresse, et comme ordinairement cette curiosité n'étoit pas stérile, cela n'a pas peu contribué à augmenter notre commerce.

En un mot, ma femme avoit de bons yeux, mais elle étoit sans biens ; j'étois aveugle, mais je lui donnois un établissement : ainsi, tout bien examiné, Monsieur valoit bien Madame.

J'ajouterai qu'il y a une grande distinction à faire entre les différens aveugles connus à Paris sous le nom de Quinze-Vingts. Ceux du premier ordre, du nombre desquels je suis, sont agrégés à la Maison en payant une dot, et ils sont reçus en qualité de *Frères*. Le second ordre qui, chez nous comme ailleurs, a le plus de peine et le moins de profit, est composé de pauvres aveugles qu'on loge et qu'on nourrit par charité. Ce sont, pour ainsi dire, des aveugles à portion congrue, et nous sommes les gros décimateurs [1].

Nous pouvons demeurer hors de la Maison avec la permission des supérieurs (qui ne la refusent jamais), nous ne portons ni la robe ni la fleur de lys [2], nous avons pour revenus la quête des églises de Paris et les loyers des appartemens de l'enclos des Quinze-Vingts.

Les pauvres aveugles, au contraire, portent la robe, disent des oraisons et quêtent pour nous dans les églises. Par exemple, celle du Saint-Esprit, près la Grève, m'est échue, et l'aveugle qui la dessert pour moi me rend 200 livres par an [3]. Je

[1] Comme on va le voir, cette comparaison est très exacte.

[2] Le costume des Quinze-Vingts se composait d'une longue robe flottante, au devant de laquelle était fixée une fleur de lys en cuivre que les frères juraient de ne quitter jamais, du moins hors de la Maison.

[3] Jusqu'à la fin du dix-huitième siècle, la quête resta une

conçois bien qu'on ne seroit pas curieux d'être aveugle à si bon marché, mais c'est toujours une consolation quand on a le malheur de l'être.

IIe Fait. — On prétend que la cinquième année de notre mariage (il y a vingt-deux ans), je donnai à ma femme un coup de pied si violent qu'elle en fut estropiée pendant plus de cinq semaines; que quelque tems après, ma femme ayant refusé de venir avec moi voir tirer un feu d'artifice rue aux Oues [1] chez une femme suspecte, outré de voir mes projets renversés, je lui jetai une chaise à la tête et lui rompis deux veines; qu'elle en a été incommodée pendant huit ans et qu'elle en porte encore la marque.

Réponse. — Je n'étois pas sans doute un furieux d'habitude ou je m'en suis bien corrigé, puisque pour me faire trouver coupable on est obligé d'aller chercher de prétendus faits passés

des principales ressources du couvent. Revêtus de la robe à fleur de lys, chargés d'une besace en toile pour récolter les morceaux de pain, et d'une boite en cuivre pour mettre l'argent, les quêteurs sortaient chaque matin du couvent, et parcouraient la ville en criant : « Aux Quinze-Vingts, pain Dieu ! »

Cette quête rapportait beaucoup moins que celle qui se faisait dans les paroisses. Pour éviter toute contestation sur les recettes, on supputait le produit probable de la quête dans chaque église et l'on donnait à bail le droit d'y demander l'aumône.

[1] Rue aux Oies, devenue par corruption rue aux Ours. Dès le treizième siècle, elle comptait parmi ses habitants de très nombreux rôtisseurs.

il y a vingt-deux ans. Et quels faits encore! Un coup de pied dont la blessure dura cinq semaines, un coup de chaise dont ma femme est incommodée pendant huit ans! Pourquoi n'a-t-elle pas plutôt dit que je lui avois donné des coups de bâton? Mon état m'oblige d'en avoir toujours un à la main, et ce geste eût été plus naturel que celui de jeter une chaise à la tête. Outre cela, il est si aisé d'esquiver le coup et d'échapper à un aveugle, que le fait n'est pas croyable.

Le motif de la dispute est encore plus ridicule. Je voulois, dit-on, aller voir un feu d'artifice rue aux Oues : la belle récréation pour un aveugle, le beau sujet pour se mettre en colère! Un feu d'artifice n'est pas plus fait pour moi que les tours d'un joueur de gobelets ou les sauts d'un danseur de corde.

Enfin pourra-t-on croire que j'eusse eu tant d'empressement à conduire ma femme dans une maison où j'aurois eu des liaisons trop intimes? Ces deux faits sont inconciliables. Si la maison étoit suspecte, loin d'y mener ma femme je l'en aurois éloignée. Or elle prétend que je l'ai pressée d'y aller : je n'y avois donc aucune liaison dont je ne voulusse bien qu'elle fût le témoin.

Étoit-ce là d'ailleurs un prétexte pour la maltraiter? Mes projets n'étoient point dérangés par son refus, puisque je pouvois aller seul dans cette maison et que j'y aurois été plus libre.

IIIe Fait. — Ma femme termine sa plainte en disant qu'au mois de septembre dernier j'ai voulu la chasser de la maison où elle demeuroit depuis vingt-cinq ans, et cela au moment où elle n'avoit aucune retraite; que quand elle me demanda un quartier de pension pour vivre, je répondis qu'il falloit lui donner « un quartier de bûche; » qu'enfin il me sied mal aujourd'hui de demander qu'elle revienne avec moi, tandis que je l'ai moi-même abandonnée.

Réponse. — Qu'on se rappelle ce qui arriva entre ma femme et ses enfans le lendemain du mariage, et l'on verra de quel côté sont les mauvais procédés.

1° Il avoit été convenu en mariant ma fille que nous lui céderions la boutique et l'appartement qui y touche. Les futurs, par le contrat, s'étoient chargés d'en payer les loyers à compter du jour du mariage, il falloit donc leur laisser cet appartement, où il n'étoit pas possible, tant il est petit, que nous pussions habiter avec eux. Si mon gendre et moi nous avons fait quelques représentations à ce sujet, elles étoient fondées sur la justice et accompagnées de toute la douceur qui pouvoit les faire écouter.

2° Loin qu'on ait chassé ma femme de la maison, c'est elle-même qui en a chassé son gendre et sa fille, en les obligeant d'aller coucher dehors trois jours de suite. C'est elle qui pendant ce tems a dégarni la maison de meubles et de marchandises.

3° Croira-t-on après cela que je l'aie menacée de coups de bûche? Étoit-elle femme à endurer un tel propos? Étois-je un homme à le tenir? Un mari assez doux, assez patient pour coucher pendant plus de huit ans sur le comptoir d'une boutique pour avoir la paix dans son ménage, n'a pas coutume d'employer les expressions dont on veut me faire un crime.

4° Dire, comme fait ma femme, qu'elle n'avoit point de retraite après le mariage de sa fille, c'est contredire un fait prouvé par les pièces de la cause et par la notoriété publique. On voit, par la saisie et revendication, que ma femme avoit deux appartemens, l'un rue Beauregard, l'autre rue Sainte-Barbe, qui tous deux étoient meublés et où par conséquent elle pouvoit trouver une retraite. Et quand elle n'en auroit point eu, lui falloit-il d'autre demeure que celle de son mari? J'habitois un appartement dans l'enclos des Quinze-Vingts, que n'y venoit-elle avec moi, comme nous en étions convenus en mariant ma fille?

5° Il y avoit une autre circonstance qui mettoit ma femme dans la nécessité de n'avoir point d'autre appartement que le mien : c'est qu'ayant été agrégée aux Quinze-Vingts il y a quelques années en qualité de *Sœur*, elle ne pouvoit demeurer hors de la Maison sans la permission des supérieurs, qui ne souffrent jamais qu'une femme quitte son mari; autrement elle perd la rente viagère et les autres avantages attachés à la résidence dans la Maison.

6° Enfin j'ai abandonné ma femme pour me retirer aux Quinze-Vingts. Elle sait que ce n'est ni par mépris ni par un esprit d'inconstance. Elle vouloit marier sa fille à un homme qui, par toutes sortes de raisons, ne devoit pas y prétendre; mon refus d'y consentir la mettoit en fureur, il falloit y répondre sur le même ton ou me retirer. En pareil cas quitter sa femme, c'est fuir l'occasion de se brouiller. Comme le motif de ma retraite a cessé au mariage de ma fille, je n'ai plus aucune raison pour ne pas vivre avec ma femme, et elle en a cent pour venir demeurer avec moi.

Les réflexions que je fais ici sont celles qui viendront à l'esprit de tous ceux qui liront les plaintes de ma femme. Elle auroit bien dû, puisqu'elle travailloit d'imagination, arranger ses faits de manière qu'ils fussent au moins vraisemblables.

Mais supposons pour un instant qu'ils fussent vrais, il y auroit une fin de non-recevoir qui les détruiroit tous. C'est que les faits qu'elle allègue s'étant passés il y a quinze ou vingt ans, ils ont été couverts et effacés par la cohabitation et par le silence que ma femme a gardé depuis ce tems.

On m'a dit qu'il y avoit un grand nombre d'arrêts qui l'avoient ainsi jugé, et entr'autres un du 14 juillet 1735 contre la comtesse de Seveyrac. Elle demandoit sa séparation sous prétexte de mauvais traitemens et d'injures, mais son mari rapportoit la preuve que depuis l'époque qu'elle donnoit à ces prétendus excès, il avoit continué de demeurer et de vivre en bonne intelligence avec elle. Elle fut déboutée de sa demande en séparation.

Il en doit être de même à l'égard de ma femme : elle n'a jamais rendu plainte des mauvais traitemens qu'elle prétend avoir eu à essuyer de ma part, elle a toujours continué de vivre avec moi pendant près de vingt-cinq ans. Ainsi, elle n'est pas recevable à réveiller des faits assoupis et oubliés depuis longtems.

Objection. — Persuadée que je ne manquerois pas de lui opposer ce moyen, ma femme a essayé d'y répondre d'avance. Elle prétend que la cohabitation ne couvre les mauvais traitemens que quand ils n'ont point été suivis d'autres survenus depuis. « Or mon mari, dit-elle, ne s'est pas « contenté de me maltraiter il y a vingt-cinq ans, « il a toujours continué depuis, et notamment « fort peu de jours avant ma demande. Ces faits « nouveaux font revivre les anciens. »

Réponse. — Que j'aie maltraité ma femme

pendant vingt-cinq ans sans qu'elle ait osé s'en plaindre, c'est ce qui paroîtra incroyable à tous ceux qui la connoissent. Naturellement vive et impérieuse, elle n'avoit ni assez de douceur, ni assez de patience pour ménager pendant longtems un mari qui l'auroit si peu mérité. L'aigreur qu'elle met aujourd'hui dans ses reproches annonce assez clairement qu'elle n'étoit pas femme à négliger les occasions d'en faire si elle les avoit eues plutôt.

Elle est forcée d'avouer que la plupart des faits qu'elle allègue se sont passés il y a déjà longtems; elle ne veut les faire revivre qu'à la faveur des faits nouveaux. Mais où sont ces faits nouveaux? C'est d'avoir voulu la faire sortir d'une maison où elle n'avoit ni droit, ni raison de demeurer; c'est de l'avoir menacée de coups de bûche, menace qui, de son propre aveu, n'a point eu d'effet.

Je suppose ces faits vrais, comment ose-t-on proposer sérieusement à la justice de pareilles misères pour fonder une demande en séparation? Si on écoutoit des plaintes de cette espèce, les tribunaux ne retentiroient plus que des criailleries de femmes qui accuseroient leurs maris. Une menace, une injure, ou quelqu'autre vivacité (arrachées souvent au mari le plus tranquille par une femme de mauvaise humeur qui l'excède) deviendroient autant de crimes qui ne pourroient être réparés que par une séparation. Quel danger pour la société si on ouvroit la porte à de tels abus!

Heureusement, la sagesse des magistrats me rassure contre ces alarmes. Combien de femmes, à qui la mienne n'osera se comparer ni pour le rang ni pour la naissance, et qui ont échoué dans leurs demandes en séparation, quoiqu'elles alléguassent, qu'elles prouvassent même, des faits extrêmement graves! Ici au contraire, de quoi s'agit-il? D'une querelle de ménage, entre de petits bourgeois; de prétendus excès passés il y a vingt-cinq ans, qui n'ont point été suivis de plainte et qui ont été couverts par une cohabitation continuelle; de faits nouveaux qui, de même que les anciens, ne sont ni vrais ni vraisemblables : et tout cela présenté dans la circonstance la moins favorable pour ma femme.

Si j'avois voulu la laisser en possession des effets qu'elle m'a enlevés, j'eusse été le meilleur mari du monde. Mais je les revendique parce qu'ils montent à près de 7 à 8,000 livres, et je deviens tout d'un coup un furieux, un homme avec lequel on ne peut plus vivre. Ce n'est donc que pour éviter la restitution de mon bien qu'on veut se séparer d'avec moi.

Mais c'est trop de perdre tout à la fois ma femme et mes meubles. Peut-être à ma place bien des maris, contens de r'avoir leurs effets, regarderoient la perte du surplus comme un gain. Cette façon de penser n'est pas faite pour moi, et quels que soient les torts de ma femme, je n'oublierai jamais mes premiers engagemens.

Me JABINEAU DELAVOUTE, *avocat.*

[Le sieur Jambu obtint gain de cause.]

ARCHITECTE ET DANSEUSE.

Mémoire pour le sieur Blanchard, architecte juré expert, contre la demoiselle Deschamps, actrice de l'Académie royale de musique, femme séparée de biens et d'habitation du sieur Jean-Baptiste Burze Deschamps, son mari, et contre le sieur Burze Deschamps, ci-devant acteur à l'Opéra-comique, mis en cause pour la validité de la procédure.

Le luxe de la demoiselle Deschamps est l'étonnement de tout Paris. Les mines de Golgonde ont été épuisées pour elle; l'or germe sous ses pas, et les arts à l'envi ont fait de son habitation un palais enchanté. Néanmoins, la demoiselle Deschamps doit, et elle ne paie pas. Est-ce un privilège de son état? ou dans le séjour de l'illusion passe-t-il pour ridicule qu'un citoyen demande ce qui lui est dû?

Tel est le cas où se trouve le sieur Blanchard vis-à-vis de la demoiselle Deschamps. Choisi pour être son architecte, pour ordonner les ornemens ou, pour mieux dire, les superfluités de son logement, il a dressé des plans, il les a rédigés, il a suivi leur exécution. Le goût change pour les choses comme pour les personnes, un momént de caprice en décide. Il a fallu faire, refaire, augmenter, diminuer, corriger, perfectionner. Que de travaux, de démarches n'en a-t-il pas coûté au sieur Blanchard pour des objets de pure fantaisie! Il a présenté son mémoire, mais la demoiselle Deschamps n'en connoît pas. Elle est dans l'habitude plus certaine de se faire payer comptant. Le sieur Blanchard a reçu un à-compte. Il a demandé le paiement du surplus. Sa proposition a été trouvée incivile. Et de là est née l'affaire.

Elle a été jugée au Châtelet d'une manière bien singulière. On en a fait dépendre l'événement, non de l'affirmation de la demoiselle Deschamps qui a commandé personnellement les ouvrages, mais de celle de son mari avec lequel elle ne vit pas, et à qui ces ouvrages sont aussi étrangers qu'il l'est peut-être à elle-même.

FAIT. — Marie-Anne Pagès, femme Deschamps, a commencé sa carrière dans le monde par être danseuse à l'Opéra-comique : elle étoit réservée pour un plus grand théâtre. A peine fut-elle entrée à l'Académie royale de musique qu'elle attacha à son char ses propres vainqueurs. Elle éleva des trophées sur les débris de leur fortune.

Semblable à cette esclave qui s'étoit couronnée

elle-même, nouvelle parvenue, elle n'étoit plus faite pour demeurer sous d'humbles toits. Du réduit obscur d'une petite maison rue du Four Saint-Honoré [1], elle passa en 1757, sous les auspices de sa bonne fortune, dans une grande maison rue Saint-Nicaise [2]. Les appartemens en étoient décens : il falloit qu'ils fussent superbes.

L'architecture est un art libéral des plus estimables. Qu'on se rappelle qu'il est né des Vitruve, des Michel-Ange, des Perrault, des Mansard et tous les autres illustres de notre siècle. Par les ouvrages de ces grands maîtres, on doit juger de l'excellence de leur profession. Il ne seroit pas étonnant que la demoiselle Deschamps, dans un état presque mécanique dont le principal mérite ne consiste que dans la souplesse et l'agilité, ne sût pas apprécier celui d'un art qui n'est que l'enfant du génie.

Le sieur Blanchard est architecte juré-expert [3]. Il fut indiqué à la demoiselle Deschamps comme capable de faire avec une somptuosité réglée par le goût les distributions et les embellissemens de sa nouvelle maison. Il fut d'abord question d'en faire un état général, et cet état a été annexé

[1] Aujourd'hui rue Vauvilliers.

[2] Elle allait de la rue de Rivoli à la rue Saint-Honoré, près du Louvre. Elle a été supprimée en 1852, lors de la continuation de la rue de Rivoli.

[3] Il ne figure pas sur la liste des « architectes-experts-jurés » que publie l'*Almanach royal* de 1757.

à la minute de son bail. Il n'y eut point de prix convenu. Il eût été difficile, et même comme impossible, de déterminer sur un premier coup d'œil le travail et la dépense pour un logement où l'on ne vouloit rien épargner. C'étoit traiter avec distinction la demoiselle Deschamps. Elle doit elle-même l'avoir éprouvé : il y a quelquefois de l'avantage à s'abandonner, sans marché, à la générosité des personnes à qui l'on a affaire. Le sieur Blanchard présenta différens plans. Tous étoient d'une composition ingénieuse. Il y en eut d'agréés; on travailla en conséquence. L'ouvrage fut conduit avec assez de promptitude. Quoiqu'on y eût employé quatre mois entiers, on ne pouvoit pas néanmoins juger encore de son effet. Mais est-on toujours constant dans ses résolutions? Il y a une sorte de plaisir à changer. La demoiselle Deschamps ne voulut point du plan arrêté que des ouvriers avoient commencé d'exécuter. Il en fut fait un autre et on recommença.

Ce nouveau plan étoit conduit presque à sa perfection, lorsque des raisons particulières engagèrent la demoiselle Deschamps à suspendre les ouvrages. Mais ne pouvant se passer de faire exécuter ce qu'elle avoit projeté pour l'embellissement et la propreté de sa maison (nous ne parlons que d'après elle), elle s'adressa à un autre architecte que Blanchard, duquel on fut obligé d'abandonner les plans et les idées.

Heureusement pour la justification du sieur Blanchard, que ses idées ont été réalisées et que les plans existent. Le second architecte dont la demoiselle Deschamps s'est servie n'a fait qu'exécuter ce qui étoit à achever. Qu'on visite les lieux, on y trouvera que les ouvrages existans encore dans la maison sont exactement conformes aux plans du sieur Blanchard. La magnificence et les détails en sont admirables, tout y est de la plus grande et de la plus rare composition. Et ce qui est bien singulier, c'est que la demoiselle Deschamps a fait des dépenses extraordinaires dans une maison dont le fonds ne lui appartient pas. Qu'on juge par-là de son économie!

Le sieur Blanchard avoit reçu de la demoiselle Deschamps douze louis d'or : ce n'étoit qu'un à-compte. Elle ne prouvera point qu'il s'en soit contenté. On oppose une lettre : nous la discuterons, et on verra qu'il n'en résulte rien.

Toutes les fois que le sieur Blanchard s'est transporté, pendant quatre mois, au logis de la demoiselle Deschamps, il n'y a vu que des hommes de tous les états. Par leur concours et par les attentions continuelles qu'ils lui marquoient, ils ne donnoient pas lieu de penser qu'aucun d'eux fût son mari. Il est dans les mariages une indifférence extérieure qui dans ce siècle est comme de bienséance, et il ne paroissoit pas qu'elle régnât dans les entours de la demoiselle Deschamps. Le sieur Blanchard n'a point traité avec le sieur Deschamps, celui-ci ne lui a rien commandé. Isolé, ayant rompu toute union avec son épouse, logeant chez un apothicaire au second étage, dans un quartier éloigné d'elle, rue de Grenelle, faubourg Saint-Germaïn, on sent qu'il importoit peu au sieur Deschamps de se mêler du logement particulier de sa femme. Elle s'annonce elle-même comme étant séparée de biens et d'habitation avec lui, et nous apprendrons de plus au public que cette séparation a été prononcée l'an passé par un arrêt de la première chambre des Enquêtes. Il y a eu le cérémonial ordonné à la demoiselle Deschamps de se retirer dans un couvent. Elle a trouvé cette disposition si singulière, si peu conforme à sa façon de vivre qu'elle n'a pas cru devoir l'exécuter.

Ces faits ne sont pas aussi indifférens qu'ils le paroissent d'abord : ils ont servi au sieur Blanchard pour diriger sa procédure. On a observé que la demoiselle Deschamps lui avoit donné douze louis d'or à compte ; elle lui devoit le surplus. Il a bien voulu se restreindre à 1400 livres, non compris l'à-compte de douze louis, ou à la juste estimation de ses plans, de ses travaux, et de ses déboursés pour voitures, etc. Il s'est pourvu contre elle au Châtelet.

Le sieur Deschamps, son mari, n'a été mis en

cause que « pour la validité de la procédure faite et à faire contre elle pour raison de l'assignation quilui sera donnée cejourd'hui 21 octobre 1757. » C'est ainsi que parle l'exploit. Mais ce qui est singulier, c'est qu'on a laissé comme à l'écart la demoiselle Deschamps, qui seule a mis en œuvre le sieur Blanchard. Le mari s'est montré ; et lui, qui n'a nullement traité avec le sieur Blanchard, qui ne lui a rien ordonné, qui ne demeure point avec son épouse, l'a seul défendue. Trait admirable dans un mari avec lequel une femme étoit dans les termes d'une séparation de corps et d'habitation !

Il est intervenu, le 5 novembre 1757, une première sentence, qui ordonne que le sieur Blanchard « donneroit un mémoire détaillé de ce qu'il prétendoit lui être dû », et le dépôt de vingt-cinq plans et dessins : début qui sembloit promettre au sieur Blanchard un autre événement que celui qu'a eu sa cause.

Elle a été jugée par sentence du 23 décembre 1757, qui a déchargé le sieur Deschamps de la demande du sieur Blanchard, en affirmant par le premier que pour tous les ouvrages et leur conduite, il lui a donné douze louis d'or, et que le sieur Blanchard s'en est contenté, avec dépens en cas d'affirmation.

Il y a appel de cette sentence. Depuis l'appel, la demoiselle Deschamps a elle-même trouvé mauvais qu'on eût procédé contre son mari, elle a « dit qu'elle ignoroit pourquoi et à quelle occasion la sentence du 23 décembre 1757 avoit été rendue. » C'est ce qui a autorisé le sieur Blanchard à assigner la demoiselle Deschamps, pour voir déclarer commun avec elle l'arrêt qui interviendroit. Il a en même tems conclu à la nullité de la sentence et de la procédure faite par le sieur Deschamps. Nous avons donc aujourd'hui pour unique partie son épouse, et voici quels sont nos moyens.

MOYENS. — Les actrices de l'Académie royale de musique sont des espèces d'êtres privilégiés et presque indéfinissables. Inutiles, et malheureusement regardées comme nécessaires, moins autorisées que protégées, le gouvernement politique et non la législation les tolère. Isolées au milieu de la société civile, elles règnent dans une sphère qui est séparée de toute autre. La nature, la puissance paternelle et maritale ont comme perdu leurs droits sur elles. Elles n'appartiennent ni à parens, ni à époux ; elles ne dépendent en quelque sorte que d'elles-mêmes [1]. Leurs engagemens, plutôt formés par l'intérêt ou la fantaisie que par le goût et que par un rapport légitime de sentimens, ne sont jamais de longue durée. Hercule filoit auprès d'Omphale, il ne

[1] Voy. ci-dessus, p. 94.

lui en coûta qu'un peu de sa gloire; chez les demoiselles de l'Opéra, c'est Plutus qui tourne le fuseau, mais le fil se rompt dès que l'or manque au creuset. Le public peut y être souvent trompé. Il prendra pour mari celui qui vit avec une actrice, parce qu'il le voit traité maritalement; ou, à en juger par certaines apparences, il ignorera s'il y a véritablement un mari. Sans blesser cette espèce d'orgueil que leur inspirent la singularité de leur état et les charmes de leur talent, nous seroit-il permis de comparer les actrices de l'Académie royale de musique aux marchandes publiques? Qu'elles ne s'offensent point de notre comparaison. Prouvons-en la justesse, puisqu'elle nous fournit un moyen.

Qu'est-ce qu'une marchande publique? notre loi municipale nous le dit. C'est une femme qui fait un commerce distinct de celui ou de l'état de son mari. Elle peut contracter, prendre des engagemens, avoir une habitation séparée. L'autorisation du mari est toujours présumée.

Ne seroit-ce que relativement aux faits de son commerce? Mais une actrice de l'Académie royale de musique a celui de son talent, qui lui est utile. Elle vend le droit qu'il lui donne de plaire et d'amuser : il n'a peut-être qu'une valeur d'opinion, mais souvent il la mène par degré à une espèce de rang qui la fait marcher presque à côté de l'état le mieux décidé. Une actrice de l'Académie royale de musique tient du Protée. Elle prend arbitrairement, vis-à-vis de la société civile, autant de formes qu'elle change quelquefois sur le théâtre d'habits et de rôles différens. Si, oubliant sa famille ou son mari, elle ne porte qu'un nom de fantaisie, à chaque acte de la vie civile qu'on passera avec elle lui faudra-t-il faire des difficultés? Tout homme qu'elle voudra employer pour les choses d'usage ou de consommation, sera-t-il dans le cas de l'interroger ou de s'informer si elle est mariée ou non? Et si cette question importune n'a pas été faite, l'artiste, le marchand, ou l'artisan perdra-t-il son dû? Notre espèce est singulière. Elle offre une exception si journalière, qu'on ne doit pas la décider par ce qu'on appelle *strictum jus*, droit étroit, vis-à-vis d'une sorte de personnes qui n'est pas faite elle-même pour le connoître.

Pourvoir à ce que le public ne soit pas trompé, c'est ce qu'exige une bonne police. Le magistrat est établi pour maintenir la loi, mais non pas pour permettre qu'on en abuse. Tout ce qui est du ressort du commerce ne va pas sans la bonne foi. Retenir l'honoraire d'un artiste ou le salaire d'un ouvrier ou le prix d'une marchandise achetée, c'est une injustice et la loi n'est point faite pour la protéger. Le commerce des affaires seroit sans activité s'il n'étoit soutenu par la liberté et la confiance.

Quelle a dû être celle du sieur Blanchard lorsque la demoiselle Deschamps s'est adressée la première fois à lui, pour l'ordonnance et la distribution des appartemens et du jardin de sa maison rue Saint-Nicaise? Elle venoit d'en passer le bail, seule et en son nom, devant Mouette, notaire. Elle quittoit une autre maison, rue du Four, qu'elle occupoit aussi seule : point de mari qui demeurât avec elle. Il est bien constant que le sieur Deschamps étoit alors logé rue de Grenelle, faubourg Saint-Germain. Tout l'annonçoit comme maîtresse absolue de ses droits.

Les sujets du Roi sont invités, pour pourvoir aux besoins pressans de l'État, à porter leur argenterie à l'hôtel des Monnoies [1]. La demoiselle Deschamps s'empresse de satisfaire à cette invitation. Étoit-ce patriotisme, ostentation ou inquiétude? Qu'importe : aux bonnes actions, il faut toujours attribuer les meilleurs motifs. Mais est-ce le mari qui est inscrit sur la liste qui a été imprimée? Non, c'est « la demoiselle Deschamps. » Dans l'état d'indépendance où elle vit, le mari n'est toujours que derrière la toile : elle seule paroît.

C'est ainsi que les choses se sont passées à l'égard du sieur Blanchard. La demoiselle Des-

[1] Sur la situation des finances à ce moment, voy. Henri Martin, *Histoire de France*, édit. de 1859, t. XV, p. 558 et suiv.

champs, vivant séparément de son mari, l'appelle. Elle lui dit ses intentions. Elle vouloit du moderne, du recherché, du fini. Il travaille en conséquence. Il fait jusqu'à vingt-cinq plans : ils sont actuellement en notre possession. Plus amateur des arts que connoisseur, nous les avons montrés aux maîtres, aux gens de goût : ils les ont trouvés de la plus riche composition et dans les belles proportions. Le sieur Blanchard, imitateur des grands auteurs, pourra un jour prétendre à une réputation distinguée. Le détail de tout ce qui s'est exécuté sous ses ordres et par ses soins est immense.

L'antichambre est d'une simplicité élégante. Rien n'est comparable à la salle à manger. La boiserie, vernissée et rechampie, est extrêmement recherchée. Ce qui est le plus admirable, ce sont des groupes de figures et d'oiseaux, et des sites de roseaux et d'arbrisseaux en relief analogues au sujet ; deux grands salons de compagnie, l'un pour l'hiver, l'autre pour l'été, où la magnificence est alliée avec le goût ; une chambre à coucher, qui dans la mythologie eût passé pour le temple de la volupté. Les peintures et l'ameublement répondent à la beauté de chaque appartement.

Nous ne parlons point des accessoires, des accompagnemens de ces grandes pièces, des cabinets intérieurs, des boudoirs, de la bibliothèque. La demoiselle Deschamps a tous les goûts. On ne doit pas désespérer de voir, au premier jour, de ses productions.

Le jardin est d'une exécution correcte, il y règne la plus agréable variété. Le parterre, quoique réduit, est dessiné dans la grande manière. A sa suite, on voit d'un côté des tapis de verdure qui conduisent à des retraites charmantes. De l'autre côté, sont des bosquets odoriférans où tout inspire le sentiment. En un mot, on ne s'attend qu'à voir une maison particulière, et l'on trouve un palais.

La description n'est point exagérée, notre foible pinceau est ici au-dessous de son sujet. Douze louis d'or à un architecte pour tant de dessins et de travaux, qui a employé quatre mois entiers de son tems, sans compter les voitures qu'il lui en a coûté et l'assujettissement nécessaire sur les ouvriers, est-ce là un paiement? Est-il proportionné à l'idée que la demoiselle Deschamps a donnée elle-même de sa magnificence? C'est le public qu'on en rend juge.

Y a-t-il le moindre acte, le moindre écrit qui prouve que le sieur Blanchard se soit contenté de cette somme? C'est certainement ce que son mari et elle sont hors d'état de justifier. Elle est convenue elle-même « qu'elle s'adressa au sieur Blanchard, qu'elle l'avoit occupé à faire différens états de réparations et d'augmentations, et même à tracer des dessins. » Voilà un aveu bien constant. Il lui plaît ensuite de changer d'architecte. Elle étoit libre à cet égard. Elle donne douze louis au sieur Blanchard. La demoiselle Deschamps prétend qu'il « en parut fort content. » Doit-on l'en croire parce qu'elle le dit? La preuve du contraire se tire de la conduite qu'il a tenue et de celle même de la demoiselle Deschamps. Tout ceci s'est passé en 1757, et dès le 21 octobre de la même année, elle a été assignée au Châtelet en paiement d'une somme de 1,400 livres, faisant, avec 288 livres reçues à compte, celle de 1,688 livres. Est-ce un « homme content » celui qui se pourvoit en justice sur un refus qu'on lui a fait de le satisfaire?

Aussi ne voit-on pas qu'il ait été opposé aucune fin de non-recevoir au sieur Blanchard. On ne lui a point dit au Châtelet : « vous êtes payé, vous n'avez rien à demander. » Au contraire, il a été rendu, le 5 novembre 1757, une première sentence qui a ordonné que les plans et dessins seroient communiqués. Ni la demoiselle Deschamps, ni son mari ne se sont point plaints de cette sentence. Ils l'ont pleinement exécutée. En prenant au greffe communication de ces plans et dessins, c'est les avoir reconnus, c'est les avoir agréés. Qui auroit eu soldé, auroit tenu dès le commencement de la procédure un langage tout différent : il auroit dit : « vous êtes non recevable. »

Il est vrai qu'il y a une lettre du sieur Blanchard du 13 mai 1758. Mais qu'on fasse attention à cette circonstance : elle n'a été écrite qu'après la contestation engagée. Il représente à la demoiselle Deschamps qu'il lui a été « désagréable de se voir changé. » L'amour-propre voit et souffre toujours avec peine une préférence. Le sieur Blanchard lui rappelle ses services, qu'il seroit flatté de continuer « pour une personne de son goût. » Il lui parle avec politesse. N'en est-il pas dû à tout le beau sexe? Mais il finit sa lettre par la prier « de vouloir bien lui rendre justice. » C'est donc une preuve qu'il n'étoit pas « content » de ce qui lui avoit été payé à compte, qu'il ne plaidoit que pour obtenir le restant de ce qui lui est dû.

La demoiselle Deschamps n'ayant point répondu à la lettre, les poursuites ont été continuées. On en est venu au jugement définitif. Il décharge le sieur Deschamps de la demande du sieur Blanchard, en affirmant par le premier que, pour tous les ouvrages en question et leur conduite, il a été payé au sieur Blanchard douze louis d'or, et « qu'il s'en est contenté. »

Que ce jugement est bizarre! Qu'il est injuste! Toutes ses dispositions sont insoutenables : nous allons le démontrer.

1° Pourquoi le sieur Deschamps est-il déchargé? Il n'a rien commandé au sieur Blanchard, celui-ci n'a eu nullement affaire à lui, les ouvrages lui sont étrangers; le sieur Blanchard ne l'a mis en cause que « pour la validité de la procédure, » parce qu'une femme mariée ne peut ester en jugement sans l'assistance de son mari. Et néanmoins la femme qui vit séparément de son mari, qui est même aujourd'hui séparée de biens et de corps avec lui et à qui il avoit été enjoint de se retirer dans un couvent, obtient, sous le nom de son mari, sa décharge pour des faits qui lui sont personnels.

2° On défère l'affirmation au mari. Mais l'affirmation n'est que l'assertion d'un fait qui est personnel à la partie qui affirme. Et comment le sieur Deschamps peut-il avoir le serment décisoire pour ce qu'il convient lui-même « n'avoir pas regardé? »

3° Chose inouïe en justice! On rend le sieur Deschamps, par son affirmation, juge d'une intention : que le sieur Blanchard « s'est contenté de douze louis d'or. » Mais qui peut pénétrer dans la pensée d'autrui? Les sentimens intérieurs d'un homme doivent-ils être mis à la merci d'un autre qui est intéressé à lui prêter une volonté qu'il n'a point eue?

4° C'est avec regret que nous allons proposer ce dernier moyen. Il en coûte à notre modération, mais nous nous devons à la nécessité d'une juste défense. Dans la rigueur de notre droit, et elle étoit la même chez les Romains, suivant leurs mœurs et les nôtres, toute personne de théâtre est *turpis persona*. Aussi, dans les tribunaux, n'en reçoit-on pas l'affirmation ; elle appartient de droit à la partie qui plaide contre elle. Le sieur Deschamps a été acteur à l'Opéra-comique, cela est notoire; la demoiselle Deschamps y a été aussi actrice, et elle l'est encore de l'Académie royale de musique : elle ne le conteste pas. D'ailleurs qu'est-elle? Le sieur Blanchard jouit de la plénitude de l'état de citoyen. S'il y avoit une affirmation à déférer, c'étoit à lui à qui incontestablement elle étoit due. Est-il véritable ou non qu'il se soit « contenté » de douze louis d'or? Il n'y a que sa propre conscience à interroger sur ce point.

Au reste, le sieur Blanchard ne veut pas pour le présent qu'on l'en croie, il demande au préalable une estimation de ses plans et dessins. Ils ont été communiqués au Châtelet. Qu'on les estime, qu'on les apprécie, et il s'en tiendra à l'estimation. Ni l'une ni l'autre des parties ne sera lésée.

Mais les circonstances exigent que la visite soit faite promptement. Nous apprenons un événement qui doit surprendre tout Paris. Que les choses humaines ont d'instabilité! La demoiselle Deschamps se met à la réforme, sa maison rue Saint-Nicaise est à louer, on vend actuellement son superbe mobilier. Quelle étrange révolution! Ne cherchons point à en approfondir la cause. Peut-être la demoiselle Deschamps, dans la retraite qu'elle médite, deviendra-t-elle plus équitable. L'excessive opulence souvent énerve les sentimens, l'honnête médiocrité ne connoît que l'honneur.

Signé, CARSILLIER, *avocat.*

[L'affaire se termina à l'amiable.]

COMMENSAUX DU ROI.

*Mémoire pour les marguilliers de la paroisse de Notre-Dame de Pontoise contre les sieurs H*** et B***, trompettes des gardes du corps et gendarmes de la garde.*

La demande qui fait l'objet de ce procès confirme la vérité de la maxime du sage, que tout n'est que vanité, et que ce mal épidémique tend toujours à intervertir l'ordre le mieux établi.

Deux bourgeois ordinaires, enflés de la qualité de trompettes, aspirent à conquérir « des vains honneurs du pas le frivole avantage » sur tous les citoyens d'une ville, et même sur des marguilliers qui n'ont que ce foible et passager dédommagement des soins qu'ils consacrent à l'administration des revenus de l'église.

Il sembloit que des trompettes, organes et symboles de la renommée, étoient destinés par état à procurer de la célébrité aux autres hommes. Mais ces aiguillons de la gloire prétendent y participer pour leur propre compte, et ils revendiquent à ce titre des distinctions sur tout ce qui les environne.

Quelqu'importance que les sieurs H*** et B*** attribuent à cette chimérique entreprise, on n'embouchera pas pompeusement la trompette pour en faire sentir toute la frivolité. Le premier juge en eût sans doute été frappé lui-même si les appelans n'eussent gardé devant lui un silence modeste, dans l'espérance que les intimés ouvriroient enfin les yeux sur la ridiculité de leur prétention.

Mais l'illusion, loin de se dissiper, se fortifie. Ainsi il est réservé au Conseil[1], en fixant par la sagesse de son arrêt les bornes du privilège des trompettes, de régler jusqu'à quel degré il leur est permis d'avoir du vent dans la tête.

FAIT. — La contestation qui divise les parties s'est élevée à Pontoise, ville dont la distance de Paris est assez connue[2], et que des événemens mémorables rendront à jamais célèbre dans nos fastes.

Cette ville, sans être une des plus considérables du royaume, jouit de tous les attributs qui caractérisent une grande ville. Elle est la capitale du Vexin françois[3]. Nos rois, à qui le

[1] Le Grand-Conseil, auquel l'affaire avait été renvoyée. Voy. ci-dessus, p. 51.

[2] Pontoise est à 30 kilomètres de Paris. Les trains directs font le trajet en 35 minutes.

[3] Le Vexin français est aujourd'hui compris dans les départements de Seine-et-Oise et de l'Oise. On le nommait ainsi pour le distinguer du Vexin normand, aujourd'hui compris

domaine appartenoit, n'ont point dédaigné d'y faire leur séjour; M. le prince de Conty en est devenu seigneur patrimonial par échange depuis 1747. Elle renferme dans son sein, grand-vicariat, officialité, bailliage, bureau de police, élection, grenier à sel, hôtel de Ville, quatre paroisses, dix abbayes ou communautés d'hommes et de filles, collégiale, hôpitaux, collège, enfin nombre de gentilshommes, d'officiers et d'habitans distingués dans tous les ordres.

Le sieur H*** est né dans le faubourg de l'Aumône de la ville de Pontoise, où ses auteurs tenoient une auberge. Il se crut de bonne heure appelé à faire du bruit dans le monde, mais il aima mieux consacrer ses poumons que son bras au service militaire. Il entra trompette dans les gardes du corps et il a vieilli dans cet exercice. Ses services ont été récompensés d'une modique pension, qu'il a, dit-il, préférée au stérile honneur de voir sa poitrine décorée d'une croix de chevalier de Saint-Louis.

Le sieur B*** tenoit une boutique d'épicier dans la même ville, mais le commerce le quitta. Il fut rayé du corps des marchands; et s'étant fait par précaution séparer de biens d'avec sa femme, il eut la prudence de se faire cavalier de la maréchaussée. Il parvint ensuite par ses talens au

dans les départements de la Seine-Inférieure et de l'Eure, et qui avait Gisors pour capitale.

grade de trompette des gendarmes de la garde [1]. Ce sont ces deux particuliers qui, gonflés de leur dignité, ont élevé une espèce de guerre civile dans leur propre patrie.

Le 27 août 1758, ils firent signifier aux marguilliers de Notre-Dame un brevet du roi du 17 août précédent, portant que, par édit du mois de mars 1756, Sa Majesté avoit accordé au timbalier et aux deux plus anciens trompettes des quatre compagnies de ses gardes le droit de commensalité [2] de sa Maison, après vingt années d'exercice; que, bien informé du talent de H*** et du tems qu'il servoit, Sa Majesté l'a retenu pour un des trompettes de la compagnie de Villeroi [3], pour par lui exercer son office, en jouir et user, aux honneurs, autorités, prérogatives, privilèges, franchises, libertés, gages, droits, fruits, profits, revenus et émolumens accoutumés et y appartenans, tels et semblables qu'en jouissoient ou devoient jouir les autres officiers du Roi, et ce, tant qu'il plairoit à Sa Majesté.

[1] Les gendarmes de la garde du roi formaient une seule compagnie. Elle comprenait quatre trompettes et un timbalier.

[2] Voy. ci-dessous.

[3] Les gardes du corps étaient divisés en quatre compagnies :
Compagnie de Noailles.
— de Charost.
— de Villeroi.
— d'Harcourt.
Chaque compagnie avait six trompettes et un timbalier.

En conséquence ils firent une sommation aux marguilliers de les faire jouir de la plénitude des honneurs dans l'église paroissiale de Notre-Dame, aux processions, assemblées publiques et particulières, conformément aux lettres, ordonnances, édits, déclarations, arrêts et règlements, et notamment à l'ordonnance du 17 janvier 1755, qui leur donne la préséance dans les assemblées publiques immédiatement après les juges des bailliages royaux et procureurs du Roi. Ce faisant, que les marguilliers actuels et ceux qui leur succéderont par la suite fussent tenus de leur faire apporter et présenter, immédiatement après le chœur, les seigneurs et dames du lieu, s'ils s'y trouvent, les officiers du bailliage, ville et châtellenie de Pontoise, le procureur du Roi, « et avant tous autres » le pain bénit, ainsi qu'à leurs femmes et familles en même banc et même place. Avec défense de les troubler dans les rang et préséance qu'ils doivent tenir au même rang du pain bénit, dans les processions et assemblées [1] : à peine d'être contre les habitans et marguilliers de la paroisse procédé extraordinai-

[1] Les droits accordés aux commensaux en ce qui touche l'Église sont ordinairement ainsi formulés : « Auront rang et préséance avant les officiers de la seigneurie aux processions, prédications et autres cérémonies de l'Église; on leur portera le corbillon pour avoir du pain bénit avant eux; ils jouiront des autres honneurs portés par la Déclaration du 1er octobre 1686. »

rement, avec dépens, dommages et intérêts. La Fabrique s'assembla sur cette sommation; et par délibération du 3 septembre 1758, il fut arrêté que les sieurs H*** et B*** ne pouvoient être admis aux honneurs exorbitans qu'ils ambitionnoient. Mais dès le lendemain, les marguilliers furent assignés en la prévôté de l'Hôtel [1], pour voir dire qu'en exécution de la sommation à eux faite, il leur seroit enjoint et à leurs successeurs de se conformer aux ordonnances, arrêts et règlemens. Ce faisant, qu'ils fussent condamnés à accorder aux deux trompettes tous les honneurs réclamés dans la sommation, et que défenses leur fussent faites de plus à l'avenir faire passer les distributions du pain bénit devant les demandeurs et leur famille « comme par mépris et dédain », sans leur en présenter, ainsi qu'il se pratique tous les dimanches, où les paysans et vignerons sont préférés depuis environ sept ou huit mois, ni de leur disputer le pas en toute procession ou assemblée, tant générale que particulière de la paroisse. Et pour l'avoir fait depuis ledit tems et notamment le dimanche lors dernier au préjudice de leur sommation, que les marguilliers fussent condamnés en leur nom et solidairement en cent livres d'amende, applica-

[1] Dont les appels allaient au Grand-Conseil. En 1758, le grand prévôt de l'hôtel du roi était le marquis de Sourches. Voy. ci-dessus, p. 49.

bles aux pauvres enfermés de la ville, et aux dépens.

Le pain bénit s'étoit distribué jusqu'alors dans l'église sans affectation. Le commun des fidèles en prenoit indistinctement à son tour, mais la délicatesse des trompettes étoit blessée de se voir confondue dans la foule des bourgeois et habitans.

La prétention des sieurs H*** et B*** parut un phénomène. Mais pendant qu'on la regardoit comme des sons vains qui se perdroient dans les airs, ils surprirent, le 15 novembre 1758, une sentence faute de plaider, qui, en ordonnant l'exécution des déclarations, arrêts et réglemens intervenus en faveur des commensaux de la Maison du Roi [1], leur adjugea au-delà de leurs

[1] Presque toutes les personnes qui, de près ou de loin, étaient attachées au service du roi ou de la famille royale s'en disaient *commensaux*, avaient, suivant la formule consacrée, *bouche, gages et livrée*.

La plupart de ces commensaux avaient réellement *bouche à cour*, mangeaient à l'une des nombreuses tables servies au palais. Il y avait la table du grand chambellan, celle du maître d'hôtel, celles aussi des gentilshommes servants, du grand maître de la Maison du roi, des écuyers, de la desserte du roi et des princes, etc., etc.

Beaucoup d'autres commensaux recevaient une somme déterminée pour leur nourriture.

D'autres enfin jouissaient seulement des différents privilèges accordés aux commensaux : exemption d'impôts, des charges de tuteur, de marguillier, du logement des gens de guerre, etc., préséance dans les cérémonies publiques, honneurs dans les églises, etc.

conclusions et condamna les marguilliers en cent livres d'amende applicables aux pauvres, avec défense de récidiver sous plus grande peine, et avec dépens.

Les sieurs H*** et B*** firent signifier cette sentence à chacun des trois marguilliers séparément, et ceux-ci préférèrent la voie de l'appel à l'oppo-

Les commensaux du roi étaient divisés en trois classes :

1° Le grand maitre de la Maison, le premier maître d'hôtel, le grand échanson, le grand panetier, le grand chambellan et tous les autres personnages pourvus des grandes charges de la couronne.

2° Les officiers de vénerie, louveterie, fourriers, gardes du corps, cent-Suisses, gendarmes, mousquetaires, chevau-légers, etc., etc.

3° Bas officiers et domestiques.

Mais ce n'est pas tout. Quand la royauté aux abois créa les charges inutiles qu'elle s'efforçait de vendre le plus cher possible, elle attira les acquéreurs en leur accordant une foule de prérogatives, dont la plus recherchée était l'exemption d'impôts. Il en résulta qu'il n'y eut bientôt plus pour les payer que les malheureux qui ne possédaient même pas le moyen d'acheter une de ces charges privilégiées. Le roi dut, au reste, finir par le reconnaitre. Il écrivait en 1705 : « Nous avons créé différens offices de judicature, police et finances, auxquels nous avons attribué des exemptions et des privilèges, pour nous en procurer le débit avec facilité. Les plus riches habitans de nos paroisses les ayant acquis, nous nous sommes aperçu que le nombre des exempts et privilégiés étoit tellement multiplié qu'à peine reste-t-il un nombre suffisant de contribuables pour porter les charges... Nous avons trouvé qu'il étoit également juste de faire exécuter nos ordonnances et déclarations contre les domestiques et commensaux de notre Maison et des Maisons royales qui ne servent pas... » (*Édit. du Roy touchant les exempts et privilégiés*).

sition. Ils se pourvurent donc au Conseil le 24 novembre; et leurs adversaires obtinrent le 29 du même mois des lettres d'anticipation, en vertu desquelles ils les firent assigner au Conseil par trois exploits différens du 2 décembre suivant.

Tel est l'état de la procédure, aussi simple que les moyens sur lesquels les marguilliers ont fondé leur appel.

MOYENS. — Les intimés réclament les privilèges des commensaux de la Maison du Roi, fondés sur la dignité de trompette. Mais ne font-ils pas sonner trop haut cette qualité, et les autorise-t-elle à acquérir des préséances nouvelles sur tout le reste des habitans?

Pour parvenir à la conquête qu'ils méditent, il faut :

1° Que leur qualité entraîne avec elle les distinctions qu'ils revendiquent : or, les édits, déclarations, arrêts et réglemens n'énoncent point les trompettes au rang des officiers de la Maison du Roi. Ainsi, en avouant leur qualité qui n'est pas mystérieuse, on peut élever des doutes légitimes sur leurs privilèges.

2° Il est question de fixer et de réduire dans des bornes raisonnables les distinctions auxquelles les trompettes peuvent aspirer en s'assimilant aux commensaux de la Maison du Roi.

On conviendra que les attributions accordées

aux trompettes, en faveur des compagnies respectables auxquelles ils sont attachés, peuvent s'appliquer à l'exemption de logement des gens de guerre, sinon en passage forcé, au paiement du tarif, aux entrées à demi-droits, aux quatre sols pour livre, à l'affranchissement de tutelle, curatelle, et au droit d'être taxés à la capitation au rôle des privilégiés. Mais peuvent-ils étendre leurs vues jusqu'à s'arroger des honneurs particuliers à l'église, dans une ville où il y a des exempts, des brigadiers[1] et autres officiers de la Maison du Roi qui n'ont jamais cru se donner par cette voie un nouveau relief?

Seroit-il naturel que les sieurs H*** et B***, simples trompettes, et qui ne paroissent jamais à l'église avec les marques caractéristiques de leur état, précédassent leurs supérieurs et nombre d'officiers qui sans être spécialement attachés au corps de la Maison du Roi n'en sont pas moins recommandables?

Peut-être les intimés seroient-ils écoutés s'il étoit question d'obtenir de leur part des préférences dans l'étendue de la justice seigneuriale d'un village; mais c'est une témérité que de vouloir primer les habitans d'une ville qui renferme dans son sein une grande quantité de personnes distinguées par leur état, leur âge et leurs services.

[1] Le titre de brigadier ou général de brigade avait été créé par Louis XIV en 1668.

Cependant la sentence ordonne que les marguilliers feront jouir les sieurs H*** et B*** de la plénitude des honneurs dans l'église paroissiale de Notre-Dame, notamment aux processions, aux assemblées publiques et particulières et dans la distribution du pain bénit. Détaillons chacun de ces chefs en particulier.

La sentence accorde la préséance aux sieurs H*** et B*** immédiatement après le seigneur du lieu, les officiers du bailliage, le procureur du Roi, et avant tous autres. Or, Monseigneur le prince de Conty se trouvant aujourd'hui seigneur patrimonial de la ville, il s'ensuivroit que les trompettes auroient droit de marcher immédiatement à sa suite avec le bailliage, et de ne faire passer qu'après eux les seigneurs et les officiers qui composeroient son cortège. Si le premier juge ne leur eût accordé des distinctions que lorsqu'ils auroient été revêtus de leur habit de cérémonie et des marques de leur état, alors il auroit pu leur permettre de marcher même à la tête des prêtres pour procurer un nouvel ornement à la procession ; mais que, sans aucune marque extérieure qui les distingue, ils précèdent l'élection, le grenier à sel[1], l'hôtel de ville et nombre d'officiers décorés : c'est, on ose le dire, ce qui n'est pas proposable.

[1] Sur l'élection et le grenier à sel, voy. ci-dessus, p. 36 et 37.

Ils prétendent également être invités, par distinction, aux assemblées publiques et particulières; mais on ignore quelle peut être l'étendue de cette demande.

S'il s'agit des assemblées générales auxquelles la communauté des habitans ait intérêt et droit d'assister, elles sont annoncées au son du tambour, et rien ne paroît s'opposer à ce que les sieurs H*** et B*** y figurent comme les autres citoyens.

Est-il question au contraire des assemblées particulières de la Fabrique, on ne voit pas sur quel fondement ils voudroient étendre le privilège des trompettes jusqu'à s'introduire dans l'administration d'une Fabrique. La paroisse de Notre-Dame a des usages qui lui sont communs avec les autres paroisses de la ville. Les marguilliers sont choisis parmi les officiers de justice et de finance, notaires, procureurs, marchands et notables. Les marguilliers nommés administrent le temporel, fixent les honoraires du clergé et disposent du revenu. Il n'y a que le curé qui ait voix et entrée avec eux dans les assemblées et bureaux qui se tiennent pour le gouvernement de la paroisse. Or, comment accorderoit-on à deux trompettes un droit qui n'a jamais été réclamé par le grand-vicaire, les officiers du bailliage, les maire, échevins, seigneurs et autres officiers constitués en dignité?

La sentence ordonne aussi que les intimés

recevront le pain bénit, que les marguilliers leur feront présenter immédiatement après le chœur, le seigneur du lieu, le bailliage, le procureur du Roi, « et avant tous autres. » Mais cette préférence accordée à de simples trompettes, réveillera sans doute l'attention des officiers supérieurs et des gentilshommes qui domiciliés dans la paroisse n'avoient jusqu'à présent revendiqué aucune prééminence.

Le pain bénit s'est toujours distribué indifféremment et sans tumulte, suivant le rang où chacun est placé dans l'église. Le clergé et le seigneur ou ses représentans, les magistrats, s'il s'en trouve, ont à cet égard des préférences. Mais dans une ville peuplée, est-il au pouvoir des présentateurs de décliner les noms, les qualités, de chercher, de découvrir chacun dans la place qu'il occupe et de décrire perpétuellement des lignes obliques et circonflexes pour faire à chaque paroissien une oblation particulière qui n'humilie point les uns et n'éveille point la jalousie des autres?

C'est une disposition d'autant plus impraticable qu'elle s'étend jusqu'aux femmes, enfans et famille des sieurs H*** et B***. Or, quelle anarchie, quel désordre ne s'éléveroient pas si elle étoit exécutée? Tous les corps se soulèveroient, ce seroit un assaut perpétuel de prétentions. Il n'est point dans la ville de garde du corps, gendarme ou chevau-léger, qui ne voulût avec raison qu'on le cherchât dans l'église par préférence au trompette de la compagnie, eux qui jusqu'à présent confondus dans la généralité des fidèles se sont tenus dans un modeste silence, et ont plus envisagé le service divin comme un acte de religion que comme une occasion d'étaler des titres et de l'ostentation.

Il n'est pas moins extraordinaire que les trompettes entreprennent de se faire donner le pain bénit et d'obtenir le pas sur les marguilliers même de la Fabrique.

Il est beaucoup de paroisses où ils ont rang avant les officiers même, parce qu'ils représentent le corps mystique des habitans et qu'ils n'ont communément que l'offrande et la procession pour récompense de leur dépense et de leur assiduité à la paroisse. C'est la raison pour laquelle, en nombre d'endroits et notamment à Paris, ils suivent immédiatement le clergé et les personnes de la plus haute distinction. Ce sont des honneurs qui se rapportent moins à leur personne qu'à leurs fonctions. Or, les appelans sacrifieront-ils ces prérogatives, dont ils sont comptables à leurs successeurs, à la vanité des sieurs H*** et B***?

Ils ne sont point nommément compris dans l'énumération des commensaux, et s'ils participent à leurs privilèges, c'est par de simples concessions personnelles qui tendent uniquement à leur rendre la vie plus douce sur la fin de leurs jours, mais non pas à leur faire usurper une supériorité sur des personnes destinées à les primer dans la société. Des trompettes ne doivent marcher les premiers qu'à la tête de leur compagnie, où ils sont sans conséquence; leur emploi est de sonner le boute-selle, l'arrivée, la retraite, ou de sonner fanfare pendant les repas de leur compagnie. Mais dans le cours de la vie civile ils ne peuvent exiger ni préférence ni concurrence avec les officiers en titre à qui le Roi a accordé des privilèges ou à qui l'usage en a attribué.

Il y a dans Pontoise et aux environs nombre de gentilshommes anciens, et même des conseillers de Cour souveraine sur qui la sentence dont est appel semble donner de l'avantage aux intimés, en adoptant les mots « avant tous autres » contenus dans leur sommation. Or il est certain que cette disposition seroit fermement contrariée par eux, quoique les trompettes remplissent dans ce monde-ci les fonctions qu'on attribue aux anges dans l'autre. Mais ce qui prouve complétement que les intimés ne sont pas dans le cas de jouir des honneurs accordés aux commensaux de la Maison du Roi, c'est l'exception particulière en vertu de laquelle ils agissent.

Le sieur H*** a fait signifier des lettres patentes du 17 août 1758, par lesquelles Sa Majesté a eu

D'après le P. Daniel, *Histoire de la milice françoise.*

la bonté d'accorder au timbalier[1] et aux deux plus anciens trompettes de chaque compagnie de ses gardes, le droit de commensalité; et bien informé de ses talens et du tems de ses services, le Roi le retient à la charge d'un des trompettes de la compagnie de Villeroi, pour l'exercer et en jouir aux honneurs, privilèges, etc. y appartenans, tant qu'il lui plaira.

1° Le Roi n'accorde des privilèges qu'au timbalier et aux deux plus anciens trompettes de la compagnie : or rien ne justifie ici que le sieur H*** soit un des deux anciens appelés à jouir de ce bénéfice. Il y a donc lieu de croire que c'est une concession personnelle qui lui a été faite

[1] Au sujet des timbales, le P. Daniel s'exprime ainsi : « Il n'y a pas fort longtemps que cet instrument militaire est mis ou a été remis en usage dans nos armées. Je ne me souviens pas de l'avoir vu dans nos histoires sous le règne de Henri IV ni sous celui de Louis XIII. Il a été rétabli sous le règne de Louis le Grand. Ceux qui ont écrit avant ce temps-là sur la milice françoise ne donnent que la trompette à la cavalerie, et ne parlent point de tymbales.

Les tymbales sont garnies de deux tabliers qui sont de drap ou de satin, aux armes du prince ou du colonel ou mestre de camp à qui elles appartiennent. Le tymbalier bat avec des baguettes de bois de cormier ou de buis, longues chacune de huit à neuf pouces; elles ont chacune au bout une petite rosette de la grandeur d'un écu. C'est de l'extrémité de ces petites rosettes que l'on frappe la tymbale...

Le tymbalier doit être un homme de cœur, qui doit défendre ses tymbales au péril de sa vie, comme le cornette et le guidon doivent faire pour le drapeau. »

(*Histoire de la milice françoise*, t. I, p. 538.)

et qui n'appartient nullement à son office, d'autant plus que les lettres portent pour en jouir « tant qu'il nous plaira. » Ainsi, l'intention du Roi paroît s'être bornée à lui procurer une récompense qui l'exemptât de la taille, du logement, de subvention et d'autres impositions bourgeoises; mais non pas de l'habiliter à conquérir les honneurs de sa paroisse, au préjudice des gentilshommes, officiers, marguilliers et autres habitans notables du lieu de la résidence.

2° Le Roi mande aux trésoriers des troupes de sa Maison de lui payer ses gages et droits par chacun an en la manière accoutumée. Ainsi, l'on doit penser que la grâce avoit pour objet une récompense pécuniaire et un affranchissement plutôt qu'une attribution de droits honorifiques.

3° Si la copie de ces lettres signifiées par le sieur H*** est fidèle, elles sont dans une forme inusitée. En effet, elles sont datées *A Versailles, sous le scel de notre secret, le* 17 *août* 1758. La forme du don sympathise peu avec la qualité du donataire, et l'on ne voit pas trop pourquoi l'on auroit voulu attribuer le caractère du secret à des lettres accordées à un trompette.

Enfin, ces lettres ont été enregistrées à la Cour des aides, pour jouir par l'impétrant des *franchises*, *exemptions et privilèges* y portés. Ainsi, tout annonce que le Roi a simplement voulu qu'un de ses anciens trompettes ne redevînt pas confondu dans la foule des taillables, mais que Sa Majesté n'a jamais prétendu l'égaler pour les honneurs aux premiers commensaux de sa Maison.

Par rapport au sieur B***, il ne se fonde sur aucun titre particulier. Il a simplement fait signifier un extrait du rôle de la compagnie des gendarmes, enregistré à la Cour des aides, pour jouir par lui des franchises, exemptions et privilèges attribués à la compagnie. Or, comme les droits de la commensalité ne sont par aucun titre attribués à son office, il est aisé d'en conclure qu'il n'a pas même un prétexte apparent pour réclamer les honneurs à l'église. Il peut jouir en paix de l'affranchissement que lui communique par reflet une compagnie distinguée dont il annonce la marche, mais c'est une témérité de sa part que de venir troubler l'ordre établi de tout tems dans une paroisse, parmi des magistrats, des militaires, des marguilliers et des bourgeois pacifiques.

Aucun des arrêts rapportés dans les auteurs, ni les exemples que les intimés voudroient invoquer, ne prouveront que les trompettes ayent porté leurs vues ambitieuses jusqu'aux honneurs de l'Église, dans une ville surtout où nombre de citoyens simples ou titrés sont peu jaloux de marcher avec des trompettes à leur tête. C'est ce qu'il sera facile de démontrer lorsque, dans la plaidoirie de la cause, les parties établiront plus amplement leur défense.

Les sieurs Virstal et Luard ont rempli pendant longtems des offices semblables à ceux des sieurs H*** et B***, jamais ils n'ont aspiré à se faire décerner des honneurs extraordinaires. Contens de vivre dans l'égalité avec leurs concitoyens, ils ont profité des exemples de modestie que leur donnoient leurs supérieurs. Les intimés, au contraire, ont cru qu'on leur faisoit injure en ne les distinguant pas de la généralité ; ils se sont plaints hautement, et ils ont prouvé que plus le vent est comprimé dans les trompettes, plus sa sortie est éclatante.

L'intention des marguilliers n'est nullement d'attaquer la personne, les fonctions ou les talens des sieurs H*** et B***. Il n'est rien dans le service du Roi et de l'État qui ne soit honorable, mais un emploi ne suffit pas pour obtenir des préférences qui ne sont que l'apanage de la supériorité. Quand on est dans la classe commune, on ne doit point exalter son amour-propre aux dépens de celui des autres. C'est cependant ce qu'ont fait les intimés en demandant que, faute par les marguilliers de leur accorder les honneurs réservés aux plus grands seigneurs, « il sera procédé contre eux extraordinairement. » Est-ce donc un crime dans l'État que de ne pas présenter, par préférence, du pain bénit à des trompettes?

Le premier juge l'a sans doute envisagé sous ce point de vue, puisqu'il a condamné les marguilliers en cent livres d'amende. Mais il est aisé de sentir que sa religion a été surprise et que cette disposition ne peut se soutenir.

L'on ne croit pas non plus qu'il ait pu se persuader que deux trompettes doivent jouir des droits honorifiques attribués aux officiers de la Maison du Roi. Le défaut de contradiction de la part des appelans a pu seul l'autoriser à rendre une sentence favorable au système des intimés. Il est cependant étonnant qu'il leur ait accordé, même par défaut, la préséance sur les officiers qui leur sont supérieurs par leurs grades et leurs dignités, en leur assignant leur place immédiatement après le bailliage. Cette seule disposition suffit pour faire sentir l'impossibilité qu'il y auroit à exécuter un pareil jugement. Le désordre se mettroit bientôt dans une paroisse où la tranquillité a régné jusqu'à présent. Il est important, pour le maintien de la règle et le rétablissement de l'ordre, de réformer la sentence dont est appel et de restreindre les efforts de deux trompettes gonflés de vaines prétentions.

M. MARCHAND[1], *avocat.*

[Par arrêt du Grand-Conseil, les deux trompettes furent déboutés de leurs ridicules prétentions.]

[1] Il cumula le barreau et la littérature, et publia une foule d'ouvrages où ne manquent ni l'esprit, ni l'originalité. Jean-Henri Marchand mourut en 1785.

LES PATÉS DE JAMBON.

Mémoire pour la communauté des chaircuitiers, contre Nicolas-Noël, pâtissier, et contre la communauté des pâtissiers.

Il y a quelquefois moins à gagner à se mêler de deux métiers qu'à n'en faire qu'un et le bien faire. Mais il y a aussi certains commerces dont l'un ne nuit point à l'autre. Par exemple, il ne coûte pas plus à un pâtissier de vendre, chemin faisant, du jambon, et il gagne davantage [1]. Cela est tout clair; les pâtissiers y ont fort bien trouvé

[1] Il faut se rappeler que les statuts de chaque corporation ouvrière spécifiaient minutieusement la nature des objets qu'elle était autorisée à fabriquer ou à vendre. Les pâtissiers pouvaient sans doute faire des pâtés, mais le commerce de la viande de porc appartenant aux charcutiers, celle-ci ne devait, sous quelque forme que ce fût, être employée par les pâtissiers. Voy. *Comment on devenait patron*, chap. II.

Jusqu'au quinzième siècle, les charcutiers ne vendirent que de la chair cuite, d'où leur nom. Le porc à l'état frais était débité, comme les autres viandes, par les bouchers. Les statuts du 17 juillet 1475 reconnaissent aux seuls *maîtres chaircuitiers-saucissiers-boudiniers* le droit de vendre la chair de porc, soit cuite, soit apprêtée en cervelas, saucisses, boudins, etc. Des lettres patentes de 1705 leur attribuèrent ensuite le droit exclusif de débiter du porc frais.

leur compte tant qu'on les a laissé faire. Mais ce qui les accommodoit, incommodoit les chaircuitiers. Ceux-ci ont obtenu des sentences et des arrêts qui ont condamné l'entreprise.

Un pâtissier qui a plus d'esprit que les autres (c'est M. Noël) a inventé le plus joli secret du monde pour éluder ces jugemens. Il a fait cuire un jambon comme on a coutume de le faire cuire, puis il l'a enveloppé d'une pâte mince, ensuite il l'a mis à l'entrée du four un moment pour faire prendre couleur à la pâte, et l'ayant retiré, il a dit en considérant son petit chef-d'œuvre : voilà un pâté de jambon ou je ne suis pas pâtissier, viennent les chaircuitiers quand ils voudront.

Ils sont venus. Ils avoient avec eux un commissaire et un huissier. Le jambon étoit fort entamé, on a saisi ce qui en restoit, il a été mis dans une boîte cachetée : Noël s'en est chargé.

On a été à l'audience de la police. Tous les pâtissiers trouvant l'invention bonne, leur communauté étoit intervenue. Noël avoit apporté la boîte. Le juge l'a fait ouvrir. Le jambon ne tenoit point du tout à la croûte, on l'en a tiré, et tout le monde a reconnu un jambon dans son état naturel et d'une cuisson ordinaire. Noël a soutenu inutilement que c'étoit un plat de son métier : le Lieutenant de police en a jugé autrement, il a déclaré la saisie valable. Il a condamné Noël à 10 livres d'amende et 20 livres de dommages et intérêts, et il a défendu aux pâtissiers de faire des pâtés de jambon, *à moins que la viande et la pâte ne soient cuites ensemble.* Le morceau saisi a été remis dans la boîte, et la boîte a été recachetée.

Les pâtissiers ne sont pas contents Ils en appellent, et leur grief est fort simple. Ils conconviennent dans leurs écrits qu'ils n'ont pas droit de vendre du jambon : loin de contredire les jugemens qui leur défendent ce commerce, ils les ont fait imprimer à la suite de leurs statuts ; et ils produisent l'imprimé pour prouver qu'ils ont droit, par leurs statuts, de faire des pâtés de jambon.

Ils disent vrai. Mais ce qu'on a saisi n'est point du tout un pâté de jambon, c'est, sous le masque d'une croûte légère, un jambon tout naturel et tout ordinaire. Les pâtissiers le définissent assez bien en deux endroits de leurs causes d'appel : *Un jambon conçu en façon de pâté,* et cela signifie *un jambon travesti en pâté.* La chose est, à la vérité, finement inventée, mais les finesses n'ont pas de mérite auprès des juges : ils condamnent la fraude déguisée tout comme la fraude à découvert.

Les pâtissiers se défendent avec un grand sérieux. Ils ont donné un *factum* fort étendu ; mais ils ne sont pas parvenus à prouver qu'un jambon prêt à servir sur table soit un pâté parce qu'on l'a recouvert d'une pâte mince qui ne lui sert que d'enveloppe.

Ils disent que pour bien faire un pâté, il ne faut pas hacher le jambon avec la viande ordinaire, que ce seroit une mixtion désagréable, qu'on coupe ce jambon par tranche et qu'on l'entremêle d'une couche de pâté de viande ordinaire.

Dans leurs contredits, c'est une autre méthode. On prépare le jambon comme un vrai pâté, avec tous les ingrédiens qui entrent dans les pâtés; on le hache avec ces ingrédiens, de sorte que le jambon est entièrement dénaturé. Il forme, indépendamment de la croûte, un vrai pâté.

On ajoute un moment après, que le jambon avant d'être cuit, ayant déjà éprouvé d'autres préparations, n'est pas de sa nature susceptible du mélange de plusieurs ingrédiens. On vient insensiblement à dire, que s'il arrive que les pâtissiers cuisent le jambon séparément, et qu'ensuite ils y ajoutent une pâte *auxiliaire,* c'est pour en faire un ouvrage plus délicat. Agir autrement, dit-on, ce seroit risquer d'introduire dans le public un mets dangereux pour la santé.

Tout cela est répété, retourné, contrarié dans le *factum,* et l'on voit que les pâtissiers ne savent quel chemin tenir pour sortir d'embarras.

Au fait, le jambon saisi, lorsqu'on lui a donné un surtout de pâte, n'étoit ni haché, ni assaisonné d'ingrédiens, ni coupé par tranches entremêlées de couches d'autres viandes : il n'étoit nullement dénaturé. C'étoit un jambon simple, sortant de la cuisson ordinaire, prêt à manger, tel en un mot que les chaircuitiers le vendent. Et pour emprunter le langage des pâtissiers, la pâte étoit une pâte *auxiliaire,* elle ne rendoit pas l'ouvrage plus délicat, elle servoit seulement à prétexter la fraude. Cela est trop évident, et en bonne foi, on feroit mieux d'en convenir que de soutenir si longtems une cause que l'on peut dire perdue.

Il y a dans la sentence une disposition dont les pâtissiers sont un peu courroucés : elle leur défend de faire des pâtés de jambon, à moins que la viande et la pâte ne soient cuites ensemble. Quoi donc, disent-ils, le lieutenant de police a-t-il voulu nous apprendre notre métier? Non, mais il leur a appris à ne point ruser et à ne point faire la fraude. Ils savent bien que ce n'est pas faire un pâté que de mettre de la viande cuite dans une croûte postiche qui n'est comptée pour rien ; ce qu'ils ne savoient pas, est qu'on ne trompe point la justice. Ils le savent à présent, ils le sauront encore mieux quand la sentence sera confirmée.

Me PAGEAU, *avocat.*

[Les charcutiers obtinrent gain de cause.]

SAISIE D'APPOINTEMENTS AU THÉATRE-FRANÇAIS.

*Mémoire pour le sieur Queret de Méry, marchand mercier à Paris, contre le sieur de B**** [1], *l'un des comédiens françois ordinaires du Roi, et contre le sieur Baron* [2], *ci-devant l'un des comédiens ordinaires du Roi et présentement leur caissier.*

Il est du bon air aujourd'hui d'être insolvable, ou du moins de ne payer pas. Le moyen qu'un homme qui passe un tiers de sa vie dans l'éclat des grandeurs puisse redevenir peuple et s'assujetir à payer ses dettes !

Si le sieur de B*** s'en fût toujours tenu à la modeste qualité d'instituteur de la jeunesse, peut-

[1] Sans doute le sieur Fromentin, dit de Blainville. D'abord maître de pension à Gonesse, près Paris, il débuta au Théâtre-Français en 1758 par le rôle du grand prêtre dans *Athalie*, joua *Électre*, *Zaïre*, etc.

[2] Il s'agit ici, non du grand Michel Baron, mort en 1729, mais de François Baron, son petit-fils. Celui-ci entra à la Comédie-Française en 1741, y joua pendant quatorze ou quinze ans, y devint caissier, et se retira avec une pension de mille livres.

être auroit-on pu le ramener à ces notions anciennes, longtems regardées comme vraies, qu'il est juste de remplir ses engagemens, qu'on doit payer ce qu'on achète, etc. Mais depuis qu'il a été élevé au grade de Comédien-françois, ses idées ont si prodigieusement changé qu'il regarde un marchand qui lui a fourni des étoffes pour ses habits de théâtre comme un homme qui a travaillé pour la gloire de la nation et qui doit se croire assez payé d'un tel honneur.

Dans l'inébranlable résolution de payer le moins qu'il pourroit, il n'est aucunes ressources que le sieur de B*** n'ait mises en œuvre. On lui doit cette justice qu'à cet égard il a mis dans son jeu toute la finesse, toute l'intelligence possibles ; mais quel que soit son art, il faut qu'il renonce pour cette fois à l'honneur des applaudissemens.

FAIT. — Le sieur de B*** Comédien-françois ordinaire du Roi, après avoir été longtems resserré dans des détails pénibles, est parvenu à pouvoir exposer ses talens sur un grand théâtre. Mais pour y paroître, il lui falloit des habits. Habits à la françoise, habits à la romaine, car il réussit également dans les différens rôles, tout lui fut nécessaire dans ces premiers tems. Le sieur Queret de Méry, zélé partisan de la gloire de notre théâtre national, eût craint de lui dérober un sujet distingué en refusant au sieur de B*** les secours que sa qualité de marchand d'étoffes de soie le mettoit en état de lui donner. Il lui fournit, depuis le 27 juillet 1758 jusqu'au 30 octobre de la même année, pour 1150 livres d'étoffes de soie, dont le sieur de B*** fit son arrêté payable à volonté. Pour ne point décourager ses talens naissans, le sieur de Méry eut la facilité de laisser convertir cet arrêté, le 26 avril 1759, en quatre billets à son ordre de 287 livres 10 s. chacun, payables les premier novembre 1759, premier février, premier mai, premier août 1760.

Mal payé des habits à la françoise, il eut encore la complaisance de lui fournir depuis un habit à la romaine. Il espéra, sur la foi des promesses du sieur de B***, pouvoir prendre sa revanche des pertes du brodequin sur le cothurne. On l'habilla donc.

Le sieur de Méry ignore si, du côté des applaudissemens, le sieur de B*** a réussi comme il l'avoit promis; tout ce qu'il sait, c'est que du côté des paiemens, il n'a nullement tenu parole. Ayant un billet de cet acteur, il a essuyé des poursuites rigoureuses qui l'ont obligé de reprendre ce billet pour son compte[1]. Il lui a été impossible de contraindre au paiement le sieur de B***, qui a fait dans cette affaire la plus belle résistance. Il est vrai qu'il a l'avantage singulier de ne craindre ni les contraintes par corps ni les

[1] L'acte de rétrocession, passé devant notaires, est du 23 juin 1760.

saisies-exécutions. On ne lui connoît que trois sortes de biens, lui, ses meubles, son bénéfice à la Comédie. A l'égard de sa personne, les plaisirs du public la revendiquent et la rendent insaisissable. A l'égard de ses meubles, il veut qu'on croie qu'il n'en a point : le bail de son appartement est sous le nom de sa gouvernante, ou, s'il veut qu'on emploie un terme plus honorable, sous le nom d'une amie qui l'occupe avec lui. Quand on a voulu saisir, il s'est trouvé qu'aucuns meubles ne sont au sieur de B***. Il est étranger dans sa propre maison. Quant à ses habits, qui peut mieux savoir qu'ils ne lui appartiennent pas que le sieur Méry lui-même qui en demande le paiement? Ainsi ce nouveau Bias porte tout avec lui.

Reste son bénéfice dans les produits de la Comédie. Mais, vaine ressource pour des créanciers saisissans! Ils ne trouvent qu'un fantôme à saisir, qu'une nuée à embrasser. Le sieur Sarot, porteur du premier des billets du sieur de B***, avoit fait une saisie-arrêt sur lui entre les mains du sieur Baron, caissier de la Comédie-Françoise, et cette saisie, conçue dans les termes les plus étendus, renfermoit « les voyages et gratifica-« tions de la Cour, les petites loges louées à « l'année, et autres choses généralement quel-« conques. »

Le sieur Baron se ressouvenant d'avoir été

comédien et peut-être saisi quelquefois, a eu pitié d'un comédien qu'on saisissoit. Il a refusé d'affirmer ce qui revenoit au sieur de B*** et de prêter interrogatoire sur faits et articles. Il n'a livré aux poursuites de tous les créanciers de son ami que la somme de 226 livres 19 sols 10 deniers, comme la seule portion saisissable depuis le 4 août 1759 jusqu'à la clôture du théâtre, arrivée cette année le 22 mars; en sorte que d'après ce calcul, le sieur de B*** ne retireroit de son état que 1021 livres 9 sols 3 deniers par an. Il est aisé de voir au premier coup d'œil le peu de foi que mérite une semblable liquidation [1], mais pour en convaincre davantage, nous allons expliquer l'administration économique de la Comédie-Françoise.

Cette troupe, longtems agitée, longtems errante, appelée en secret par ceux qui combattoient au-dehors son établissement, a enfin acquis en 1676 une demeure fixe dans la rue qui porte son nom [2]. Divisée en vingt-trois membres, cha-

[1] L'acte de cette prétendue liquidation, d'après laquelle le sieur de Méry n'a touché que soixante-onze livres quinze sols six deniers, est du 30 juin 1760. Le tiers entier de tout le bénéfice revenant à chaque comédien étant saisissable, il résulte de ce calcul, que dans huit mois le sieur de B*** n'a retiré de la Comédie que six cent quatre-vingts livres dix-neuf sols six deniers, ce qui fait pour un an mille vingt-une livres neuf sols trois deniers. (*Note jointe au mémoire.*)

[2] La Comédie-Française fait aujourd'hui dater officielle-

cun d'eux a eu dans l'hôtel une part, dont le prix se rend par le successeur à celui qui se retire ou à la famille de celui qui meurt.

Originairement, tout ce qui appartenoit à chaque comédien étoit saisissable, parce que de plein droit tout profit, tout avantage, toute action du débiteur doit répondre à son créancier de ses engagemens. Un arrêt du 2 juin 1693 a exempté de la saisie les parts de l'hôtel.

Le même arrêt a déclaré insaisissable le tiers « des gains et profits » des comédiens, « toutes charges déduites [1]. »

Ces premières faveurs ont enhardi les comédiens à en souhaiter de plus grandes. Ils ont

ment son existence de 1680, année où Louis XIV réunit la troupe de l'hôtel de Bourgogne à celle de Molière.

En 1673, la troupe qu'avait formée Molière s'était installée rue Guénégaud. En 1680, les deux troupes réunies s'établirent dans la rue Saint-Germain des Prés (aujourd'hui rue de l'Ancienne-Comédie), où elles firent construire un théâtre qui coûta près de deux cent mille livres. Cette salle menaçait ruine en 1770. La troupe se transporta alors au palais des Tuileries, dans la salle dite des machines. Les comédiens l'occupèrent jusqu'en 1782, puis prirent possession du théâtre qui porte aujourd'hui le nom d'*Odéon*.

[1] Cet arrêt fut modifié par un édit de 1761, dont l'article 27 est ainsi conçu : « La part de chacun des acteurs et actrices sera divisée en trois portions égales, savoir : deux tiers libres et non saisissables par les créanciers, pour être appliqués, l'un aux alimens, l'autre à l'habillement et entretien de chacun d'eux. Et quant à l'autre et dernier tiers, il sera affecté aux créanciers des acteurs et actrices sur lesquels il surviendra des saisies. » Voy. ci-dessous.

encore soustrait un second tiers aux créanciers, en plaçant leurs habillemens, par une interprétation commode, au nombre des charges, et en fixant la dépense des habillemens à un tiers, pour éviter les embarras du calcul. Il est vrai que pour faire admettre cette tentative, ménagée par une de leurs délibérations [1], ils eurent l'attention de réserver le dernier tiers entier aux créanciers. Le Parlement voulut bien encore autoriser cet arrangement [2], mais à condition, comme l'on voit, que le dernier tiers seroit conservé aux créanciers, « exempt de tous frais et sans pouvoir être diminué sous quelque prétexte que ce pût être ».

Bientôt, quelques comédiens souffrirent im-

[1] Cette délibération, qui est du 10 décembre 1709, porte « sous le bon plaisir de Nosseigneurs de Parlement, qu'à « l'avenir *tout* le produit seroit partagé en *trois* portions *égales*, « dont un tiers sera mis ès mains de la demoiselle Romanquant « [caissière de la Comédie], pour être par elle donné aux créan- « ciers saisissans, *exempts de tous frais*, et les deux autres « tiers donnés à ceux sur qui les saisies auroient été faites, « après que, sur *lesdits deux tiers*, déduction aura été faite « des frais ordinaires que fait la troupe, et dont la déduction « se fait pareillement sur les registres. A la charge que, *sur « les restans desdits deux tiers*, ceux sur qui les saisies au- « roient été faites seroient tenus de se fournir d'habits et « autres ajustemens dont ils font la dépense jusqu'à présent, « *sans que sous quelque prétexte que ce puisse être, ceux sur « qui les saisies auront été faites puissent rien prétendre sur « le tiers destiné pour leurs créanciers.* » (*Note jointe au « mémoire.*)

[2] Arrêt du 23 décembre 1709.

patiemment que le dernier tiers pût du moins être saisi. De quoi serviroit, disoient-ils, la Comédie, si elle ne mettoit en état de faire derrière la toile ce qu'on fait sur la scène? Les Crispins, les Frontins, les Scapins d'alors, naturellement inventifs, furent sans doute ceux d'entr'eux qui se firent un jeu d'escamoter le troisième tiers à leurs créanciers par des cessions et des transports simulés.

Mais l'honneur du corps réclama promptement contre la fraude de quelques-uns de ses membres. Le 6 janvier 1716, la compagnie se forma en grand comité pour délibérer. Les plus grands noms du théâtre, les Beaubourg[1], les Poisson[2], les Quinault[3], les Dufresne[4], les Dangeville[5],

[1] Pierre Tronchon de Beaubourg succéda à Baron en 1691 et se retira en 1718. Il avait épousé la fille de Jeanne Bourguignon, dame Beauval, alors soubrette dans la troupe de Molière. La dame Beaubourg appartint aussi au Théâtre-Français, elle y tint l'emploi des confidentes tragiques.

[2] Raymond Poisson, acteur célèbre et auteur dramatique. Il se distingua surtout dans les *Crispins*, et c'est lui qui créa le costume que la tradition leur a conservé. Il mourut en 1690

[3] Jean-Baptiste Quinault, acteur, compositeur de musique et chanteur, avait débuté à la Comédie-Française en 1712. Il la quitta en 1734, et mourut dix ans après.

[4] Abraham-Alexis Quinault-Dufresne, frère du précédent, acteur tragique, avait débuté en 1712 à la Comédie-Française par le rôle d'Oreste. Il mourut en 1741.

[5] Charles Botot, dit Dangeville, jouait surtout les niais. Il se retira, doyen de la troupe, en 1743. Sa sœur Marie-Anne excellait dans les rôles de soubrette.

souscrits au bas de cette délibération, en attestent la sagesse et l'importance. Voici la loi qu'ils imposèrent à leur postérité :

« Ce jour, les Comédiens ordinaires du Roi, assemblés en leur hôtel pour délibérer sur leurs affaires, les sieurs de la Voie[1], Dangeville et du Bocage[2], » Comédiens ordinaires du roi..... établirent par un rapport très judicieux, « qu'il seroit à la liberté de ceux sur qui les saisies seroient faites, d'éluder l'effet des saisies par des transports simulés, ou de préférer un de leurs créanciers à l'autre. »

Mais l'assemblée arrêta « qu'aucun en particulier ne pourroit faire transport, ou que s'il en étoit fait aucun, le cessionnaire de chacun d'eux ne pourroit toucher que jusqu'à concurrence dudit tiers destiné pour leurs créances. » Un arrêt du 12 janvier 1716 a homologué cette délibération.

Ainsi, ni transport, ni frais, ni aucunes déductions, quelles qu'elles puissent être et sous quelque prétexte que ce soit, ne peuvent empêcher que les créanciers n'aient une troisième portion de tout le produit, égale aux deux autres. Telles

[1] Sa fille, plus connue que lui, débuta dans *Andromaque* en 1739 et quitta le théâtre en 1759.

[2] Antoine Chantrelle, dit du Bocage, avait débuté en 1702 à la Comédie-Française, où il tint l'emploi des confidents. Il mourut en 1755.

sont les loix que les Comédiens se sont imposées à eux-mêmes et que l'autorité publique a confirmées. Telles sont les conditions du privilége dont ils jouissent d'avoir leur hôtel et les deux tiers de leur produit insaisissables.

Mais peu à peu l'on a perdu de vue ces conditions, parce qu'elles étoient gênantes, et l'on a retenu seulement le privilège, parce qu'on l'a trouvé commode. L'on a donc imaginé dans ces derniers tems une multitude de petits prélèvemens qui réduisent presque à rien le tiers saisissable, sous les noms de lecture, feu, feuille d'étrennes, comité, intérêts du fonds d'avance. D'un autre côté, on a retranché de la recette les petites loges, les loges louées à l'année, les crédits de porte, les produits du café et du libraire. Ainsi, augmentant la dépense et diminuant la recette, on a tellement pris sur ce qu'on appelle *part*, que le sieur de Méry se croit en état d'assurer que le mois de mars n'a rien produit pour *la part*, tandis qu'il a produit plus de 410 livres pour les seules petites loges.

Expliquons les noms de tous ces usages modernes, que peut-être on ignore, raffinemens imaginés pour qu'un pauvre marchand, qui aura généreusement habillé tous les héros d'une tragédie nouvelle, ne puisse rien demander à des hommes qui n'ont souvent rien à lui donner.

Lecture. — Tout auteur dramatique qui prétend, sinon à être admiré de la postérité, du moins à être entendu une ou deux fois de ses contemporains, vient en tremblant apporter aux pieds des Comédiens assemblés ses productions qu'il admire, et consulter dans les yeux de ses juges sévères le destin de sa subsistance et de sa gloire. Un coup d'œil, un geste de main le renvoie dans le vestibule : pendant ce tems, ils examinent ou prononcent pour le néant ou pour l'immortalité. Ce travail pénible produit un droit de lecture de 3 livres, qui se prélèvent sur la caisse.

FEU[1]. — Le feu est un droit de 2 livres pour chaque acteur qui, souvent tout glacé, vient se réchauffer derrière le théâtre.

FEUILLES D'ÉTRENNES. — Le premier janvier est le plus beau jour des Comédiens. Ce jour-là, la compagnie s'assemble et se complimente sur les succès passés et sur les futurs. Ensuite l'orateur de la chambre fait distribuer à chaque acteur 300 livres. Il est vrai que les saisissans perdent

[1] On nomme ainsi la gratification qui est attribuée à un acteur, en dehors de ses appointements, chaque fois qu'il joue.

Le 28 septembre 1682, le comité du Théâtre-Français décida que tout artiste recevrait, le jour de chaque représentation à laquelle il prendrait part, cinq sous pour le bois destiné à chauffer sa loge, et deux sous six deniers pour la chandelle nécessaire à l'éclairer. Le 20 septembre 1700, le feu fut porté à vingt sous ; il était de deux livres en 1760.

ainsi 100 livres sur chacun; mais pourquoi les Comédiens ne pourroient-ils pas, comme tant d'honnêtes gens, se donner des étrennes aux dépens de leurs créanciers?

COMITÉ. — Le comité est une assemblée qui se tient une fois la semaine, pour délibérer sur les affaires de la compagnie. C'est là qu'on traite des moyens de varier les plaisirs du public, de tiercer[1] presque tous les jours sans qu'il s'en offense, de soutenir par des danses la scène françoise sur son déclin, d'enrichir la troupe des divisions honteuses qui dégradent les lettres, et de livrer tour-à-tour le Théâtre-François comme un champ de bataille aux partis différens. Ces délibérations produisent encore à chacun des membres du comité 3 livres que le caissier prélève sur la caisse.

INTÉRÊTS DU FONDS D'AVANCE. — La part de chaque acteur forme un capital non aliéné et par conséquent incapable, suivant la rigueur de nos loix, de produire aucuns intérêts. Mais ce fonds d'avance a paru pouvoir fournir encore un prétexte à ceux qui trouvent qu'on ne peut trop souvent puiser dans la caisse à l'insu des créanciers, et tous les trois mois on fait une répartition de l'intérêt du fonds d'avance.

PETITES LOGES ET LOGES LOUÉES A L'ANNÉE. —

[1] D'augmenter d'un tiers le prix des places.

Ces loges sont toutes celles qui ne sont point à l'usage ordinaire du public, et que la décence, la commodité ou l'air de grandeur ont fait retenir à l'année. Leur produit ne va pas à moins de 60,000 livres par an.

CRÉDITS DE PORTE. — Les crédits de porte sont ceux qu'on fait aux seigneurs qui ne peuvent honnêtement entrer dans le détail d'un paiement journalier et pour lesquels on marque au mois.

CAFÉ ET LIBRAIRE. — Ces deux objets produisent, le premier 900 livres, et le second 800 livres. Pour 800 livres, la compagnie afferme le droit de colporter, dans le parterre et dans les loges, ces pièces éphémères dont l'impression conserve la mémoire quelques jours de plus, et ces compositions odieuses qui avilissent la littérature et les talens, qui font gémir sur la jeunesse ou sur la vieillesse de leurs auteurs.

Tels sont les prélèvemens et les diminutions de recette qui réduisent à rien la portion saisissable. Car tandis que tous ces objets réunis portent le produit du sieur de B***, quoiqu'acteur à demi-part, à plus de 5,100 livres [1] par an, ce qui

[1] On se rappelle que, suivant le calcul fait plus haut, la part du sieur de B*** n'iroit pas à plus de 1,021 livres 9 sols 3 deniers par an, dont le tiers saisissable forme la somme de 340 livres 10 sols, au lieu que le produit effectif qu'il retire de la Comédie n'est pas moindre de 5,100 livres, dont le tiers saisissable est de 1,700 livres. Le calcul en est simple. Les états fournis par les Comédiens ont donné lieu, de la part des hôpi-

fait 1,700 livres saisissables : si l'on en croit les calculs du sieur Baron, on ne peut saisir sur lui qu'environ 340 livres par an, disproportion énorme et qui annonce une fraude que la justice de la Cour s'empressera de réprimer. Nous n'imputons qu'à quelques membres des abus dont la

taux, à une demande en restitution pour les mois de février-mars et avril, de la somme de 16,573 livres 1 sol. Le mois d'avril et la fin de mars ont peu produit, attendu la clôture du théâtre. Ainsi, quadruplant cette somme, on trouve celle

de	66,292 liv. 4 s.
Café et libraire.	1,700
Feuilles d'étrennes.	6,900
Crédits de porte	5,000
Intérêts du fonds d'avance . . .	9,200
Pension du Roi	12,000
	101,092 liv. 4 s.

La demi-part du sieur de B*** forme un quarante-sixième de cette somme, qui est de 2,200 livres, moins quelques livres.

De plus, l'on peut porter les jetons d'assemblée à.	8,100 liv. par an.
Les lectures de pièces . . .	2,300
Les feux à	9,260
Les comités par chaque semaine à	5,050
	24,710

Un vingt-troisième entier, attendu que ces produits se partagent par tête, est de 1,078 livres.

De plus, le sieur de Méry croit pouvoir assurer que le restant des produits appelés improprement *part* a été de 69,005 livres en l'année 1759, ce qui donne pour un quarante-sixième ou demi-part, 1,500 livres. Qu'on y ajoute le produit des voyages de la Cour, dont on ignore le montant, et l'on trouvera en ces quatre objets plus de 5,100 livres par an. (*Note jointe au mémoire.*)

droiture de la troupe s'offense, et nous ne pensons point que des hommes qui nous rendent tous les jours d'un air si pénétré, si vrai, les devoirs et les bienséances de la vie civile, les règles austères de l'équité et de la bonne foi, aient voulu réduire en système l'art de tromper des créanciers. Nous croyons donc entrer dans leurs vues en essayant de ramener l'usage de leur privilège à ses conditions primitives, et en forçant leur caissier de déclarer judiciairement en quoi consiste ce tiers qu'il affecte de dérober à de justes recherches. On leur doit même cette justice que, plus sensibles encore à la louange de l'équité qu'à celle des talens, ils ont hautement improuvé la conduite du sieur de B***, qu'on ne les verra pas appuyer de leur intervention.

MOYENS. — Tous les biens des citoyens sont les premiers garans des engagemens qu'ils contractent; il en est même dont leur personne doit répondre. Nous voyons tous les jours leurs biens exposés à l'encan, leurs meubles honteusement traînés sur la place publique, pour acquitter par leur vente à vil prix des obligations auxquelles ils n'ont pu satisfaire. Le père de famille est arraché du milieu de ses enfans pour être traîné dans le fond d'une prison s'il n'acquitte pas à jour marqué les billets de commerce qu'il a souscrits. Toutes ces disgrâces particulières cèdent à la vue générale du bien public; cette rigueur salutaire bannit la défiance et la crainte, assure la foi des engagemens, donne au commerce plus d'activité et d'étendue, porte même à des actions de bienfaisance et d'humanité ceux que pourroit arrêter la crainte d'endommager leur fortune.

Le sieur de B*** en a fait lui-même l'heureuse épreuve. Lorsqu'il osa former le projet de monter sur le théâtre, qu'il le dise de bonne foi, qu'avoit-il qui pût l'y encourager? Réduit à n'avoir que ses talens, délaissé au point d'être obligé de les prôner lui-même, il s'est adressé au sieur de Méry, il s'est montré, il l'a prié de lui donner des habits. Le sieur de Méry s'est laissé toucher, il lui a tendu la main et il est monté sur la scène, il l'a habillé et il a joué.

Qui fut jamais plus dans le cas d'essuyer la voie de la saisie sur ses produits que le sieur de B***, qui joint à l'indécence du procédé le divertissement[1] frauduleux de ses effets? Quel est son titre pour vouloir se soustraire à une loi générale, et prétendre que tout ou presque tout ce qui lui appartient est insaisissable? Il a un privilège, on en convient; mais tout privilège doit être renfermé dans sa disposition précise et littérale, et n'admet point d'extension. Or, les arrêts portent expressément que le tiers des gains et profits

[1] Le détournement.

sera saisissable, que « tout le produit sera partagé en trois portions égales, dont un tiers sera donné aux créanciers saisissans, exempt de tous frais, sans que, sous quelque prétexte que ce puisse être, ceux sur qui les saisies auront été faites puissent rien prétendre sur le tiers destiné pour leurs créanciers. »

Par là se trouvent proscrits tous ces prélèvemens d'invention moderne, que la cupidité a enfantés, que le désir d'écarter d'importuns créanciers a multipliés. Par là, toutes ces diminutions faites sur la recette sont condamnées et déclarées illégitimes.

Le sieur de Méry ne nie pas que quelques-uns de ces prélèvemens ne puissent avoir une cause raisonnable. Il peut être juste que l'acteur qui joue, qui entend une lecture de pièce, qui va représenter à la Cour [1], qui se trouve aux délibérations, doive avoir quelque avantage sur celui qui ne fait rien de toutes ces choses; mais ce doit être un avantage d'acteur à acteur, qui ne doit en rien nuire aux créanciers. Tous ces bénéfices séparés doivent entrer en masse et être saisissables pour un tiers; car aucun arrêt ne les autorise, et ce seroit au contraire éluder leurs

[1] Lorsque le roi séjournait à Fontainebleau, une partie de la troupe l'y suivait, et chaque artiste recevait une pistole par jour. Ceci, indépendamment de la pension de douze mille livres accordée chaque année par le roi à la Comédie.

dispositions expresses, puisqu'alors tout le produit ne se trouveroit plus partagé en trois portions égales, dont un tiers doit être donné aux créanciers saisissans, exempt de tous frais. Peut-on même dire que tous ces prélèvemens aient une cause qui doive les faire admettre? Par exemple, dans quel auteur, dans quelle comédie même le sieur de B*** a t-il vu qu'un créancier doive des étrennes à son débiteur?

D'un autre côté, pourquoi les petites loges, les loges louées à l'année, les crédits de porte, les produits du café et du libraire n'entreroient-ils pas dans la masse de la recette générale? Quel arrêt, quel réglement, quel prétexte même peut autoriser à les en distraire?

Dépourvu de moyens, le sieur de B*** se retranche à dire que tel est l'usage de sa compagnie, que tel est le plan d'administration qu'elle s'est formée. Le sieur de Méry conviendra avec tout le monde que cette compagnie a ses institutions, ses règles, ses mœurs, ses opinions qui lui sont propres; mais, dût-on le jouer aussi sur notre théâtre, il ne conviendra jamais que les Comédiens puissent, de leur autorité privée, arrêter de ne payer à leurs créanciers que ce qu'il leur plaira.

Déjà l'équité des magistrats vient de proscrire cette injuste prétention qu'ils avoient entrepris d'étendre sur le quart des pauvres, présage heureux de la justice que doit attendre le sieur de Méry, beaucoup plus favorable que les pauvres mêmes, puisqu'ils demande son propre bien. Un arrêt du Parlement, rendu le 23 mai dernier, a autorisé, par provision, les administrateurs de l'Hôpital [1] et de l'Hôtel-Dieu « à établir à la porte de chaque spectacle tels préposés qu'ils jugeroient à propos de nommer, pour partager et toucher chaque jour le quart de ce qui se reçoit à la porte des spectacles, sans aucune déduction. » Le même arrêt ordonne que « les receveurs de la Comédie seront tenus, à mesure qu'ils feront le recouvrement des crédits, d'en remettre le quart aux préposés des hôpitaux [2]. » Ainsi le sieur de Méry ne demande ici que ce qui est ordonné par trois arrêts du Parlement, dont les deux premiers ont été accordés au vœu des Comédiens eux-mêmes. Il ne soutient que ce que vient de soutenir avant lui cette association respectable, composée des premiers magistrats et qui veille aux besoins et à la défense des asiles consacrés à l'indigence. Et il a d'autant plus d'intérêt à le prétendre, que ce n'est

[1] De l'Hôpital général.

[2] L'arrêt défend même de faire à l'avenir aucune location de loges ou abonnemens personnels ou à vie, qu'en présence des hôpitaux, et ordonne qu'il sera stipulé comme condition expresse..... qu'il en sera payé le quart aux préposés ou receveurs charitables des hôpitaux *directement*. (*Note jointe au mémoire.*)

pas du sieur de B*** seulement qu'il est créancier mais de plusieurs autres, et qu'en autorisant les prélévemens et les diminutions de recette dont la masse absorbe [1] presque tout, l'espérance de son paiement de la part du sieur de B*** s'évanouiroit pour toujours. La cause même de sa créance lui donne une nouvelle faveur; car la fourniture qu'il a faite étant pour les habillemens sembleroit devoir soumettre à ses poursuites le tiers accordé aux Comédiens pour leurs habillemens : à cet égard le sieur de Méry représente le Comédien même qui s'habille et auquel un des trois tiers est laissé pour cette dépense.

Mais si tout le produit du spectacle doit entrer en la masse, il faut que ce produit soit connu. Il ne peut l'être que par un état affirmé par le caissier, et le sieur Baron refuse cette affirmation et cet état même. Il se contente de renvoyer devant le notaire de la Comédie, où l'on ne trouve qu'une liquidation de 226 livres 19 sols pour huit mois. Quels sont donc ses moyens pour refuser de se soumettre à une forme juste et légale?

Il reconnoît la nécessité d'une affirmation à

[1] La preuve en résulte des états fournis par les Comédiens mêmes, et rapportés dans l'arrêt du 23 mai dernier, d'après lesquels MM. les administrateurs ont conclu contre les Comédiens François à la restitution de 16,573 livres 1 sol, pour les seuls mois de février, mars et avril 1760 : ce qui fait plus de 60,000 livres par an dont les hôpitaux étoient privés par les moyens que nous attaquons. (*Note jointe au mémoire.*)

l'égard de simples particuliers. Mais il soutient qu'à son égard il n'est point soumis à cette règle et à ces obligations en sa qualité de caissier de la troupe des Comédiens François; qu'il en a été dispensé par les réglemens faits à ce sujet, homologués par arrêts du Parlement pour deux raisons. La première, parce qu'il est obligé de rester à son bureau depuis huit à neuf heures du matin jusqu'à midi, et depuis trois heures de relevée jusqu'à neuf du soir et même quelquefois plus tard, le matin pour les affaires de la troupe, et le soir pour le public auquel il délivre les billets; qu'il ne peut par conséquent quitter son bureau sans causer un préjudice considérable aux Comédiens et à lui-même, et manquer au public. » Et la seconde est, qu'il dépose tous les jours le tiers du produit de la Comédie chez le notaire commis à cet effet.

Qui ne croiroit, à entendre ce langage, que le sieur Baron est moins un distributeur de billets qu'un homme important que l'État retient malgré lui dans un de ses premiers postes? Quoi! il ne peut s'éloigner un moment du lieu qui le retient attaché, sans causer un préjudice considérable aux Comédiens et à lui-même, sans manquer au public[1]? Si les billets étoient une seule fois dis-

[1] Rien n'est plus mal fondé que ce moyen quand on fait attention que la distribution des billets est épuisée à cinq heures et demie, et qu'il y a d'ailleurs souvent deux jours dans la se-

tribués par une autre main que la sienne, une pièce ne pourroit-elle être applaudie? Laissons le sieur Baron se flatter de cette importance qui console sa vieillesse, supposons-le même honoré perpétuellement des premiers rôles de ce théâtre qu'il a quitté; il est, au milieu de toutes ces grandeurs, des momens où rendu à la vie privée un héros peut aller, sans déroger, rendre hommage à la vérité chez un commissaire. Cependant le sieur Baron a été deux fois assigné pour prêter interrogatoire sur faits et articles, et deux fois il a refusé de comparoître.

Quel heureux état que celui des adversaires du sieur de Méry! Comme il encourage à s'élever au-dessus des idées vulgaires! Comme il entretient l'illusion! L'un, parce qu'il est comédien brave la fortune et ses créanciers, se rit de toutes leurs attaques, et jouit, dans le sein de l'abondance, de toute l'indépendance de la pauvreté. L'autre, parce qu'il l'a été, tout plein encore de sa grandeur passée, croiroit s'humilier de se soumettre aux règles de l'ordre judiciaire, laisse aux simples particuliers l'observation des formes, et croit de la meilleure foi du monde que tandis que tous les sujets du Roi sont obligés d'affirmer,

maine sans spectacle. A l'égard du second moyen, il est si peu vrai que le sieur Baron dépose le tiers du total, que c'est parce qu'il ne le dépose pas qu'on veut le forcer de subir un interrogatoire qu'il élude. (*Note jointe au mémoire.*)

lui seul dans l'État, avec son confrère le caissier de la Comédie Italienne, a mérité qu'une loi particulière l'en dispensât. Si du moins il versoit exactement entre les mains du notaire de la troupe le tiers saisissable de tout le produit exempt de tous frais! Mais, lorsque s'élevant au dessus des arrêts et des règles, il fait des prélèvemens et des diminutions de recettes également arbitraires et injustes, n'est-il pas indispensable qu'il indique, sous la religion du serment, l'étendue des sommes que les règlemens ont affectées pour acquitter des dépenses légitimes? Que le sieur de B*** et lui cessent pour quelques instans de se croire comédiens, et qu'ils pensent que ce n'est que sur le théâtre qu'on peut prendre à un marchand ses étoffes sans le payer, et faire chasser, en jurant qu'on n'a pas un sol, la cohorte importune de ses créanciers.

Élie de Beaumont, *avocat*.

[L'affaire s'arrangea à l'amiable.]

LES SCRUPULES DE RAMPONEAUX.

Mémoire pour le sieur Gaudon, entrepreneur de spectacles sur les boulevards de Paris, contre le sieur Jean Ramponeau, ci-devant cabaretier à la Courtille.

Le sieur Ramponeau [1], devenu tout à coup, sans y prétendre, l'objet des empressemens de la Cour et de la ville, a eu honte de sa réputation et a senti qu'il étoit fait pour prendre un vol plus élevé. Des dispositions pour le théâtre se sont développées en lui assez rapidement; et le pu-

[1] Le nom de Ramponeaux est resté populaire. Dans sa guinguette du *Tambour royal*, cet habile homme avait trouvé moyen de vendre son vin un sol par pinte de moins que ses concurrents. Sa haute stature, ses grossières plaisanteries contribuèrent aussi à amener chez lui la foule; d'abord les acteurs et les auteurs du boulevard, puis attirés par la curiosité, de nobles dames, de grands seigneurs et jusqu'à des princes du sang.

Gaudon, entrepreneur d'un théâtre sur le boulevard, crut qu'en exhibant Ramponeaux, il ferait une affaire d'or. De là, leur traité.

Ramponeaux, doutant un peu de lui-même, se joignit à une troupe nomade et tenta de jouer un rôle à Versailles. Il fut sifflé, revint l'oreille basse et chercha à faire casser son engagement avec Gaudon.

Au sein de la paix gouter le plaisir
Chés soi s'amuser dans un doux loisir
Où bien chez Magny s'aller divertir
C'étoit la vieille méthode

L'on voit aujourd'hui courir nos Badauds,
Sans les achever quitter leurs travaux.
Pourquoy? c'est qu'ils vont chés Mons Ramponaux
Voila la Taverne à la mode.

D'après une ancienne estampe.

blic, toujours son admirateur, se flattoit de le voir au premier jour amuser sur le boulevard ses yeux et ses oreilles. Ramponeau se refuse à la convention solennelle qu'il avoit faite avec le sieur Gaudon de paroître dans ses pièces, et des vues d'intérêt le rappellent à son premier état. Qu'il les suive, rien n'est plus naturel ; mais vouloir faire souffrir une perte réelle à celui qui l'a arrêté dans sa troupe, appeler la religion à son secours pour se jouer de ses engagemens, c'est en vérité abuser du foible qu'on a pour lui et forcer le public trop complaisant de ne le regarder plus que comme un homme ordinaire.

FAIT. — Jean Ramponeau naquit à Argenteuil le.....[1] Ses commencemens, comme ceux de la plupart des grands hommes, furent obscurs, et on peut le regarder comme le premier de son nom. Il occupa son enfance, comme Homère, à chanter aux portes des cabarets, en attendant qu'il pût lui-même y faire chanter à son tour : mais on ne verra point sans doute, comme pour le poëte grec, sept villes se disputer l'honneur de lui avoir donné la naissance.

Des vues plus solides le tirèrent de ces délassemens agréables. Comme il pensoit au-dessus

[1] M. Jal a prouvé que Jean Ramponeaux (et non Ramponeau), fils d'un tonnelier de Vignol, près de Clamecy, était né le 6 octobre 1724. Voy. son *Dictionnaire critique*, p. 1040.

de son âge, il ne tarda pas à s'apercevoir, par le peu d'égards qu'on lui témoignoit quelquefois, que pour acquérir de la considération et de la consistance il lui falloit un état.

La mort d'un oncle fort avancé en âge lui en procura un, en lui transmettant la propriété d'un terrain et d'une vaste maison à la Courtille[1]. Ce vieillard l'avoit bâtie d'une multitude de petites libéralités dont le ciel avoit récompensé son assiduité dans les églises; et comme il avoit été extrêmement répandu, il laissa à son neveu un très grand nombre d'amis, qui, dès que celui-ci eut changé cette maison en cabaret, devinrent naturellement ses premières pratiques et ses prôneurs.

Placé hors de l'atmosphère de la Ferme[2], le cabaret fameux de Ramponeau n'en ressentit point les funestes influences. De là cette modicité célèbre du tarif de ses vins, presqu'incroyable pour les riches qui ne jugent de la bonté des choses que par la grandeur de leur prix, et si attrayante pour les citoyens des derniers ordres de l'État. On vit ceux-ci y accourir en foule, on vit les plus grands noms se mêler parmi eux, les

[1] En consultant un plan actuel de Paris, la situation de la Courtille se trouverait au delà du boulevard de Belleville, entre la rue de Belleville et la rue des Trois-Couronnes. Sur cet emplacement, et à l'extrémité de la rue de l'Orillon (anc. rue de Riom), commence la rue Ramponeau.

[2] Hors des limites de l'octroi.

dignités cacher leurs signes distinctifs et aimer à se confondre parmi ces hommes qu'on regarde quelquefois, dans l'ivresse de la grandeur, comme des êtres d'une espèce différente. L'heureux Ramponeau parut alors vraiment l'ami des hommes[1], tout retraça chez lui la simplicité sauvage et naturelle du premier âge, et cette égalité dont nous portons en nous le sentiment et le désir. Quelle satisfaction pure c'eût été pour ce philosophe solitaire[2] qui l'a si fort prônée, de voir là tant de partisans de son système ne se sentir d'autres besoins, d'autres désirs que ceux de la brute, et se rapprocher, la tête penchée sur la table et les bras inclinés vers la terre, de l'état pour lequel il prouve si éloquemment que nous avons été créés!

Mais, malgré cette affluence si flatteuse, Ramponeau sentoit un vide dans son cœur. Il ne pouvoit se dissimuler que la curiosité publique l'avoit pris pour objet sans qu'on sût trop pourquoi, qu'il n'étoit proprement qu'un spectacle muet. Il étoit confus en lui-même de la bonté avec laquelle les citoyens de cette capitale, et même des personnes d'un certain rang, vouloient

[1] Allusion à *L'ami des hommes*, ouvrage publié, quatre ans auparavant, par le marquis de Mirabeau, père du célèbre orateur.

[2] Jean-Jacques Rousseau, qui venait de publier (1755) son *Discours sur l'origine et les fondemens de l'inégalité parmi les hommes*.

bien admirer un homme tourné comme un autre et d'une physionomie assez commune, parce qu'il vendoit un plus grand nombre de pintes de vin que ses confrères. Il résolut de procurer au public le mérite de l'applaudir avec plus de justice et d'une manière plus directe, en montrant que son génie n'étoit pas borné à éluder les droits de la Ferme par un débit fait au-delà de ses limites. Il prit le parti de se faire comédien.

Il est vrai qu'il fut arrêté d'abord dans ce noble dessein par la difficulté du succès. Il avoit pensé qu'il falloit connoître et étudier la nature, la rendre sans l'outrer, être naïf sans bassesse, noble sans enflure, naturel sans afféterie. Mais cette rigueur de la théorie lui parut bien adoucie par l'aisance de la pratique. On le conduisit à l'un de nos théâtres. Il sentit alors qu'il pourroit être un grand comédien en disposant ses bras en cercle, en tirant avec effort des sons entrecoupés du fond de sa poitrine, en s'arrêtant à des endroits prétendus beaux, en regardant le ciel d'un œil égaré et furieux, en s'emportant avec violence aux approches du cinquième acte; ou bien encore en minaudant avec une tabatière, en allongeant son col vers le parterre, en rendant avec un sourire léger les sentimens les plus passionnés; en un mot que pour peu qu'il pût ou forcer la nature ou la méconnoître, il n'auroit plus à craindre que l'embarras des applaudissemens.

Il s'enhardit donc dans son projet, et pria un ami de le présenter au sieur Gaudon, entrepreneur des spectacles sur les boulevards[1], afin d'essayer ses talens et ses espérances sur un théâtre plus modeste. Mais quel besoin avoit-il d'être présenté, quand son nom seul l'annonçoit avec tant d'éclat?

Ils firent ensemble, le 24 mars, un traité en présence de beaucoup d'honnêtes gens, notables habitans du boulevard.

Ce traité fait trop d'honneur à Ramponeau, pour que nous ne nous fassions pas un devoir d'en rendre compte. Cet homme célèbre « s'oblige de paroître et jouer dans le spectacle du sieur Gaudon, et consent que le sieur Gaudon le fasse annoncer, afficher, voir en dehors et en

[1] Le boulevard du Temple commençait à faire une sérieuse concurrence aux deux grandes foires Saint-Laurent et Saint-Germain, dont la vogue diminuait chaque année. On voyait alors au boulevard des théâtres de marionnettes, des montreurs de chiens savants, des bateleurs de toutes sortes.

Vingt ans plus tard, les théâtres d'Audinot et de Nicolet, en pleine activité, étaient déjà entourés de baraques moins sordides, qui peu à peu firent place à des salles presque élégantes, celles des Délassements-comiques, de l'Ambigu-comique, le théâtre Beaujolais, les figures de cire de Curtius, etc., etc.

Ce curieux coin de Paris fut métamorphosé en 1862, lors de la création du boulevard du Prince Eugène, aujourd'hui boulevard Voltaire.

dedans, fasse peindre son portrait au naturel, fasse faire des chansons, livres et pièces à son avantage, pour le tems de deux mois et demi ou environ, depuis le 14 avril jusqu'au 28 juin. » De son côté le sieur Gaudon lui promet 400 livres, dont 200 livres, payables par billets à ordre, lui seront délivrées huit jours après son début, et le reste après cinq semaines. De plus, on lui accorde la moitié des produits et bénéfices qu'il acquerra pendant ledit tems, « tant par estampes « que livres, chansons et autres généralement « quelconques. » L'acte contient encore l'obligation de la part de Ramponeau de se trouver aux heures marquées. Il est fait double, avec un dédit de 1000 livres, et l'on convient qu'il sera passé devant notaires à la première réquisition.

Quoique ce traité ne contînt une obligation de payer 200 livres que huit jours après le début, Ramponeau, qui malgré sa célébrité éprouve quelquefois des besoins, souhaita de toucher d'avance le billet à ordre de cette somme : on le lui accorda le lendemain, et il ratifia ainsi avec une vraie satisfaction son engagement.

Afin de le remplir avec plus de succès, il employa une partie des trois semaines qui lui restoient, depuis le 24 mars jusqu'au 14 avril, pour se familiariser avec les regards du public. Ce n'étoit pas qu'il en fût grandement effrayé. Il avoit cette honnête assurance que donne l'usage du grand monde et du monde vu fréquemment.

Le lieu qu'il choisit pour ses essais fut un lieu où les talens les plus décidés ne se présentent qu'en tremblant. Il alla avec un sieur Hayet, homme de spectacle, se faire voir à Versailles; mais on assure qu'il n'y réussit pas. Il ne trouva dans ce séjour que de faux amis et des partisans froids et glacés; beaucoup de gens, qui lui avoient témoigné à la Courtille une considération distinguée, ne parurent pas même le reconnoître à la Cour.

Dépité contre le séjour de la grandeur, Ramponeau revint promptement vers ses ardens admirateurs, les faciles Parisiens. Déjà tout étoit prêt pour son triomphe, le sieur Gaudon avoit payé deux habits à un poëte qu'il fait travailler, avoit fait préparer sa salle avec plus de magnificence, avoit arrêté des acteurs nouveaux. Les chansons étoient composées, une pièce en règle étoit faite, les rôles distribués et appris, les affiches imprimées, quand un événement imprévu a répandu la consternation sur le boulevard et a détruit l'espérance de l'allégresse publique : Ramponeau a refusé de monter sur le théâtre.

Tout Paris s'est partagé sur la cause de ce refus éclatant.

Les uns, jetant les yeux sur l'enfance de Ramponeau et sur le peu de secours qu'on a donné à ses talens naturels, ont pensé qu'un sentiment secret de son incapacité l'avoit empêché de se commettre sur un théâtre aux regards du public, si inconstant dans sa faveur.

D'autres, politiques profonds, ont imaginé que Ramponeau, ébloui par la fortune rapide que lui promettoit un débit immense, a lu dans l'avenir les hautes destinées de sa postérité, et qu'il a craint d'apporter, en montant sur le théâtre, quelque obstacle à ses grands établissemens par la force du préjugé gothique qui nous subjugue encore.

Beaucoup d'honnêtes gens ont cru que c'étoit de sa part affaire de scrupule. Ils ont fait attention que sa renonciation au théâtre est faite devant un notaire apostolique [1], qu'elle porte date du samedi veille de Quasimodo [2]; et en lisant les termes dans lesquels elle est conçue, ils se sont applaudis de sa désertion comme d'une conquête éclatante. Voici les termes de l'acte qui semble favoriser cette idée :

« Aujourd'hui est comparu le sieur Jean Ramponeau, cabaretier, demeurant à la Basse-Courtille, lequel a volontairement déclaré que les

[1] Les notaires apostoliques, qui auraient dû se borner à l'expédition des affaires ecclésiastiques, empiétaient sans cesse sur les attributions des notaires royaux.

[2] C'est le dimanche qui suit le jour de Pâques. Ce jour-là, les premiers chrétiens allaient sollennellement déposer la robe blanche qu'ils avaient reçue huit jours auparavant pour la cérémonie du baptême.

« résolutions mûres qu'il a faites sur les dangers « et les obstacles qu'apporte au salut la profes- « sion des personnes qui montent sur le théâtre, « et sur la justice des censures que l'Église a pro- « noncées contre ces sortes de gens, l'ont déter- « miné à renoncer, comme par ces présentes « (par principe de conscience et pour d'autant « travailler de sa part à conserver la pureté des « mœurs qui convient à un chrétien et dans « laquelle il prie Dieu de le maintenir) il renonce « à monter et promet à Dieu de ne jamais mon- « ter sur aucun théâtre, ni faire aucune fonction, « profession ni acte qui tienne à l'état de ceux « qui montent sur les théâtres quels qu'ils soient.

« Pour quoi il proteste par les présentes contre « toutes soumissions et engagemens qu'il pour- « roit avoir faits ou pourroit faire avec qui que « ce soit, notamment avec le sieur Gourlier, dit « Gaudon, entrepreneur de spectacles sur les « boulevards de cette ville, pour paroître et « jouer, soit dans les spectacles dudit sieur « Gaudon, soit dans tous autres, ou faire par lui- « même ou souffrir qu'il soit fait par son minis- « tère, sous son nom et à son occasion, quelques « actions, chansons, livres et estampes, le tout « tendant à l'exercice desdites professions de « ceux qui montent sur les théâtres, et à lui « donner la publicité indécente qui ne convient « qu'aux gens de cette sorte : lesdites conven-

« tions et engagemens, quels qu'ils soient et quel-
« ques conventions qu'ils contiennent, n'ayant
« été et ne pouvant être qu'extorqués de lui dans
« des tems où il n'avoit ou n'auroit pas eu l'en-
« tier usage de sa raison, ni la faculté de faire
« des réflexions sur la conséquence de l'exécu-
« tion desdites soumissions ou engagemens pour
« la régularité de ses mœurs et son salut, et que
« conséquemment lesdites soumissions ou enga-
« gemens, quels qu'ils soient ou quoi qu'ils con-
« tiennent, ne lui pourront nuire ni préjudi-
« cier, etc. »

Mais nonobstant le beau dehors de cet acte et les expressions pieuses qu'on y a prodiguées, tous les gens bien instruits savent que cette retraite a été pure affaire d'intérêt, que Ramponeau a voulu couvrir du voile de la religion. Voici à cet égard ce que portent nos mémoires.

Lorsque Ramponeau a pensé sérieusement à se livrer au théâtre, il a comme tout le monde sait, vendu son fonds moyennant 1,500 livres de rente au sieur Martin, qui depuis, pour faciliter la rime à leurs poètes, se fait appeler le sieur Martineau. Une des conditions secrètes du traité a été que Ramponeau protégeroit cet établissement par quelques regards favorables, et de tems en tems par sa présence.

Martineau qui fondoit ses principales espérances sur le nom célèbre de son vendeur, a vu qu'il alloit les perdre si Ramponeau, se livrant au public sur le boulevard, ôtoit par-là ou réduisoit presqu'à rien le grand motif d'aller à la Courtille. Il lui a fait là-dessus les représentations les plus pressantes et les plus tendres, lui a montré cet édifice élevé par lui et par la renommée prêt à tomber. Et pour mieux le convaincre, il l'a menacé de son insolvabilité si la diminution du débit occasionnée par la désertion de Ramponeau ôtoit le seul moyen de lui payer les arrérages d'une rente que rien n'assuroit. Ramponeau a senti toute la force de ces représentations, il s'est trouvé partagé entre la gloire qui l'appeloit au théâtre et l'intérêt qui le rappeloit à son cabaret. L'intérêt l'a emporté. Il est retourné au cabaret, où lui et la dame son épouse ont un appartement complet. Il se promène dans les salles et dans les cours, répond avec politesse aux seigneurs étrangers qui veulent remporter la satisfaction de l'avoir vu, s'entretient familièrement avec les nôtres, lie la conversation avec les écots distingués, sourit aux uns, serre la main aux autres, et accorde à tous ses regards et sa vue. Par ce retour à la Courtille, la scène perd un sujet de la plus haute espérance et le public un amusement digne de lui.

En payant le dédit de 1,000 livres et les dommages et intérêts résultans de sa retraite à la veille de l'ouverture du théâtre, Ramponeau eût fait une retraite décente, honnête, qu'on eût pu même regarder comme dictée « par le désir de conserver la pureté des mœurs et par ses réflexions mûres sur les dangers et les obstacles qu'apporte au salut la profession du théâtre. » Par-là, il eût été tout ensemble pieux et équitable, et l'estime publique l'auroit suivi dans sa vie privée.

Mais il a cru pouvoir s'exempter de rien payer, en faisant de cette affaire une affaire de religion, comme si la religion pouvoit dispenser de satisfaire aux loix de l'équité.

Il a donc fait signifier, le 12 avril, l'acte de renonciation au théâtre, avec offres de rendre le billet à ordre de 200 livres qu'il a reçu. Pour donner même plus de faveur à sa prétention, il a pris le 23 avril des lettres de rescision contre son engagement du 24 mars dernier.

Il soutient que cet engagement est contraire aux bonnes mœurs; que tout engagement contraire aux bonnes mœurs est nul de plein droit et ne donne lieu à aucune peine en cas d'inexécution; qu'ainsi, si on l'a loué, gravé, chansonné, affiché, tous ces préparatifs doivent être en pure perte pour le sieur Gaudon, et qu'il est de l'intérêt de la religion qu'il puisse retourner dans son cabaret, « pour y mieux conserver la pureté des mœurs, et prévenir par ses réflexions mûres les dangers et les obstacles qui s'opposeroient à son salut. »

Nous soutenons, au contraire, que dès qu'un établissement est autorisé soit par des lettres patentes, soit par des arrêts des Cours, soit par l'établissement d'une garde ou autres témoignages extérieurs d'approbation de la part de la puissance publique, il est injurieux pour elle de dire qu'un tel établissement soit contraire aux bonnes mœurs; qu'ainsi l'indemnité résultant de l'inexécution des conventions faites avec les chefs de cet établissement doit être prononcée. Qu'à la vérité, si des âmes timorées croyent pouvoir faire plus sûrement « leur salut et mieux conserver la pureté des mœurs » au cabaret qu'au théâtre, elles peuvent suivre le mouvement de piété qui les anime; mais que l'intérêt du ciel qu'on allégue n'autorise point à être injuste, et que dès-là qu'un engagement n'a eu pour objet que de concourir à des fonctions autorisées par l'État, on doit payer les peines de son inexécution. Tels sont les moyens du sieur Gaudon. Perdons un moment de vue Ramponeau, si le public veut bien le permettre, et développons ces moyens de manière à en faire sentir toute la justice.

MOYENS. — Il est un grand nombre d'expressions qui n'ont qu'un sens vague et général, et qu'on devroit définir d'abord pour disputer de bonne foi. Telle est cette expression que bien des personnes austères par état ou par goût adoptent sans examen : *le théâtre est contraire aux bonnes mœurs.* Qu'on dise que s'il offre des avantages, il entraîne après lui des dangers; que s'il peut être une école contre le ridicule et contre les vices, il peut en même tems allumer par les sens le feu des passions; et qu'ainsi, si l'autorité publique, qui ne doit voir les objets qu'en grand et d'une vue générale, croit devoir le permettre pour le délassement des citoyens, pour l'encouragement du génie, pour l'honneur même de la nation, les ministres de la religion peuvent le défendre à quelques âmes d'une piété tendre ou d'une foiblesse qui fait craindre pour elles : l'on aura parlé en chrétien et en homme raisonnable.

Mais vouloir appliquer aux théâtres de nos jours ce que des loix anciennes auront prononcé, ce que deux ou trois conciles provinciaux du neuvième siècle auront décidé contre des histrions qui blessoient la pudeur, ou contre des gladiateurs qui révoltoient l'humanité par leur barbarie, et renfermer les uns et les autres sous une condamnation générale, c'est évidemment faire une application injuste d'une règle peut-être alors nécessaire, et se livrer à une équivoque visible sur ce que l'on doit entendre par *opposé aux bonnes mœurs.*

Une chose est contraire aux bonnes mœurs lorsqu'elle blesse ce sentiment intérieur du juste et de l'honnête au-dedans de nous-mêmes, guide sûr, qui ne nous tromperoit jamais si les préjugés ou les passions nous permettoient toujours de le suivre. Elle est contraire aux bonnes mœurs lorsqu'elle est également proscrite dans tous les tems, dans tous les lieux, lorsqu'elle est universellement condamnée par le cri général de toutes les nations policées : uniformité heureuse qui nous apprend qu'il est encore des moyens d'établir entre le bien et le mal des limites immuables. Telle seroit, pour puiser un exemple dans les loix, la convention de commettre un assassinat. Une telle convention est nulle de plein droit, et son inexécution, loin de donner lieu à quelques peines pécuniaires, est honnête et juste : on ne sauroit l'accomplir sans commettre un crime digne du dernier supplice.

Mais une chose n'est pas contraire aux bonnes mœurs parce qu'elle blesse ou un préjugé local, ou un rit ou un règlement ecclésiastique, quelque justes qu'en soient les motifs. Si l'on admettoit une fois ce principe, il n'y auroit plus rien de certain dans nos notions, rien de fixe dans la règle des mœurs, rien même de soumis à l'ordre public, puisqu'une simple ordonnance d'un supérieur ecclésiastique (ce que toutefois nous n'avons garde d'insinuer ou de prévoir) pourroit changer en actes criminels les actes les plus indifférens ou même des actes commandés.

Ainsi, l'usage de certains alimens peut blesser

un point de discipline ecclésiastique, mais n'a rien de contraire aux bonnes mœurs, puisque nous voyons l'Église et l'autorité royale les permettre dans un royaume voisin moyennant une certaine redevance et pour de justes causes [1], puisqu'en certains jours ils sont permis dans quelques-uns de nos diocèses et défendus dans d'autres.

Ainsi, la stipulation des intérêts des deniers prêtés est, si l'on peut s'exprimer de la sorte, un péché local en quelques endroits du royaume, mais ne blesse point les bonnes mœurs, « puisqu'il y a des Parlemens, comme Grenoble, Aix et Pau où il est permis de stipuler les intérêts des deniers prêtés, ainsi qu'en Bresse et en Bugey, et qu'ils y courent du jour de la stipulation. »

Ainsi, les spectacles peuvent blesser un règlement ecclésiastique, s'il est vrai qu'il en existe quelqu'un contre eux, mais on ne peut les appeler contraires aux bonnes mœurs, car ils sont autorisés parmi nous par des lettres patentes, par des arrêts et par l'inspection habituelle de la police publique. Dans la ville qui est le centre de

[1] Allusion à la bulle dite *de la croisade*, qui fut accordée à l'Espagne au dixième siècle et sans cesse renouvelée depuis. C'est le tarif des grâces, faveurs et privilèges que l'on peut obtenir du pape à prix d'argent. On y trouve la taxe exigée pour faire gras en carême, etc.

la religion, on les voit établis avec l'approbation d'un souverain qui est le plus respectable juge de la règle des mœurs, et qui pourroit les détruire, puisqu'il réunit dans ses mains l'un et l'autre pouvoir. On voit une république sage se faire une branche de revenu assez importante de ce qui peut-être fait ailleurs un objet de défenses[1]. On voit parmi nous les sujets d'un théâtre moins épuré que notre théâtre national admis à participer à tous nos actes religieux. On a vu sous Louis XIII nos prélats, toujours réguliers et décens, ne se faire aucune peine d'accompagner au spectacle un grand ministre revêtu de la pourpre romaine et non moins rival de Corneille que de la maison d'Autriche, s'y placer par honneur sur un banc qui leur étoit destiné[2]. On voit tous les jours l'Église recevoir pour les besoins de ses membres souffrans le quart du produit de ces délassemens qu'on prétend qu'elle condamne.

Enfin, on a vu depuis peu toute la nation courir en foule au spectacle, y porter sa bienveillance et ses secours au petit-neveu du père

[1] Allusion au carnaval de Venise.

[2] « Depuis que le cardinal de Richelieu avait introduit à la Cour les spectacles réguliers, non-seulement il y eut toujours un banc pour l'Académie, qui possédait plusieurs ecclésiastiques dans son corps, mais il y en eut un particulier pour les évêques. » Voltaire, *Siècle de Louis XIV*, chap. xxv, édit. Beuchot, t. XX, p. 127.

du théâtre, qu'accabloit, à notre honte, une triste indigence[1].

Il est affligeant, sans doute, pour un chrétien et pour un homme qui aime ses semblables, de rencontrer quelquefois de ces contradictions entre deux pouvoirs qui ont des droits à notre obéissance. Mais puisqu'il ne dépend pas de nous de détruire ces contradictions, puisque nous ne pouvons faire à cet égard que des vœux, il faut, autant qu'il est en nous, obéir avec droiture et simplicité à ces deux pouvoirs, et à chacun d'eux dans l'ordre des choses soumises à sa disposition.

Ainsi, la religion n'approuve point ou même, si l'on veut, condamne les spectacles : dans cette vue il est louable de s'en abstenir. Mais la puissance publique les permet, elle autorise les conventions qui sont faites pour leur service ou leur entretien. Une convention licite et autorisée emporte avec elle une peine pécuniaire, un juste dédommagement contre celui qui refuse de l'exé-

[1] L'année même où ce plaidoyer fut prononcé, Voltaire avait recueilli chez lui Marie Corneille que l'on croyait alors petite-fille, mais qui n'était que parente collatérale du poète. Le 10 mars, une représentation de *Rodogune* au bénéfice de son père produisit près de 6000 livres. Voltaire fit donner à Marie une éducation digne de sa naissance, et ce fut pour lui constituer une dot qu'il composa ses commentaires sur le théâtre de Corneille. Publiés par souscription, ils rapportèrent une somme de cent mille livres.

cuter. Il faut donc prononcer cette peine en justice, puisque les tribunaux doivent prononcer suivant les règles de l'ordre public, suivant les loix établies par la puissance publique et non suivant les conseils que nous recevons dans le for intérieur. Par-là, et la religion et l'autorité publique conservent ou leurs droits ou leur possession respective. Le chrétien s'abstient de servir au spectacle quoiqu'il s'y fût engagé, et en cela il suit les mouvemens de sa conscience; mais ce chrétien, citoyen en même tems et soumis à des loix civiles, doit payer le tort réel résultant de l'inexécution d'un traité licite aux yeux de la loi, et en cela il suivra la règle de l'équité.

Tout le vice de la défense de Ramponeau vient donc de ce que l'on confond, par une équivoque aisée à démêler, ce qui est vraiment contraire aux bonnes mœurs avec ce qui n'est contraire qu'à une institution locale et à quelques règlemens étrangers à l'autorité publique, qui peut seule établir des nullités et des vices dans nos conventions.

En un mot, la règle des mœurs doit être fondée sur la raison et sur l'honnêteté naturelle, fixe, invariable, uniforme, indépendante des opinions, des tems et des lieux, et de tout ce qui n'est qu'accidentel. Tout ce qui ne blesse point une règle peut être la matière d'une convention licite aux yeux des tribunaux séculiers; toute convention licite aux yeux des tribunaux séculiers doit être exécutée, ou la peine de son inexécution doit être prononcée en faveur de celui qui en reçoit du dommage. Or, telle est la convention faite entre le sieur Gaudon et Ramponeau, son élève et son gagiste.

Et pour essayer de convaincre Ramponeau lui-même par un raisonnement plus à sa portée, si quelqu'un allant dans son cabaret lui commandoit, le vendredi, un grand repas en gras, et si, après que Ramponeau auroit égorgé toute sa basse-cour et mis sur la table tout ce qu'il auroit pu ramasser à la Courtille, cet homme venoit lui dire : « Les réflexions mûres que j'ai faites sur les dangers qu'apporte au salut un repas gras fait le vendredi..... m'ont déterminé à renoncer au vôtre. Dès à présent, par principe de conscience et pour d'autant travailler de ma part à conserver la pureté de la discipline qui convient à un chrétien..... j'y renonce. » Que diroit Ramponeau à cette conversion imprévue? Seroit-il d'humeur à perdre toute sa dépense, parce qu'il plairoit à celui qui l'auroit ordonnée d'y renoncer? Il lui diroit sans doute, s'il veut être de bonne foi : « Je ne vous empêche point de suivre les mouvemens de votre conscience et de travailler à votre salut; mais votre conscience doit vous obliger à être juste, et la justice veut que vous me payiez une dépense que je n'ai faite que pour vous, à cause de vous, et sur la foi d'un engagement pris avec vous ». Substituons à un repas défendu par un règlement ecclésiastique un délassement qu'on prétend défendu par une loi semblable, et nous aurons Ramponeau condamné par sa propre bouche.

Lui sied-il bien de se faire ici le censeur de la république, le juge « des obstacles qui s'opposent au salut, le vengeur de « la pureté des mœurs, » quand il est évident que c'est pour se soustraire à une juste condamnation qu'il a pris une tournure qui offense la religion même, qu'on ne doit jamais employer à défendre une injustice ; quand on le voit se promenant dans les cours et dans les salles du cabaret boire avec les petits, faire sa cour aux grands, tourner la tête au bruit des applaudissemens, les exciter même par une simplicité apprêtée, et se livrer aux fausses joies et aux vanités du siècle avec autant d'empressement qu'auparavant?

Et cependant, si le sieur Gaudon n'obtient pas les 1,000 livres du dédit et les dommages-intérêts qui lui sont dus, c'en est fait d'une troupe choisie pour laquelle il vient de redoubler ses dépenses. Ramponeau est venu de lui-même s'offrir à lui, l'acte a été fait double en présence de plusieurs témoins, on est convenu de le passer devant notaires à la première réquisition, il l'a doublement ratifié, soit en recevant le lendemain un à-compte de 200 livres, soit en allant s'exercer à Versailles. En conséquence d'un engagement si libre, si solennel, si réfléchi, le sieur Gaudon a préparé son spectacle avec la plus grande magnificence. Il a fait graver Ramponeau, il a fait faire des vers et même une pièce entière à sa louange : composition encore plus chère que l'ode du poëte Simonide pour deux lutteurs couronnés aux jeux Olympiques[1], parce que Ramponeau, malgré ses « réflexions mûres et son zèle pour conserver la pureté des mœurs, » prête beaucoup moins aux éloges; il a arrêté de nouveaux acteurs, il a changé ses décorations, il a fait faire beaucoup d'habits de goût, et tout cela pour offrir l'inflexible Ramponeau aux empressemens du public qui, par les avances qu'il lui a faites, avoit acquis tant de droits à sa reconnoissance.

Qu'il se livre donc à la retraite, qu'il rentre dans l'obscurité. Puisqu'un délassement public et autorisé par nos loix lui paroît un crime, rien n'est plus juste que de rendre le calme à cette conscience alarmée. Mais s'il est vrai que la nécessité de réparer les torts qu'on a faits est une des premières conditions d'une véritable pénitence, que Ramponeau, en payant les con-

[1] On raconte qu'un athlète ayant demandé à Simonide de composer une ode en son honneur, le poète refusa, parce qu'on lui offrait pour payement de ses vers une somme trop modique. Voy. de Boissy, *Histoire de Simonide*, p. 244.

damnations résultantes de l'inexécution de son traité, prouve à tout le monde la sincérité de sa conversion, et tende à une gloire plus durable et mieux fondée que celle que lui ont donnée jusqu'à présent, aux yeux des hommes, de vains et peu durables applaudissemens.

Me Élie de Beaumont [1].

[« Ramponeau rendit l'argent et sauva son âme », dit Voltaire [2]. En effet, le tribunal lui donna gain de cause, moyennant restitution des 200 livres qu'il avait reçues.

On a vu que Ramponeaux, au moment de son engagement avec Gaudon, avait vendu son cabaret à un sieur Martin. Il le racheta pour le donner à son fils, puis acquit aux Porcherons la taverne de *La Grand'Pinte*, que son activité rendit bientôt prospère.

Je lis dans un ouvrage publié en 1779 : « Ramponeau a aujourd'hui plus de cent mille livres de bien. Son fils tient la Courtille et lui la Grand'Pinte, où il a acheté du sieur Magny la vaste maison qu'il occupe, et dans laquelle

[1] La faiblesse de sa voix le força à renoncer au Barreau, mais il se fit une réputation par ses mémoires judiciaires, dont le plus connu est celui qu'il rédigea en faveur des Calas. Il mourut à Paris en 1786.

[2] *Le Russe à Paris*, édit. Beuchot, t. XIV, p. 161.

il a fait pour plus de soixante mille livres de constructions [1] ».

Ramponeaux mourut le 4 avril 1802, dans la maison de santé du docteur Belhomme, située rue de Charonne.

Dans l'édition des œuvres de Voltaire publiée à Kehl les éditeurs [2] écrivent au sujet de cette affaire : « Le procès de Ramponeau produisit « quelques facéties, ne fut point jugé, et Ram- « poneau fut oublié pour jamais avant la fin « de l'année. » Comme on l'a vu, tout cela est faux, sauf l'éclosion de quelques facéties, dont la meilleure, une réponse au mémoire qu'on vient de lire, est précisément de Voltaire. Je la reproduis à titre de curiosité.

PLAIDOYER DE RAMPONEAU

PRONONCÉ PAR LUI-MÊME DEVANT SES JUGES.

Maître Beaumont [3], dans ce siècle de perversité, pense-t-il que les grâces de son style séduiront ses juges, que ses plaisanteries les égayeront,

[1] Hurtaut et Magny, *Dictionnaire historique de Paris*, t. II, p. 606.

[2] Cette édition fut entreprise vers 1785, avec l'agrément et le concours de Voltaire, par le libraire Panckoucke, qui la céda ensuite à Beaumarchais.

[3] Maître Élie de Beaumont, auteur du mémoire en faveur de Gaudon.

que les tours insidieux de son éloquence les convaincront?

Remarquez d'abord, messieurs, avec quelle adresse maître Beaumont supprime mon nom de baptême : il m'appelle Ramponeau tout court, voulant insinuer par cette réticence que je ne suis pas baptisé, et qu'ainsi n'ayant pas renoncé aux pompes du démon, je peux me montrer sur le théâtre sans avoir rien à risquer; que je suis un enfant de perdition qu'on peut abandonner aux plaisirs de la multitude sans crainte de perdre une âme déjà perdue.

Je suis baptisé, messieurs, et mon nom est Genest de Ramponeau[1], cabaretier de la Courtille.

Vous avez tremblé, ô Gaudon, ma partie! et vous, son éloquent protecteur, vous tremblez à ce nom de saint Genest, qui, ayant paru sur le théâtre de Rome, comme vous voulez me produire sur celui du boulevart ou boulevert[2], fut miraculeusement converti en jouant la comédie.

[1] On a vu que notre célèbre cabaretier se nommait Jean Ramponeaux.

[2] Les éditeurs de Kehl mettent ici en note : « On devrait dire boulevert, parce que autrefois le rempart était couvert de gazon, sur lequel on jouait à la boule ; on appelait le gazon *le vert;* de là, le mot *boule-vert*, terme que les Anglais ont rendu exactement par *Bowling-green*. Les Parisiens croient bien prononcer en disant *boulevart*, le pauvre peuple dit *boulevert*. » Cette étymologie fantaisiste est combattue par Littré.

Il convertit même une partie de la cour de l'empereur, si on m'a dit vrai; il reçut la couronne du martyre, si je ne me trompe[1]. Vous me préparez, maître Beaumont, un martyre bien plus cruel, vous me criez d'une voix triomphante : *Ramponeau, montrez-vous ou payez.*

Je ne payerai point, messieurs, et je ne me montrerai point sur le théâtre. J'ai fait un marché, il est vrai; mais comme le dit le fameux Grec dont j'ai entendu parler à la Courtille : « Si ce que j'ai promis est injuste, je n'ai rien promis. »

Maître Beaumont prétend que si Jean-Jacques Rousseau, citoyen de Genève, s'est fait voir marchant à quatre pattes sur le théâtre des Fossés-Saint-Germain[2], Genest de Ramponeau, citoyen de la Courtille, ne doit point rougir de se montrer sur deux pieds; mais la Cour verra aisément le faux de ce sophisme.

Jean-Jacques est un hérétique, et je suis catholique; Jean-Jacques n'a comparu que par procureur, et on veut me faire comparaître en personne; Jean-Jacques a comparu en dépit des lois, et c'est en vertu des lois qu'on veut me montrer au peuple; Jean-Jacques a été faiseur

[1] Tout cela se serait passé sous Dioclétien, sauf erreur.

[2] Dans *Les philosophes*, comédie de Palissot, qui fut jouée en 1760 par les Comédiens-Français, alors installés dans la rue des Fossés-Saint-Germain, dite aujourd'hui rue de l'Ancienne-Comédie.

de comédies, et moi je suis un honnête cabaretier. On sait ce qu'on doit à la dignité des professions. Néron voulut avilir les chevaliers romains jusqu'à les faire monter sur le théâtre, mais il n'osa y contraindre les cabaretiers.

Si la Cour avait pu lire un petit livre que Jean-Jacques, indigné de sa gloire et honteux d'avoir travaillé pour les spectacles, a lâché contre les spectacles mêmes, elle verrait que ce Rousseau préfère hautement les marchands de vin aux histrions[1]. Il ne veut pas que dans sa patrie il y ait des comédies, mais il y veut des cabarets; il regrette ce beau jour de son enfance, où il vit tous les Génevois ivres; il souhaite que les filles dansent toutes nues au cabaret[2].

Nous espérons que les mœurs se perfectionneront bientôt jusqu'à parvenir à ce dernier degré de la politesse. Alors maître Beaumont lui-même sera très assidu chez moi, à la Courtille. Il ne songera plus à me produire sur le rempart, il sentira ce qu'on doit à un cabaretier.

Feu Mgr le cardinal de Fleury disait que les fermiers généraux étaient les colonnes de l'État. Si cela est, nous sommes la base de ces colonnes;

[1] Dans sa *Lettre à d'Alembert contre les spectacles*, publiée en 1758, Rousseau fait l'éloge des cercles où « chacun se livrant sans gêne aux amusemens de son goût, joue, cause, lit, *boit* ou fume. »

[2] Allusion, tout aussi exagérée que la précédente, à un passage de la même lettre.

car, sans nous, plus de produit dans les aides[1]; et sans les aides, comment l'État pourrait-il aider ses alliés et s'aider lui-même contre ses ennemis? M. Silhouette, qui a tenu le tonneau des finances moins de temps que je n'ai tenu ceux de mes vins de Brie, a voulu faire quelque peine au corps des fermiers, mais il a respecté le nôtre[2].

Si nous sommes nécessaires à la puissance temporelle, nous le sommes plus encore à la spirituelle, qui est si au-dessus de l'autre. C'est chez nous que le peuple célèbre les fêtes; c'est pour nous qu'on abandonne souvent trois jours de suite, dans les campagnes, les travaux, nécessaires mais profanes, de la charrue, pour venir chez nous sanctifier les jours de salut et de miséricorde; c'est là qu'on perd heureusement cette raison frivole, orgueilleuse, inquiète, curieuse, si contraire à la simplicité du chrétien, comme maître Beaumont lui-même est forcé d'en convenir; c'est là qu'en ruinant sa santé, on fournit aux médecins de nouvelles découvertes; c'est là

[1] Dans les impôts.

[2] Etienne de Silhouette fut contrôleur général des finances pendant huit mois et demi seulement, du 4 mars au 21 novembre 1759; il avait, en effet, réformé quelques abus dans l'administration des fermiers généraux. Une de ses principales distractions consistait à tracer une ligne autour de l'ombre d'un visage, afin d'en voir le profil dessiné sur le mur. Plusieurs salles de son château de Bry-sur-Marne avaient les murailles couvertes de ces sortes de dessins, qu'on appela des silhouettes, mot qui a pris place dans la langue.

que tant de filles, qui peut-être auraient langui dans la stérilité, acquièrent une fécondité heureuse qui produit tant d'enfans bien élevés, utiles à l'Église et au royaume, et qu'on voit peupler les grands chemins pour remplir le vide de nos villes dépeuplées.

Que dira maître Beaumont si je lui montre les saints rituels où sont excommuniés les fauteurs du théâtre, c'est-à-dire les rois, les princes, les Sophocle et les Corneille? Un cabaretier, au contraire, est essentiellement de la communion des fidèles, puisque c'est chez lui que les fidèles boivent et mangent.

Les fermiers généraux eux-mêmes, quoiqu'ils fussent tous chevaliers dans la république romaine, quoiqu'ils soient colonnes chez nous, sont maudits dans l'Écriture : « S'il n'écoute pas l'Église, qu'il soit regardé comme un païen et comme un fermier général, *sicut ethnicus et publicanus*[1]. » L'apôtre ne dit point qu'il soit regardé comme un cabaretier de la Courtille, il s'en donne bien de garde.

Au contraire, c'est par un cabaret et même une cabaretière que les premiers triomphes du saint peuple juif commencèrent. La belle Rahab, vous le savez, messieurs, tenait un cabaret à Jéricho, dans le vaste pays de Setim. Elle était

[1] Matthieu, XVIII, 17.

zonah, du mot hébreu *zun*, qui signifie cabaret et rien de plus. (Et c'est ce que je tiens de M. Tellès, qui vient souvent chez moi.) Elle reçut les espions du saint peuple; elle trahit pour lui sa patrie; elle fut l'heureuse cause que les murailles de Jéricho étant tombées au bruit de la trompette et des voix des juifs, la nation chérie tua les hommes, les femmes, les filles, les enfants, les bœufs, les brebis et les ânes.

Quelques interprètes soutiennent que Rahab était non seulement cabaretière, mais fille de joie. A Dieu ne plaise que je contredise ces grands hommes; mais si elle avait été une simple fille de joie, une fille de rempart, Salomon, prince de Juda, aurait-il daigné l'épouser? Je laisse le reste à vos sublimes réflexions.

Vous voyez, juges augustes du boulevart et de la Courtille, quelle prééminence eut de tous les temps le cabaret sur le théâtre. Vous frémissez de l'indigne proposition de maître Beaumont, qui prétend me faire quitter la Courtille pour le rempart. J'ose plaider ma cause moi-même, parce que là où la raison est évidente, l'éloquence est inutile. Si elle succombait, cette raison quelquefois mal accueillie chez les hommes, je mettrais alors ma cause entre les mains de maître Mannori, célèbre dans l'univers, qui a fait imprimer des plaidoyers lus de l'univers [1], et l'uni-

[1] Louis Mannory, avocat qui avait plaidé contre Voltaire.

vers entier jugerait entre Gaudon et Ramponeau.

Je vois d'ici maître Beaumont sourire; je l'entends répéter ces mots d'Horace, ce poëte du Pont-Neuf que j'ai ouï souvent citer :

> Perfidus hic caupo [1]...
> ... cauponibus atque malignis [2] :
>
> Ce fripon de cabaretier...
> ... ces cabaretiers malins.

Il aura recours même à l'*Encyclopédie*, ouvrage d'un siècle que j'ai entendu nommer de Trajan; car à quoi n'a-t-on point recours dans une mauvaise cause? L'*Encyclopédie*, à l'article *cabaret*, prétend que les lois de la police ne sont pas toujours observées dans nos maisons. Je demande justice à la Cour de cette calomnie, je me joins à maître Palissot, maître Le Franc de Pompignan et maître Fréron contre ce livre abominable. Je savais déjà par leurs émissaires, mes camarades ou mes pratiques, combien ce livre et leurs semblables sont pernicieux.

Une foule de citoyens, de tout ordre et de tout âge, les lit au lieu d'aller au cabaret; les auteurs et les lecteurs passent dans leurs cabinets une vie retirée, qui est la source de tant d'attroupe-

Il a publié *Plaidoyers et mémoires concernant des questions intéressantes*, 1758, 18 vol. in-12, et aussi : *Voltariana, ou éloges amphigouriques de Fr. Marie Arouet*, 1748, in-8°; c'est un recueil de chansons, satires, épigrammes contre Voltaire.

[1] Livre I, satire I.

[2] Livre I, satire IV.

ments scandaleux. On étudie la géométrie, la morale, la métaphysique et l'histoire : de là ces billets de confession qui ont troublé la France, ces convulsions qui l'ont également deshonorée, ces cris contre des contributions nécessaires au soutien de la patrie, tandis que les comédiens recueillent plus d'argent par jour aux représentations de la pièce charitable contre les philosophes [1], que le souverain n'en retire pour le soutien du royaume. Ces détestables livres enseignent visiblement à couper la bourse et la gorge sur le grand chemin; ce qui certes n'arrive pas à la Courtille, où nous abreuvons les gorges et vidons les bourses loyalement.

Je conclus donc à ce qu'il plaise à la Cour me faire donner beaucoup d'argent par Gaudon, qui a la mauvaise foi de m'en demander en vertu de son marché; faire brûler le factum de maître Beaumont, comme attentatoire aux lois du royaume et à la religion; *item*, faire brûler pareillement tous les livres qui pourront soit directement, soit indirectement, empêcher les citoyens d'aller à la Courtille et leur procurer le plaisir honteux de la lecture.]

[1] La comédie de Palissot, qui est citée plus haut.

PRÊT D'UNE MONTRE.

Mémoire pour la demoiselle Leblanc de Crouzoul, contre le sieur Poinsinet le jeune [1].

L'ingénieux auteur de *Totinet* [2], de *Gilles garçon peintre* [3], du grand et sublime opéra d'*Ernelinde* [4] et d'une infinité d'autres ouvrages de la même force, le sieur Poinsinet le jeune enfin, puisqu'il faut le nommer, a depuis près de dix ans

[1] Antoine-Alexandre-Henri Poinsinet, fécond auteur dramatique, né à Fontainebleau en 1735. En 1769, il partit pour l'Espagne avec une troupe de comédiens, et mourut l'année même à Cordoue.

On l'appelait Poinsinet le jeune, pour le distinguer de son frère Louis Poinsinet de Sivry, littérateur estimable, qui vécut jusqu'en 1804.

[2] *Totinet*, pièce composée en collaboration avec Portelance et jouée à la foire Saint-Germain en 1753. C'est une parodie de *Titon et l'Aurore*, pastorale héroïque de Lamarre, musique de Mondonville, représentée la même année à l'Opéra.

[3] *Gilles, garçon peintre*, musique de Laborde, pièce jouée à la foire Saint-Germain en 1758. C'est une parodie de *Le peintre amoureux de son modèle*, comédie d'Anseaume, musique de Duni, jouée l'année précédente à la foire Saint-Laurent.

[4] *Ernelinde, princesse de Norvège*, opéra en trois actes, musique de Philidor, joué en 1767. C'est un des moins mauvais ouvrages de Poinsinet.

à moi une montre d'or, émaillée, à répétition. J'en ai sa reconnoissance, mais elle ne vaut pas ma montre; il promet de me la rendre, mais il ne me la rend point. J'ai été obligée de le faire assigner au Châtelet : il a sur le champ trouvé un défenseur zélé, et je suis réduite à me défendre moi-même. L'éclat de sa réputation, le bruit de ses talens, la considération dont il jouit, lui auront sans doute valu cet empressement bien plus que l'honnêteté de sa cause, mais l'éloquence n'a rien de commun avec la reconnoissance que j'ai de lui, et tout l'esprit du monde ne changera pas les faits.

FAIT. — J'avois besoin d'argent. Je remis au sieur Poinsinet une montre d'or émaillée, à répétition, qui avoit coûté quarante louis. Il me remit deux cens trente-huit livres; et pour me tenir lieu du surplus, il me donna un billet dont voici les termes :

Je reconnois avoir une montre d'or émaillée à mademoiselle de Crouzoul, sans chaîne, sur laquelle je lui ai remis deux cens trente-huit livres, que je représenterai lorsque j'y serai requis. A Paris, ce premier novembre 1758. *Signé*, POINSINET *le jeune, avec paraphe.*

Le style n'en est assurément pas élégant, mais un poëte daigne-t-il s'en occuper pour de pareilles minuties, et soigne-t-on le style d'un billet comme celui d'un opéra? Tel qu'il est, il contient l'aveu qu'il a une montre à moi, et la promesse de me la rendre. Cela me suffit : il a oublié d'énoncer qu'elle est à répétition, mais il ne le nie pas ; ainsi le fait doit passer pour constant. Il sembleroit qu'en écrivant cette reconnoissance, il auroit eu d'abord dessein de ne s'engager à me rendre ma montre que quand il y seroit *contraint;* car quoique je ne fasse ni bons ni mauvais vers comme le sieur Poinsinet, je n'ignore cependant pas que l'on doit dire, lorsque *j'en serai requis*, ou lorsque *j'y serai contraint :* mais je ne saurois le croire. Ainsi, tant que j'ai vu le public, peu sensible à son mérite, le laisser sans moyens, je l'ai seulement *requis* de me rendre ma montre, et ce n'est qu'au bout de près de dix ans, et lorsque j'ai vu ce même public ouvrir les yeux sur le sublime et touchant drame d'*Ernelinde* et venir en foule payer au sieur Poinsinet les larmes délicieuses que son art enchanteur lui faisoit verser : ce n'est qu'à ce moment que j'ai demandé qu'il y fût *contraint*. J'ai pris la liberté de former une opposition entre les mains du caissier de l'Opéra. Le sieur Poinsinet soutient que j'ai tort, j'avoue que je ne sais pas trop comment cela pourroit être. Le public n'en croit rien, mais c'est aux juges à prononcer. Qu'il me soit permis cependant de leur mettre sous les yeux quelques courtes réflexions.

Je n'entends point du tout les affaires, mais je

sais que j'avois une montre d'or émaillée, à répétition; je l'ai remise au sieur Poinsinet, qui l'a reconnu et s'est engagé à me la rendre : il faut donc qu'il me la rende, cela me paroît juste. On dit que le sieur Poinsinet ne pense pas comme cela, et que se méfiant de son esprit, quoiqu'il en ait quelquefois à étonner, il a chargé quelqu'un de faire pour lui un mémoire qui en pétillera, pour démontrer que la probité n'est pas une qualité essentielle et nécessaire à un poëte, et qu'avant vingt-cinq ans on n'est pas obligé d'être honnête homme. On ajoute qu'il doit prendre des lettres de rescision. J'ai demandé ce que c'étoit et quel étoit leur effet; on m'a dit que c'étoit des lettres du Prince, qui remettoit les parties au même état où elles étoient avant d'avoir contracté ensemble. Mais en ce cas je voudrois qu'il en prît, car j'aurois une très-belle montre que j'avois avant de la remettre au sieur Poinsinet; il auroit deux cens trente-huit livres que j'offre de lui remettre, et c'est tout ce que je demande. Mais je ne puis pas penser qu'il ait recours à ce moyen.

Ayant aussi peu de ressources du côté du fait, penseroit-il à élever une question de droit et à soutenir, comme il m'en a menacée, que ma saisie n'est pas bonne, parce que les fruits du génie et de l'esprit ne sont pas saisissables? Il doit, dit-on, m'opposer, pour le prouver, un arrêt du conseil en faveur du sieur Crébillon, du 21 mars 1749.

J'avoue que je sais très-peu de droit, mais je le crois fondé sur le bon sens. D'après cela, comment imaginer qu'un arrêt fait pour le grand Crébillon puisse servir au petit Poinsinet? Il est rendu sans contradicteur, et cela rentreroit d'ailleurs dans une question de fait que le public semble avoir préjugée : c'est de savoir s'il y a en effet de l'esprit et du génie dans les paroles d'*Ernelinde*. C'est ce que le sieur Poinsinet devroit prouver avant tout, et j'avoue que je ne serois pas sans inquiétude si on l'admettoit à cette preuve, et qu'on fît entendre en témoignage tous ceux qui ont entendu ses paroles.

On peut juger de son embarras dans cette contestation par le silence qu'il garde depuis le 15 décembre dernier que je l'ai fait assigner : mon procureur m'a dit qu'il n'avoit pas encore fourni de défenses. A quoi sert donc l'esprit? Faut-il donc autant de tems pour répondre à une demande aussi simple que la mienne que pour faire un opéra? Le sieur Poinsinet veut sans doute se donner le loisir d'arranger sa fable, de dire qu'il a mis une montre en gage, qu'il l'a perdue de vue, qu'il ne sait ce qu'elle est devenue, et d'embellir ce roman des grâces de son style ou de celui de quelque orateur qui voudra bien lui prêter sa plume.

Se flatteroit-il d'affoiblir sa promesse, en tâchant de la faire regarder comme un prestige enfanté dans ces tems de crédulité où il étoit certain d'avoir été enlevé dans les airs, lié d'amitié avec des Néréides, invisible à tous les yeux, inspiré par un Génie, et de tant d'autres choses si bizarres qu'il a fallu créer un nouveau mot pour les exprimer [1]? Mais la justice ne se laisse point faire illusion, elle n'adopte pas des chimères, elle ne croit que ce qu'elle voit, et heureusement la reconnoissance qu'il m'a donnée de ma montre n'est pas, comme lui, devenue invisible : mes juges l'ont sous leurs yeux.

S'il dit qu'il a mis ma montre en gage, il dira qu'il a fait une chose assez malhonnête. Mais cela ne peut pas faire un moyen : si cela est, il doit savoir où il l'a mise, la reprendre et me la rendre. Osera-t-il dire que les gens auxquels il avoit eu l'imprudence de la confier sont morts ou perdus pour lui? Ce moyen seroit encore plus ridicule : qui de lui ou de moi devroit être garant de cet événement?

[1] Poinsinet eut, en effet, l'honneur d'enrichir d'une nouvelle expression la langue française; c'est à son intention qu'a été créé le verbe *mystifier*. Sa crédulité était telle que, dans ses *Mémoires*, Jean Monet, directeur de l'Opéra-Comique, a consacré un volume presque entier aux mauvaises plaisanteries dont Poinsinet fut l'objet. « Ses amis, écrit Grimm, appeloient cela mystifier un homme, et lui donnèrent le nom de mystifié, terme qui n'est pas françois, qui n'a pas de sens. » (*Lettre* du 15 septembre 1764.) Peu s'en fallut aussi qu'un nouveau proverbe lui dût l'existence, car on disait « Bête comme Poinsinet. »

Peut-être me fera-t-il le reproche de lui avoir redemandé si tard une montre que je lui ai remise en 1758?

S'il osoit le faire, ce seroit mal reconnoître les égards que j'ai eus pour lui. Je la lui ai demandée plusieurs fois dans cet intervalle; je l'ai requis de me la rendre, il me l'a promis et n'en a rien fait; je n'ai pas voulu l'y contraindre, et voici pourquoi. Le sieur Poinsinet, déjà fameux dans un âge où les autres commencent [1], fut chargé de conduire un jeune seigneur en Italie, de lui en faire connoître et sentir les beautés; c'est là qu'il a perfectionné son goût et agrandi ses idées, c'est dans ce dépôt des arts et des sciences qu'il a puisé le sublime et le pathétique qui ont si sensiblement remué nos âmes et attendri nos cœurs par les paroles naïves et touchantes de son opéra *d'Ernelinde*. De là, il passa chez le chantre immortel de *Henri*, chez le père de *Zaïre* [2]. Il revint à Paris tout rayonnant de gloire, plein de connoissances, comblé de richesses littéraires, mais très-dénué de celles dont le vulgaire ignorant et grossier fait si bassement son idole.

Ces absences et l'état de sa fortune auroient

[1] Né en 1735, il avait donc vingt-cinq ans en 1760. Il avait donné sa première pièce, *Totinet*, à dix-huit ans.

[2] En revenant d'Italie, il fit une visite à Ferney et y fut bien reçu par Voltaire. Une épître à Mme Denis et une autre à Mlle Corneille payèrent cet accueil.

rendu mes poursuites indécentes et inutiles, aussi j'eus l'honnêteté et la prudence de n'en point faire.

Aujourd'hui les choses sont totalement changées. Les succès brillans, la considération dont il jouit, l'état heureux où il se trouve, ma patience, la médiocrité de ma fortune, le tems même qui s'est écoulé depuis sa reconnoissance, tout enfin doit l'engager à me rendre ma montre ou à m'en payer le prix. Il ne suffit pas d'être auteur élégant, convive agréable, poëte sublime, de charmer en un jour les trois théâtres de Paris [1], de parodier des pièces françoises, de traduire librement des drames italiens, il faut encore être honnête et payer ses dettes. Le sieur Poinsinet auroit trop d'avantage sur ceux qui n'ont pas autant d'esprit que lui s'il étoit libre de contracter des engagemens et de ne pas les remplir, et si ceux auxquels il doit ne pouvoient pas se procurer leur payement sur le seul bien qu'on lui connoisse dans le monde.

Signé : LEBLANC DE CROUZOUL.

PETIT DU FRENOY, *proc.* [2]

[Mlle Leblanc perdit sa cause au Châtelet, et ne fit point appel.]

[1] Poinsinet tirait vanité d'avoir occupé la scène le même jour sur trois théâtres.

[2] Ce mémoire est, en réalité, de l'avocat Coqueley de Chaussepierre, qui remplit les fonctions de censeur royal pour les ouvrages de jurisprudence, et fit partie du conseil de la Comédie-Française.

MARIAGE CONTESTÉ.

Mémoire pour demoiselle Louise Regis, dite Rey, première danseuse de la Comédie-Italienne, contre le sieur Pitrot, maître des ballets et premier danseur de la même Comédie.

Pitrot, qui se dit mon mari, se peint en roi de théâtre, mais il agit en héros de coulisse. Il m'a tenu un langage séduisant qui lui a réussi; il m'a emmenée en pays étranger sous les vaines apparences d'y trouver de gros avantages. Il m'y a trompée par un mariage, qui heureusement n'est rien moins que légitime; bientôt après, il m'a excédée par ses violences; maintenant il n'en veut qu'à ma fortune. Voilà en deux mots notre histoire.

S'il étoit vrai que je fusse sa femme, je ne sais trop pourquoi il s'aviseroit aujourd'hui de demander que je la fusse *du moins par provision*, si ce n'est qu'il attache à ce mot le droit de prendre *par provision* tout mon bien.

Moi, je crois qu'en bonne justice on ne doit prendre le bien de personne. J'ai toujours ouï dire que la justice consiste à rendre à chacun ce qui lui appartient, aussi je ne demande que la distinction du mien d'avec le sien.

Je respecte plus que lui les noms de *femme* et de *mère*, mais je ne mêle point le sacré avec le profane. Suis-je à lui? Est-il maître de moi et de tout ce qui m'appartient? Hélas! quelque sûre que je sois qu'il n'y a aucun droit, je remarque cependant que nous ne combattons pas à armes égales.

Il a un grand défenseur, je suis foible comme un roseau. Sans aucune connoissance du droit, je ne connois que la droiture; est-ce assez pour lutter avec lui et son second?

J'avois depuis deux ans un avocat distingué par ses mœurs et ses lumières. Je le savois occupé d'une affaire personnelle lorsqu'à force de mauvais traitemens Pitrot m'obligea de me retirer chez ma mère. J'allai consulter un de ses confrères.

Peu de jours après, l'affaire de mon avocat fut décidée à sa satisfaction. Je courus lui en marquer ma joie et lui conter mes peines : il se chargea de ma cause. Comme il travailloit à mon mémoire, il sut que d'abord je m'étois adressée à un autre. Aussitôt la plume lui tombe des mains, il me renvoie mes pièces. Je vole à lui et à son confrère, je leur expose les motifs de ma conduite, je les rapproche. Combat de politesse entr'eux; bref, pour avoir trop d'avocats, je reste sans en avoir aucun. Et voilà comme l'abondance de biens nuit.

D'aller en chercher un autre, j'avois à craindre le même obstacle. Cette crainte m'a repliée sur moi-même. J'ai pensé que la justice ne demandoit que l'exposé de la vérité; je la sentois dans mon cœur : dès-lors, je me suis résolue d'en donner le fidèle tableau. Pitrot qui crie à la métamorphose, parce qu'il me voit *fille*, *femme*, *mère*, ne s'attendoit peut-être pas que je serois encore *avocat :* mais je ne veux l'être que contre lui.

Sans remonter à mes ayeux, sans parler de ma naissance, de mon enfance, de mes dispositions, de mon éducation, je vais tout d'un coup passer de la création au déluge, pour ne pas fatiguer mes juges d'épisodes qui n'excitent que leur ennui.

Oui, Pitrot, comme il le dit, étoit veuf de la Rabon, fille de théâtre dont il s'étoit rendu l'héritier, lorsque, chemin faisant, ce prétendu cosmopolite daigna fixer ses regards sur moi. Ma réputation brillante n'offrit à ses yeux que des débris; je n'en suis pas étonnée, c'est le propre de l'envie. Avouer le mérite des autres, on croiroit diminuer le sien. La vérité est que cette réputation, je la devois à Roch, à Guy, surtout au célèbre Javillier [1], et non pas à

[1] Aucun de ces professeurs n'a laissé un nom bien célèbre.

deux mois de leçons que Pitrot m'avoit données. Mais, laissons-là la danse, puisqu'il s'agit de plaider.

A mesure que le deuil de Pitrot se passoit, ma réputation reprenoit vigueur; insensiblement il eut honte du jugement qu'il en avoit porté. C'étoit un honneur qui flattoit sa vanité, de passer des bras d'une figurante dans les bras d'une première danseuse. Née dans sa patrie, exerçant ses talens, je prêtai l'oreille à ses discours. Tel est l'écueil du théâtre : aux yeux du public on ne montre que les vertus, les vices sont dans les coulisses. Pitrot m'y parla d'amour : soit adresse ou persévérance de sa part, soit contagion, penchant ou illusion de la mienne, j'eus la foiblesse de céder. Quelles sont celles qui ne succombent pas au milieu de tant de dangers? Je devins mère sans être femme.

Il échappe à Pitrot une terrible inconséquence au sujet de mon enfant. Il remarque que, dans l'extrait de baptême, je fus dénommée sa femme, quoique je ne la fusse pas. N'est-ce pas avouer que je ne la suis pas davantage, malgré l'acte de tutelle, les affiches du coin des rues et les autres endroits où cette énonciation peut avoir été faite? N'est-ce pas avouer que le seul titre qui constate la vérité d'un mariage est un acte de célébration conforme aux loix?

Si ma réflexion est juste, c'est à cela seul qu'il

faut nous fixer. Qu'il vante tant qu'il voudra les services qu'il dit m'avoir rendus, les dettes qu'il suppose avoir payées pour moi, sa complaisance d'avoir retiré des bijoux que j'avois mis en gage; ces reproches, s'ils étoient fondés, ne prouveroient pas que je suis sa femme. Au reste, il s'en faut bien que Pitrot ait jamais fait quelque chose pour moi, c'est un homme qui ne fait rien que pour lui.

Pour être possesseur de mon cœur, il ne croyoit pas l'être de mes bijoux. J'en avois pour plus de quarante mille écus. Je suis d'une foible santé, une couche ou autre maladie pouvoient m'enlever : il est des gens qui de l'amour des personnes passent volontiers à l'amour de leurs biens. Pitrot en matière d'intérêt a le coup d'œil très juste. Il étoit bien aise, en cas d'événement, que je ne mourusse pas sans héritier.

Tout autre m'auroit naturellement épousée à Paris où j'étois; ou du moins, voulant m'emmener en pays étranger, il se seroit muni des permissions nécessaires de la part du curé ou de M. l'archevêque. Mais Pitrot avoit ses vues. Il cherchoit à se rendre maître de mon sort et de ma fortune, sans que j'eusse aucun droit sur lui. Paris ne lui offroit ni prêtres ni notaires qui voulussent remplir ce projet. Il eut soin de m'insinuer que les plus grands avantages m'attendoient en Pologne si je voulois l'y suivre. Le propre des passions n'est-il pas de nous aveugler?

Je m'abandonne de plus en plus à Pitrot. Il me conduit à Warsovie. Un beau jour, je le vois tout-à-coup métamorphosé de maître des ballets en notaire polonais. D'un côté, il me présente un papier écrit de sa main, qu'il me dit être notre contrat de mariage; de l'autre, sur les six heures du soir, il me fait paroître devant un prêtre; de manière que, sans avoir demeuré dans un pays, sans permission de son curé ni du mien, sans publications de bans, sans le consentement de ma mère et même sans que j'aie signé aucun acte, Pitrot m'assure que de sa maîtresse je suis devenue sa femme. Nous voilà donc *Monsieur et Madame Pitrot.*

J'étois arrivée à Warsovie le 11 juillet 1761, mon prétendu mariage s'y étoit fait le 26 novembre. J'en repars le 10 mars suivant, j'arrive à Paris l'une des fêtes de Pâques : personne n'avoit droit de vérifier si ce mariage étoit bien canonique.

Moi-même je l'ignorerois encore, sans les mauvais traitemens dont Pitrot m'a accablée : mais après différentes épreuves plus rudes les unes que les autres, et ne pouvant plus tenir contre ses excès, je lui marquai vouloir me retirer chez ma mère. Il fut le premier à me le conseiller. Ma femme de chambre, maintenant la sienne, m'y apporta, de son consentement, une partie de mes effets; j'en emportai une autre partie. Le surplus est resté chez Pitrot.

Comme j'entendois me pourvoir, il me falloit connoître mon état. C'est alors que je fus bien étonnée d'apprendre que Pitrot me refusoit tout éclaircissement sur ce sujet, que même il disoit avoir mon sort en ses mains et que je ne trouverois nulle part les actes propres à le fixer.

Ainsi dénuée de titres, je m'en tins à celui qu'il ne pouvoit me contester sans m'en représenter d'autres; j'obtins, en ma qualité de fille majeure, la permission d'aller réclamer chez lui le restant de mes effets. Il ne dénia point les avoir, mais il représenta un papier qu'il dit être l'acte de célébration de notre mariage. Ce papier nous oblige d'aller devant M. le Lieutenant-civil, qui nous renvoie à l'audience. Au lieu d'y aller, connoissant tout le risque que je courois, je vais au Parlement, qui me permet de continuer la réclamation de mes effets. La justice se transporte de nouveau chez Pitrot : il oppose de nouveau son papier. On fait de la procédure, à laquelle je n'entends rien. Tout ce que je sais, c'est que M. l'abbé Regnault d'Irval, Conseiller de Grand'chambre, est rapporteur pour juger si j'ai droit ou non de continuer la saisie commencée des effets que j'ai laissés chez Pitrot.

Lui, de son côté, s'est conduit d'une manière

aussi malhonnête que la mienne a été polie. Tandis que j'agissois contre lui devant M. le Lieutenant-civil, il avoit agi contre moi devant M. le Lieutenant-criminel; de sorte qu'un jour de dimanche il est venu avec une troupe de gens qu'il appelle des *satellites,* lui à la tête, réclamer la partie de mes effets que j'avois emportée en me séparant d'avec lui. Ma mère et moi les avons présentés, mais sans permettre qu'il les prît : il s'est rendu justice et nous les a laissés. Voilà ce qu'il appelle un *trait généreux*. Est-ce donc générosité que ne pas prendre le bien d'autrui?

Pitrot appelle ma saisie commencée chez lui *une parodie ridicule.* Mais qu'il jette les yeux sur les dates, il trouvera que j'avois l'ordonnance de M. le Lieutenant-civil dès le 16 juillet, et qu'il n'a eu celle de M. le Lieutenant-criminel que le 18 : ainsi, il faut que son amour-propre renonce ici à l'honneur de l'intention. Il n'est que mon singe et un plagiaire. Sa saisie n'est qu'une copie de la mienne, une véritable récrimination.

Si la sienne a quelque chose d'original, c'est de réclamer pour lui mes propres effets, et d'avoir été faite le dimanche. Nos juges décideront si ce n'est pas avoir profané un jour sacré que de l'avoir employé à une action tout à la fois injuste et scandaleuse.

A quels titres donc Pitrot prétend-il retenir mes effets et me prendre ceux qui sont en ma possession? Il en indique deux. Le premier, c'est qu'ils sont à lui, parce qu'il dit les avoir bien payés en acquittant mes det es. Mais où est la preuve que j'aie eu des dettes, que Pitrot les ait payées et que par cette raison tous mes effets soient à lui? Où est la preuve qu'il ait payé des dettes si égales à tout ce qui est à moi qu'il ne me reste seulement pas une chemise?

Son second titre, c'est qu'il est mon mari, et c'est sur quoi il se garde bien encore de rapporter la moindre preuve. Il veut qu'on aille voir un acte de tutelle, des actes de baptême, des affiches au coin des rues, ou que l'on consulte ceux qui ont pu nous entendre traiter de mari et de femme. Sont-ce donc là les sources où il faut aller puiser pour s'assurer de la vérité d'un mariage? Pitrot est-il si enivré d'intérêt qu'il ait perdu toute idée du tendre langage? Combien, aux spectacles surtout, n'en est-il pas qui se donnent les jolis noms de *mon petit mari, ma petite femme,* sans que jamais il ait été question entr'eux de mariage?

Mais, dit Pitrot, *je suis votre maître*. La Coutume le décide en l'article 225. Pauvre Pitrot! y avez-vous pensé? On me l'a lu, cet article, et que dit-il? Il dit que « le mari est seigneur des meubles et conquêts immeubles par lui faits durant et constant le mariage de lui et de sa femme[1]. » Eh bien, prouvez donc, avant toutes choses, que vous êtes mon *mari* et que je suis votre *femme*. S'il n'y a point de *mariage* entre nous, vous n'êtes ni *seigneur*, ni *maître*.

Pitrot veut qu'on trouve cette preuve dans un papier qu'il n'ose mettre au jour, et qu'il dit être un acte de célébration. Mais pourquoi n'en donner que des copies informes? D'ailleurs, à en juger par ces copies, cet acte n'a été signé ni du curé, ni des témoins, ni de Pitrot, ni même de moi. En le supposant fidèle, il n'est donc qu'un chiffon, qui mérite d'autant moins de confiance que la vérité n'en est attestée ni par des juges, ni par notre ambassadeur

Je vais plus loin. Dès que Pitrot invoque la loi des maris, il me semble qu'à plus forte raison il est soumis à la loi des mariages. Et en consultant, j'ai appris qu'il y avoit sur ce sujet les loix de l'Église et de l'État : qu'il falloit qu'un mariage y fût conforme ou qu'il étoit nul. J'ai demandé où je trouverois ces loix : on me les a indiquées.

La Coutume ne fait qu'expliquer quel est le

[1] L'article continue ainsi : « En telle manière qu'il les peut vendre, aliéner ou hypothéquer, et en faire et disposer par donation ou autre disposition faite entrevifs à son plaisir et volonté, sans le consentement de sadite femme, à personne capable, et sans fraude. »

pouvoir du mari. Elle se reporte donc à la loi, qui explique comment un mariage est valable. Le mari à qui la Coutume donne des droits n'est que le mari dont le mariage est conforme aux ordonnances. S'il n'y est pas conforme, il n'y a plus ni mari, ni droits, parce qu'il n'y a point de mariage. Cela me paroît très-clair. Faudra-t-il supposer un mariage afin de rendre Pitrot mon maître? Et comment le seroit-il par la Coutume de Paris lorsqu'il dit qu'il avoit un domicile permanent en Pologne? Il auroit bien voulu aussi avoir d'autres domiciles à Berlin, à Stutgard et à Vienne. C'est là où il a fallu se persuader qu'il n'étoit qu'un cosmopolite.

Mais, dit-il, en parlant de moi, « sa grossesse, un enfant de quatre ans, un contrat de mariage prouvent qu'elle est femme. » Nulle n'est femme sans un acte de célébration bien en règle. Voilà ma réponse.

Le grand grief de Pitrot, c'est que quand il m'a demandé son contrat de mariage, j'ai dit en plaisantant l'avoir brûlé. Il s'en plaint, parce que, si on veut l'en croire, on y lira qu'il est propriétaire de tout. Quoi! Pitrot m'a menée à Warsovie pour me prendre tout ce que j'avois! Quoi! il est certain que le contrat qui me faisoit ce tort a été fait en pays étranger et sans minute! Mais Pitrot, ayant ainsi le contrat et l'acte de célébration, sans qu'il y en ait aucune minute où je puisse recourir, est donc maître absolu de mon état? En montrant les actes, il se rendroit maître de moi et de mes biens. En les supprimant, je n'aurois aucun droit sur lui, ni sur ses biens, ni peut-être même sur les miens confondus parmi les siens. Jamais y eut-il une raison plus pressante de les distinguer, comme je le demande?

En un mot, de quoi s'agit-il aujourd'hui entre Pitrot et moi? De savoir si toute notre fortune doit être livrée à sa discrétion ou si on doit la mettre en sûreté.

Si on la lui confie, je suis comme assurée de tout perdre. Si on ne la lui confie pas, il ne risque rien. Au milieu de cette alternative, la justice pourroit-elle hésiter?

Pourquoi serois-je exposée à tout perdre? Parce que Pitrot, levant le pied pour s'en aller en Russie où je sais qu'il est en marché, ou pour s'en aller ailleurs, il me seroit impossible de r'avoir mon bien de chez l'étranger où il l'auroit emporté. Qu'il ne dise pas qu' « étant engagé encore pour deux ans à la Comédie Italienne, son évasion n'est pas à craindre. » Il étoit de même engagé à la Comédie Italienne, lorsqu'une fois il s'en alla à Stutgard. Et je crois que tel qui a manqué une première fois peut être justement soupçonné de manquer une seconde.

Qu'au contraire, les effets qu'il a à moi soient

saisis, qu'il s'en rende le gardien avec un commissaire solvable, comme je me la suis rendue conjointement avec ma mère de mes propres effets saisis chez elle : il est sensible que par cet expédient ses intérêts et les miens seront également en sûreté. Si le mariage est déclaré nul, il me restituera ce qu'il me retient. S'il est déclaré valable, il exercera ses droits. Jusques-là il ne sera privé de rien, c'est moi seule qui n'aurai pas tous mes effets à ma disposition.

Nul autre expédient n'est pratiquable. Je suis attachée au théâtre : mes effets, mes bijoux m'y sont nécessaires pour les représentations. A moins que Pitrot, mettant le comble à ses indécences comme à ses injustices, ne veuille que j'y paroisse toute nue ou qu'il entende me réduire à l'impossibilité d'y paroître.

Il feint de s'occuper de deux autres objets : l'état de l'enfant né de nous, la poursuite des complices qu'il me prête. Mais il n'est de bonne foi ni sur l'un ni sur l'autre. Quant à l'enfant, il n'en sera question que lorsqu'il faudra juger si le mariage est valable, et il ne s'agit maintenant que de mes effets. Quant aux complices, il sait bien que Julie, ma femme de chambre, est la seule qui m'ait aidée à apporter partie de mes effets chez ma mère. Auroit-il bien le courage de frapper sur cette pauvre fille qui a préféré lui rester fidèlement attachée plutôt que de me suivre? Qu'il convienne de la vérité, et il avouera que la supposition des complices n'a été qu'une ruse pour traduire au criminel une personne qu'il disoit sa femme.

J'ose me flatter que personne ne prendra le change. Pitrot n'en veut qu'à ma fortune. Il poursuit mes effets avec un acharnement sans exemple. Il se met à la tête des huissiers et recors; ce n'est qu'après coup et pour pallier sa cupidité, qu'il s'avise de me faire sommation de retourner chez lui, bien sûr qu'après les mauvais traitemens que j'y ai essuyés je n'y retournerai jamais.

Il n'a dans ce moment aucun droit sur moi ni sur mes biens. Le tort qu'il cherche à me faire seroit irréparable. Je propose au contraire sa sûreté et la mienne. S'il n'a point de titre, s'il est sans acte de célébration, sans contrat, c'est sa propre faute. Il a voulu m'empècher de recourir à la minute, c'est à lui-même qu'elle manque, et ce n'est pas d'aujourd'hui que les trompeurs sont trompés.

Je dois, en finissant, me justifier d'un fait qui seroit bien indifférent si Pitrot eût tenu une conduite régulière. Il veut que j'aie dit avoir brûlé son contrat de mariage. Il peut se faire que, troublée par l'appareil de toute sa cohorte et fatiguée de ses propos, je lui aie répondu avec impatience de chercher son contrat et que je l'avois brûlé. Ce qui est certain, c'est que je ne l'ai point brûlé, c'est que je ne l'ai point en ma possession, que j'ignore où il est ni s'il existe. Mais en supposant le contrat perdu et qu'il n'y en ait point de minute, c'est aux notaires, c'est aux gens de loi à dire à Pitrot si la chose a été possible sans crime. Si la minute n'est que supprimée, ils lui diront si le mal est sans remède, à qui on en doit imputer la faute, et ce que mérite celui qui l'a commise.

Signé : LOUISE REGIS, dite REY.

BABAUD, *proc.*

[Par arrêt du 6 juin 1766, le mariage fut déclaré valable, et la demoiselle Rey fut déboutée de toutes ses demandes. On trouve plusieurs pièces relatives à cette affaire dans l'ouvrage M. E. Campardon : *Les comédiens du roi et la troupe italienne*, t. II, p. 47.]

LES COIFFEURS POUR FEMMES.

Mémoire pour les coiffeurs des dames de Paris.

Nous sommes par essence des coiffeurs de dames, et des fonctions pareilles ont dû nous assurer de la protection, mais cette protection a fait des envieux : tel est l'ordre des choses. Les maîtres barbiers-perruquiers sont accourus avec *des têtes de bois* à la main ; ils ont eu l'indiscrétion de prétendre que c'étoit à eux de coiffer celles des dames [1]. Ils ont abusé d'arrêts qui nous

[1] Dès le quinzième siècle, il y avait eu des coiffeuses pour les femmes. On les trouve nommées *atourneresses*, *atourneuses*, *achemeresses*, etc. ; elles n'étaient guère employées d'ailleurs que dans les grandes occasions : bals, mariages, etc. Le soin des chevelures féminines demeurait donc en général réservé aux chambrières, et la corporation des barbiers n'avait jamais élevé aucune prétention à cet égard. Un homme de génie en son genre, le sieur Champagne, créa la spécialité des coiffeurs de dames. Il fut assassiné au cours d'un voyage et n'eut pas aussitôt de successeur digne de lui ; mais son œuvre ne périt pas tout entière, et sous le règne de Louis XV, les coiffeurs de dames étaient au nombre de douze cents environ. Tant de succès leur suscitèrent des haines et des jalousies. La corporation des barbiers-perruquiers finit par leur intenter un procès. Ces derniers soutenaient avec raison qu'ils avaient seuls le droit de vendre des cheveux, et il fut

sont étrangers pour faire emprisonner plusieurs d'entre nous; ils nous tiennent en quelque sorte le rasoir sur la gorge, et c'est contre cette tyrannie que nous nous trouvons aujourd'hui forcés d'implorer le secours de la justice.

Nous avons commencé par consulter un jurisconsulte qui nous a dit que les loix romaines ne statuent rien sur les droits que nous réclamons; qu'il y a grande apparence que nous n'existions pas lors des capitulaires de Charlemagne; qu'il est possible que nous ayons eu l'être civil à Athènes dans ses jours de délices; qu'au surplus, depuis cette époque jusqu'à nous, il s'étoit écoulé plus de deux mille ans de tems utile pour la prescription.

Ce langage nous a d'abord donné de l'inquiétude; nous avons cherché d'autres secours, et nous les avons trouvés. La science des jurisconsultes n'est pas celle qui convient à l'exposition de nos moyens, la question dont il s'agit ici exige des détails étrangers à leur doctrine.

Les perruquiers prétendent que c'est à eux seuls qu'il appartient de coiffer les dames.

prouvé que les coiffeurs fournissaient des chignons à leurs clientes. Comme on le voit, Bigot de la Boissière plaida pour les coiffeurs. Son mémoire fit du bruit; Bachaumont nous apprend, à la date du 8 janvier 1769, que cet ingénieux factum « se trouve également sur les bureaux poudreux des gens de loi et sur les toilettes élégantes des dames. » Sur tout ceci, voy. *Les soins de toilette*, p. 129 et suiv.

Pour renverser leur prétention, nous établirons : 1° que l'art de coiffer les dames est un art libre, étranger à la profession des maîtres perruquiers ; 2° que les statuts des perruquiers ne leur donnent pas le droit exclusif qu'il prétendent avoir; 3° qu'ils ont abusé des arrêts de la Cour pour exercer des vexations contre nous et qu'ils nous doivent des dommages et intérêts considérables.

PREMIER OBJET. — Il faut faire une grande différence entre le métier de barbier-perruquier et le talent de coiffer les dames. La profession de perruquier appartient aux arts mécaniques, la profession de coiffeur de dames appartient aux arts libéraux.

Les arts mécaniques ont donné naissance à l'établissement de différens corps et communautés. Ces arts se bornent à une pratique purement manuelle, bien au-dessous des créations du génie, et se tiennent renfermés dans la sphère étroite qui leur est propre.

Il n'en est pas de même des arts libéraux pour lesquels on payeroit inutilement une maîtrise. Ce n'est point avec quelques pièces de métal qu'on peut acheter ce goût, cette faculté active d'inventer et de produire qui leur donne l'existence et la vie : il faut porter dans son âme le germe des talens créateurs. Quiconque a le génie propre à l'art qu'il adopte doit l'exercer avec pleine liberté : telles sont les maximes protectrices des beaux-arts, celles à la faveur desquelles ils ont fait en France des progrès si merveilleux. Il eût été ridicule d'ériger en corps et communautés les poëtes, les statuaires, les peintres, les musiciens, comme les perruquiers, les cordonniers et les tailleurs[1].

Le peintre anime la toile, le statuaire un bloc de marbre, l'un et l'autre parlent aux yeux pour les tromper, et ce prestige est la perfection de l'ouvrage. Le musicien et le poëte portent à l'âme les objets sur lesquels ils s'exercent, et quand ils

[1] C'est cependant ce qui avait eu lieu jusqu'au milieu du dix-septième siècle. Jusque-là, le fait de se livrer à un travail manuel quelconque constituait une marque de servage et parquait impitoyablement son auteur dans la classe ouvrière. Le principe était absolu. Les peintres et les sculpteurs, par exemple, étaient, quel que fût leur mérite, regardés comme des ouvriers. Le peintre de génie et le barbouilleur d'enseignes ou le peintre en bâtiments appartenaient au même corps, étaient soumis aux mêmes statuts. Ce régime ne se modifia pas avant la création de l'Académie de peinture en 1648. Fondée par les seuls peintres et sculpteurs du roi, puis complétée par des sujets choisis au sein de la corporation, elle eut d'interminables démêlés avec les Jurés de celle-ci, et parvint, non sans peine, à établir une distinction entre l'ouvrier et l'artiste. Puis, peu à peu, issues d'une semblable pensée, se fondent les académies de danse (1661), d'architecture (1671), etc. Les chirurgiens furent, pendant une longue suite de siècles, maintenus au rang des artisans, des manœuvres ; il faut arriver à la Déclaration du 23 avril 1743 pour les voir enfin émancipés, dégagés des liens qui les rattachaient à la classe ouvrière. Sur tout ceci, voy. *Les chirurgiens*, chap. I et IV.

ont le génie de leur art, ils peignent en traits de flammes, ils échauffent tout ce qui se trouve dans la sphère de leur activité.

Nous ne sommes ni poëtes, ni peintres, ni statuaires, mais par les talens qui nous sont propres, nous donnons des grâces nouvelles à la beauté que chante le poète. C'est souvent d'après nous que le peintre et le statuaire la représentent; et si la chevelure de Bérénice a été mise au rang des astres, qui nous dira que pour parvenir à ce haut degré de gloire elle n'ait pas eu besoin de notre secours?

Les détails que notre art embrasse se multiplient à l'infini.

Un front plus ou moins grand, un visage plus ou moins rond demandent des traitemens bien différens : partout il faut embellir la nature ou réparer ses disgrâces. Il convient encore de concilier avec le ton de chair la couleur sous laquelle l'accommodage[1] doit être présenté. C'est ici l'art du peintre, il faut connoître les nuances, l'usage du clair obscur et la distribution des ombres pour donner plus de vie au teint et plus d'expression aux grâces. Quelquefois la blancheur de la peau

[1] Le mot *accommoder*, qui ne s'emploie plus en ce sens, signifiait alors coiffer, arranger des cheveux ou une perruque. On disait très couramment : « Il est allé chez le coiffeur pour se faire accommoder, » ou « ce perruquier prend tant par mois pour l'accommodage. »

sera relevée par la teinte rembrunie de la chevelure, et l'éclat trop vif de la blonde sera modéré par la couleur cendrée dont nous revêtirons ses cheveux.

L'accommodage se varie encore à raison des situations différentes. La coiffure de l'entrevue n'est pas celle du mariage, et celle du mariage n'est pas celle du lendemain. L'art de coiffer la prude et de laisser percer les prétentions sans les annoncer; celui d'afficher la coquette et de faire de la mère la sœur aînée de sa fille; d'assortir le genre aux affections de l'âme qu'il faut quelquefois deviner, au désir de plaire qui se manifeste, à la langueur du maintien qui ne veut qu'intéresser, à la vivacité qui ne veut pas qu'on lui résiste; d'établir des nouveautés, de seconder le caprice et de le maîtriser quelquefois : tout cela demande une intelligence qui n'est pas commune et un tact pour lequel il faut en quelque sorte être né.

Les progrès de notre art se portent encore plus loin. Sur le théâtre, où règne l'illusion, où les dieux, les héros, les démons, les fées, les magiciens se reproduisent sans cesse, une tête sortant de nos mains est tantôt celle d'une divinité, tantôt celle d'une héroïne, tantôt celle d'une simple bergère; la chevelure d'Armide n'a rien de commun avec celle de Diane, et celle de Diane n'a rien de commun avec celle d'Alcimadure. Les cheveux serpentans et entrelacés des furies, ne forment-ils pas le plus parfait contraste avec les ondulations des cheveux flottans de l'Amour? C'est en saisissant les nuances attachées à ces différens genres que le charme se perpétue et qu'on reconnoît la main d'un artiste habile.

L'art des coiffeurs des dames est donc un art qui tient au génie, et par conséquent un art libéral et libre.

L'arrangement des cheveux et des boucles ne remplit pas même tout notre objet. Nous avons sans cesse sous nos doigts les trésors de Golconde. C'est à nous qu'appartient la disposition des diamans, des croissans, des sultanes, des aigrettes. Le général d'armée sait quel fond il doit faire sur une *demi-lune* placée en avant : il a ses ingénieurs en titre. Nous sommes ingénieurs en cette partie; avec un *croissant*[1] avantageusement placé, il est bien difficile qu'on nous résiste et que l'ennemi ne se rende. C'est ainsi que nous assurons et que nous étendons sans cesse l'empire de la beauté.

Les fonctions des barbiers-perruquiers sont bien différentes. Tondre une tête, acheter sa dépouille, donner à des cheveux qui n'ont plus de vie la courbe nécessaire avec le fer et le feu;

[1] Demi-lune et croissant, termes d'art militaire.

les tresser, les disposer sur un simulacre de bois, employer le secours du marteau comme celui du peigne ; mettre sur la tête d'un marquis la chevelure d'un savoyard et quelquefois pis encore ; se faire payer bien cher la métamorphose ; barbouiller des figures pour les rendre plus propres ; enlever avec un acier tranchant au menton d'un homme l'attribut de son sexe ; baigner, étuver[1], etc. : ce ne sont là que des fonctions purement mécaniques, et qui n'ont aucun rapport nécessaire avec l'art que nous venons de décrire.

Les perruquiers auront, si l'on veut encore, la faculté de faire l'accommodage des cheveux naturels des hommes, parce que cet accommodage ne doit être qu'un arrangement de propreté. Nous aurions pu cependant leur disputer la coiffure des petits-maîtres, par une raison d'analogie ; mais nous laisserons volontiers leurs têtes entre les mains d'un perruquier, pour qu'ils fassent moins de progrès dans la coquetterie. En un mot, nous ne coiffons que les dames ; leurs maris même ne sont pas de notre compétence, et tant que nous nous renfermerons dans des bornes pareilles, la jalousie des perruquiers pourra crier, mais la police n'aura rien à nous dire.

[1] Sur les multiples attributions des barbiers-perruquiers-baigneurs-étuvistes, voy. *Les soins de toilette*.

En vain les perruquiers objecteroient-ils que s'ils ont la main trop pesante pour la coiffure des dames, ils peuvent avoir chez eux des garçons qui l'ayent beaucoup plus légère.

Cette objection seroit un aveu que l'art de coiffer les dames ne seroit pas propre à leur état, puisque les maîtres n'auroient pas le talent nécessaire pour l'exercer; et de là nous pourrions conclure que leurs garçons, distraits par d'autres soins, ne l'acquerroient pas davantage. Mais une raison bien plus puissante s'oppose à ce que les dames employent les garçons perruquiers pour leur coiffure : les garçons perruquiers changent à chaque instant de boutique, et ces changemens perpétuels ne permettent pas de les admettre à un ministère de confiance tel que le nôtre.

Le coiffeur d'une femme est en quelque sorte le premier officier[1] de sa toilette. Il la trouve sortant des bras du repos, les yeux encore à demi fermés, et leur vivacité comme enchaînée par les impressions d'un sommeil qui est à peine évanoui. C'est dans les mains de cet artiste, c'est au milieu des influences de son art que la rose s'épanouit en quelque sorte et se revêt de son éclat le plus beau. Mais il faut que l'artiste respecte son ouvrage, que placé si près par son

[1] Toute fonction, tout emploi étaient dits *office*, et tout individu chargé d'une fonction, d'un emploi était un *officier*.

service il ne perde pas de vue l'intervalle, quelquefois immense, que la différence des états établit; qu'il ait assez de goût pour sentir les impressions que son art doit faire, et assez de prudence pour les regarder comme étrangères à lui.

Il est donc vrai de dire, que ni les perruquiers ni leurs garçons ne sont propres à faire l'office de coiffeurs des dames, et que l'art des coiffeurs est étranger à la communauté des maîtres perruquiers comme étant un art libre et libéral.

Voyons maintenant si les statuts de la communauté des maîtres perruquiers ne présentent rien qui puisse porter la plus légère atteinte aux vérités que nous venons d'établir : c'est le second objet de nos réflexions.

DEUXIÈME OBJET. — 1° L'article 58 des statuts[1] des maîtres perruquiers s'exprime ainsi : « Aux seuls barbiers-perruquiers-baigneurs-étuvistes appartiendra le droit de faire le poil, bains, perruques, étuves, et toutes sortes d'ouvrages de cheveux, tant pour hommes que pour femmes, à peine de confiscation des ouvrages, cheveux et ustensiles. »

Cet article seul suffiroit pour faire sentir la différence essentielle qui se trouve entre les perruquiers et les coiffeurs des dames.

Le perruquier a une matière d'ouvrage et le

[1] Ils dataient du 26 avril 1718.

coiffeur n'a qu'un sujet. La *matière* est ce que l'on emploie dans le travail, le *sujet* est ce sur quoi l'on travaille. Le perruquier travaille avec les cheveux, le coiffeur sur les cheveux. Le perruquier fait des ouvrages de cheveux, tels que des perruques, des boucles; le coiffeur ne fait que maniérer les cheveux naturels, leur donner une modification élégante et agréable. Le perruquier est un marchand qui vend sa matière et son ouvrage; le coiffeur ne vend que ses services, la matière sur laquelle il s'exerce n'est point à lui.

D'après ces définitions, l'article cité ne présentera point d'équivoques. Les perruquiers auront seuls le droit de faire et de vendre des ouvrages de cheveux, tels que des perruques et boucles factices; il sera défendu aux autres d'en fabriquer et vendre, *à peine de confiscation des dits ouvrages, cheveux et ustensiles*. Mais ils ne confisqueront pas la frisure naturelle d'une dame qui n'aura point employé leur ministère, parce que cette frisure n'est point dans le commerce et parce que la chevelure, qui fait ici la matière de l'ouvrage, appartenant par ses racines à la tête qui la porte, les perruquiers ne peuvent avoir aucun droit sur cette matière et sur sa modification.

Les perruquiers objectent qu'ils ont, en vertu de l'article cité, le droit exclusif de faire l'accommodage des cheveux naturels des hommes, et que par conséquent ils doivent avoir également le droit de faire celui des femmes exclusivement.

Nous leur répondons d'abord que l'article cité ne leur donne pas le droit exclusif d'accommoder les cheveux naturels des hommes, puisqu'il ne s'explique que sur les ouvrages des cheveux sujets à confiscation. Nous ajouterons que si les perruquiers sont en possession de faire l'accommodage des cheveux naturels des hommes, ce ne peut être qu'en vertu d'un ancien usage, mais qu'ils ne peuvent invoquer ni l'usage ni la possession relativement à l'accommodage des cheveux naturels des femmes.

2° Si les perruquiers avoient par leurs statuts le droit exclusif de coiffer les dames, ils n'auroient certainement pas souffert qu'il s'établît dans cette capitale une quantité de coiffeuses aussi considérable. Que leur importe donc que les dames se fassent coiffer par des femmes ou par des hommes, puisqu'aussi bien ils ne sont pas en possession de les coiffer et qu'ils n'en auroient pas même le talent?

3° Il est certain que les hommes, dans ce genre ont le goût beaucoup plus sûr; car s'il est vrai que dans leur parure les femmes cherchent à plaire aux hommes, les artistes de ce sexe, premiers juges des impressions de leur ouvrage, dirigeront plus efficacement vers cet objet les agrémens dont on leur sera redevable.

Il est donc vrai de dire, que les maîtres perruquiers ne peuvent se prévaloir de leurs statuts pour porter atteinte à la profession des coiffeurs des dames.

Il nous reste un troisième objet à remplir, c'est de faire voir l'abus que les maîtres perruquiers ont fait, vis-à-vis de nous, de quelques arrêts de la Cour, et la nécessité d'assurer la tranquillité et la liberté des coiffeurs des dames par un jugement irrévocable.

Troisième objet. — Plusieurs garçons perruquiers, dont le nombre est immense dans cette capitale, peuvent s'être mal comportés : ces inconvéniens sont communs à la plupart des gens qui sont dans la fougue de l'âge. On s'est occupé du soin de réprimer leur licence. Les maîtres perruquiers ont fait une délibération qu'ils ont fait homologuer par sentence du magistrat de police et par arrêt de la Cour du 12 décembre 1760. La sentence fait défenses à tous garçons perruquiers de s'assembler et s'attrouper, d'entrer chez les maîtres sans certificat et enregistrement, de les quitter sans les avoir avertis huit jours auparavant et sans avoir fini les ouvrages qu'ils auroient commencés ; il est enjoint aux garçons venant de province de se faire enregistrer au bureau de la communauté dans huitaine du jour de leur arrivée. Le tout sous peine de prison contre les garçons et d'amende contre les maîtres.

Les précautions prises par cette sentence, pour empêcher les écarts des garçons perruquiers sont bien dignes de la sagesse et de la sagacité du magistrat qui dans cette capitale préside à la police avec un applaudissement universel[1].

Le nommé Coursel, garçon perruquier, et quelques autres avoient été arrêtés pour contravention à ce règlement. Ils ont interjeté appel de la sentence du magistrat de police et formé opposition à l'arrêt qui en ordonnoit l'exécution : ils en ont été déboutés par un arrêt contradictoire du 29 juillet 1761[2].

Tout ceci est absolument étranger aux coiffeurs des dames. Cependant, les syndics de la communauté des perruquiers, jaloux de leurs succès, ont fait emprisonner plusieurs coiffeurs, entr'autres le sieur Barbulé, sur le fondement qu'ils avoient contrevenu à la sentence de police et aux arrêts de la Cour en ne se faisant pas enregistrer au bureau de la communauté.

Nous avons formé une tierce opposition à ces arrêts, seulement en ce qu'on en voudroit induire que leurs dispositions s'étendent contre nous. Mais cette tierce opposition est de pure

[1] Le lieutenant général de police était alors (1768) Jean-Charles-Pierre Lenoir, qui conserva ces fonctions jusqu'en 1785.

[2] En 1761, M. de Sartine était encore lieutenant général de police.

surabondance, car nous ne sommes point garçons perruquiers, nous possédons un talent qui n'a rien de commun avec celui de faire des barbes et des perruques. La plupart d'entre nous ont appris leur art d'autres coiffeurs, et seroient fort embarrassés s'il falloit qu'ils s'occupassent de la profession des perruquiers.

On dira peut-être que quelques coiffeurs se sont fait enregistrer au bureau de la communauté; la chose est possible et cette espèce de soumission aura été l'effet de l'inquiétude occasionnée par l'activité même avec laquelle les syndics abusoient des arrêts que nous venons de citer. Mais il ne résultera pas de là que ces syndics aient eu le droit de nous faire emprisonner sur le fondement que nous ne nous serions point fait enregistrer au bureau de leur communauté; car avant de pouvoir être punis comme réfractaires à une loi, il faut qu'elle existe : or il n'y a ni loi ni règlement qui assujettissent les coiffeurs des dames à se faire enregistrer au bureau de la communauté des perruquiers.

Ces vérités ont déjà été senties dans un provisoire que la Cour a jugé, et les magistrats ont en même tems reconnu que les coiffeurs des dames ne devoient point être troublés dans l'exercice de leur art par les perruquiers tant qu'ils ne se mêleroient point de coiffer les hommes. En conséquence, il est intervenu arrêt sur les conclusions de M. l'avocat général Séguier, qui a ordonné que le sieur Barbulé, l'un d'entre nous, seroit mis en liberté, a fait par provision défenses aux syndics des perruquiers d'emprisonner les coiffeurs de dames, en défendant néanmoins à ces derniers de s'immiscer en rien dans ce qui peut concerner la coiffure des hommes. Il y a tout lieu de croire que la Cour, statuant en définitif, suivra le plan qu'elle s'est elle-même tracé par ces dispositions provisoires; et en le suivant, elle ne manquera pas sans doute de condamner la communauté des maîtres perruquiers en des dommages et intérêts considérables, relativement aux vexations que le sieur Barbulé et plusieurs autres d'entre nous ont essuyé de leur part.

Nous terminerons par cette observation. Nous sommes environ 1,200 dans cette capitale qui subsistons et faisons subsister nos femmes et nos enfans par les ressources que nous trouvons dans l'art que nous professons. Si l'on nous surprend faisant des barbes, fabriquant des perruques, accommodant des hommes, nous aurons tort et les perruquiers se plaindront avec raison. Mais aussi, si nous nous renfermons dans les bornes de notre état, pourquoi ne nous conserveroit-on pas notre existence?

Quelques censeurs sévères diront peut-être qu'on se passeroit bien de nous, et que s'il y avoit moins de prétentions et d'apprêt dans la toilette des dames les choses n'en iroient que mieux. Ce n'est pas à nous de juger si les mœurs de Sparte étoient préférables à celles d'Athènes, et si la bergère qui se mire dans la fontaine et se pare avec des fleurs mérite plus d'hommages que de brillantes citoyennes qui usent de tous les raffinemens de la parure. Les arts utiles ont amené les richesses, les richesses ont produit le luxe, le luxe a donné naissance aux arts frivoles : tel est le cours des choses parmi toutes les nations. Il faut prendre le siècle dans l'état où il est, puisqu'aussi bien sa réforme subite seroit contre l'ordre des événemens humains. C'est au ton des mœurs actuelles que nous devons notre existence, et tant qu'elles subsisteront nous devons subsister avec elles.

Que si le genre de notre défense paroît trop au-dessous de la dignité de la justice, c'est un malheur dont nous nous plaignons d'avance. Mais la gravité du style du barreau étoit-elle propre à présenter des détails de toilette, et ces détails n'étoient-ils pas nécessaires puisqu'ils sont nos moyens?

Une réflexion nous rassure. Le droit de juger les hommes est un attribut divin : l'être éternel juge jusqu'aux moindres actions des humains. Les magistrats connoissent de toutes les contestations, même les plus frivoles; la recherche de la vérité, si précieuse par elle-même, ennoblit toutes les matières dont ils s'occupent, et de même que l'astre du jour se lève et luit pour tous les êtres, les citoyens de tous les ordres peuvent avec le même succès implorer les secours de la justice.

BIGOT DE LA BOISSIÈRE, *proc.*

[Cet éloquent plaidoyer ne désarma pas les magistrats. Deux arrêts, rendus le 27 janvier 1768 et le 7 janvier 1769 enjoignirent aux coiffeurs de se faire inscrire dans la corporation des barbiers-perruquiers Ils résistèrent longtemps, et ne se soumirent définitivement que sous Louis XVI. Au mois de septembre 1777, celui-ci créa six cents coiffeurs de femmes qui payèrent leur privilège six cents livres, et qui n'en furent pas moins agrégés à la corporation des barbiers-perruquiers. En 1780, ils tentèrent de s'en séparer pour former une communauté indépendante, mais un arrêt du 25 janvier repoussa cette prétention, et leur interdit de mettre sur leur enseigne les mots *Académie de coiffure*.]

FIN

www.ingramcontent.com/pod-product-compliance
Lightning Source LLC
Chambersburg PA
CBHW071621270326
41928CB00010B/1719
* 9 7 8 2 0 1 3 5 1 5 8 8 7 *